クルマ社会のリ・デザイン
近未来モビリティへの提言

クルマ社会のリ・デザイン
近未来モビリティへの提言

日本デザイン機構——編

鹿島出版会

クルマ社会のリ・デザイン

榮久庵憲司
日本デザイン機構会長、GKデザイン機構代表取締役会長

クルマ社会の未来を考えることは、世界が否応なく直面している大きな課題である。そのテーマに真っ向から立ち向かおうというのは、乱暴なことといえるかもしれない。しかし、誰かがやらなければならない課題であることも確かである。「クルマ社会のリ・デザイン」をテーマに掲げ、その大きな課題に気概をもって、この混迷している社会に一矢を報いることはとても意義のあることと考える。

この課題は全世界に繋がっているといえるだろう。例えば、タクシーに乗るときにも、このタクシーそのものがじつは世界のタクシーに繋がっているのだという思いを常々感じている。今、実際に乗っているタクシーは、ある地域のある交通会社のあるタクシーという範囲のことでしかないが、タクシーという仕組みは世界中のさまざまな人が利用しているものであり、また料金メーターもシートベルトも世界に共通している。あるひとつの仕組みを取り入れ、そしてその仕組みを展開させることによって、地球上のどこを訪れても誰もが持っている移動の自由というものを可能にする。タクシーに限らずあらゆる乗り物において、誰もが持つ移動の自由を求めるからには何の負担も感じることなく利用し、さらにはそれを楽しむということにならねばならないであろう。しかし、その自由な移動を求める結果が、近代の負の遺産ともいわれる世界に共通の問題を呈しているのである。

人間の移動は自らの二本の足で歩くことからはじまっている。人間の中にある移動というひとつの事象は、獲物があれば捕まえたい、獣が襲ってきたら逃げたいという本能的な行為で、人間は移動することなしには生きていけないというベーシックな問題にぶつかっていく。原始の二足歩行から始まり、今日、スペースシャトルに見るとおり宇宙への新しい時代を迎えようとしている。人間の移動したいという本能を人工的なものに置き換え実現してきたことは人間の英知の集積であり、人間らしい生き方の証でもある。その人間の積み重ねてきた歴史が結果として、移動ということの中に獰猛な部分をつくりだしてしまった。人間のつくりだした道具によって我々自身が非常に苦労をしている。そこに現代のクルマ社会のデザインの諸問題がある。

クルマには人間の移動という目的だけでなくさまざまな目的がある。例えば、救急活動に行くための装置として救急車があるが、激震に見舞われた地域ではコンパクトで軽く、そして現地での手術も可能なほど内容の充実した救急車が必要であるといわれている。世界中に災害や戦争などでさまざまに苦しんでいる人たちがいる。そうした人たちに向けて物資を運ぶことに非常に苦慮しているという話も聞く。物資は飛行機やマス・トランスポーテーション、トラック、また個人の自動車等々

によって運ばれるが、まさに移動という行為がもたらす国際貢献のあり方も問われている。難民問題がさかんに言われて、欧州またはアフリカなどでは何十万人という難民が移動を余儀なくされている。その移動は大変壮絶な有り様を呈しているということで、赤十字社のあるチームでは難民の状況を調査し、その結果をもとに仕様をつくり、メジャーの自動車会社に製作を依頼して提供してもらうという活動をしている。我々が住む社会のようなクルマ社会がある一方で、我々が全く知らないクルマ社会もある。クルマ社会にはこうした問題も含まれる。現代社会はさまざまな要素からなり、ひとつの事象が世界に繋がっている。その意味では、いろいろな課題を総合的に捉え、そして今我々はこれだけの問題に接しているのだということを知ることが非常に重要になってくるであろう。

　クルマは世界のそれぞれの地域の経済を支えるほどの強さを持っているだけに、関心を持たざるをえない問題である。
　日本は戦後、自動車の甘美に浸り、そして経済成長を謳歌した。ところがその一方では、同じ人間が交通事故を起こし、双方の家族とその関係者は悲惨な目に遭っている。このような大いなる矛盾をたった50年の間に生みだしてしまったのである。我々は、今ある矛盾というものを堂々たる問題として捉え取り組んでいくという姿勢が必要なのではないだろうか。矛盾に立ち向かい、改めて自らの存在の哲学を考えなければいけない時期を迎えたのである。問題を解決する方法を考えるためにはその方法の元にある哲学にかえって、矛盾というものに自己をぶつけ自分自身が苦しまなければならない。矛盾があるから人間は生きる意味があるとも言える。我々の住んでいる社会というものだけでなく、自らが生きている位置づけをしっかり確認して、そして未来に対して解決策を生んでいくという姿勢こそ肝要ではないか。
　日本には「道」という言葉がある。柔道、剣道、茶道、華道という我々が受け継いできた道というものは、自分自身を見つめたうえで人間が手放すことができないものを前に置きながら剣や茶や花を考えることである。そこには人に対する見方、自然に対する見方、人工に対する見方の全てが入っているといっても過言ではない。これが道という言葉で、道というものの基本には人間自身が求める倫理観のようなものがつねに潜んでいる。
　日本が長い歴史を踏んできた道という言葉。では移動するという「道」とはなんであるか。そう考えることは、自分自身に非常に良いガイダンスを与えてくれるものではないだろうか。自分自身に帰って、人間の本性の良い生き方というものを考える。人間は勝手気ままな動物だが、そのような動物に本当に品位のある行動規範をつくっていくことこそが文化の形成ではないか。こうした「道」の上で繰り広げられるクルマ文化というものは一体どうなっていくのか、本書でその糸口が見えれば幸いである。

目次

クルマ社会のリ・デザイン　榮久庵憲司 ─── 004

1章 クルマ社会の光と陰　佐野寛=編 ─── 008

- 1-0　クルマ社会の光と陰　佐野寛 ─── 010
- 1-1　クルマ社会への経緯　西村弘 ─── 016
- 1-2　都市とモビリティ　南條道昌 ─── 020
- 1-3　クルマにおける個の技術と場の技術　森谷正規 ─── 024
- 1-4　環境と人口減少の時代のモビリティ──ハイ・モビリティ、コンパクト、シームレス　大野秀敏 ─── 028

2章 クルマ社会の広がり　谷口正和=編 ─── 034

- 2-0　クルマ社会の「主人公」は誰か──来たるべきクルマ社会の新秩序を考える　谷口正和 ─── 036
- 2-1　地球生命体の一員として──ソーシャライゼーション　田村国昭 ─── 040
- column　アジアハイウェイに「夢」乗せて　田村国昭 ─── 048
- 2-2　大交流時代の観光──クルマとツーリズム　石森秀三 ─── 050
- 2-3　クルマ社会の音風景　鳥越けい子 ─── 056
- 2-4　先進クルマ社会を語る──海外事例　望月真一、田中一雄、白石正明、迫田幸雄（司会=佐野寛）─── 062
  - case 1　日本の都市とLRT　迫田幸雄 ─── 070
  - case 2　カーシェアリング──自動車の効率的運用をめざして　伊坂正人 ─── 074
  - case 3　京都は「歩くまち」になる　恩地惇 ─── 078
  - case 4　都市内交通の独自性を問う──広島のまちづくりとモビリティ　山田晃三 ─── 084
  - case 5　ロードフロント再生＠ガソリンスタンド──クルマ燃料供給拠点から「まちの駅」への転換ビジョン　松口龍 ─── 092
- 2-5　Interview　クルマづくりの先端　清水浩×水野誠一（聞き手）─── 102
- 2-6　自動車メーカーの取組み　森口将之 ─── 110

3章 クルマ社会の成熟　犬養智子＝編 — 118

3-0	クルマ社会の成熟——高齢者の移動の自由と安全　犬養智子	120
3-1	超高齢社会の活性化とモビリティ　溝端光雄	128
3-2	クルマ社会とタウンモビリティ　白石正明	138
3-3	移動をつなぐデザイン　萩野美由紀	146
3-4	いなかのモビリティ　竹田津実	152
3-5	遊歩者の視点　楠本正幸	158
Interview	道路だけじゃないでしょ　大宅映子	166
Interview	つまずきは新幹線に貨車をつけなかったことから始まっていた　小池千枝	172

4章 クルマ社会のリ・デザイン　水野誠一＝編 — 176

4-0	クルマ社会のソーシャルデザイン　水野誠一	178
4-1	クルマ社会の問題とデザイン力　田中一雄	184
4-2	フランスのモビリティシナリオ　エリアンヌ・ドゥ・ヴァンドゥーブル、セルジュ・ヴァシテール	192
4-3	制度のデザイン　望月真一	200
4-4	目標への接近——新たな経済価値　西山賢一	208
4-5	クルマ社会のデザインプログラム　伊坂正人	212

1章
クルマ社会の光と陰

佐野寛=編

「クルマ社会の光と陰＝プラスとマイナス」は、ミクロに見ると、年齢や社会階層や居住地域によって実にさまざまである。個人のレベルでは、プラスだけしか感じない人と、マイナスばかり感じる人が、隣り合わせに暮らしている。

だがマクロに見ると、まったく様相が違って見える。素晴らしく新しい社会として発展してきたクルマ社会が産み出すマイナスの総量が、ジム・ラブロックが愛を込めて「ガイア」と名付けた地球生命圏のホメオスタシス（動的平衡維持システム）の許容量の限界に達しつつあり、クルマ社会のありようの根本的な方向転換を迫られていることが、ありありと見えるのだ。

本書は、そうした「光と陰」の様相を多角的に再確認し、山のような問題群を解決して向かうべき「21世紀的クルマ社会のカタチ」を提言しようというものだが、本章では、その「クルマ社会」の歴史が蓄積した「光と陰」をいくつかの視点から大掴みして、21世紀の新しいクルマ社会に向かうべき問題解決の方向を「総論」として提示する。

1-0 クルマ社会の光と陰

佐野寛
クリエイティブディレクター、モスデザイン研究所代表

月はいつもわれわれに表側だけを見せている。三日月の時も満月の時もわれわれは、月の光り輝く面だけを見る。陰の側を見ようとはしない。だがクルマ社会を見るわれわれは、その陰の部分をこそ見ようとしている。陰の部分が、クルマ社会の光を消そうとしているからだ。

クルマ社会の光を消さないために、いや、さらなる光を取り戻すために、われわれは、クルマ社会が「月の裏側」に蓄積してきた陰の部分に注目する。

自動車の発達

アッシー君という流行語があったが、その言葉が示すとおり、クルマは足（アシ）の延長である。モビリティの発達とは即、アシの発達を意味している。

5000年間、人間のアシの拡張を担ってきたのは馬だった（自動車の時代になっても、馬車だけは生き残った）。産業革命で「蒸気力の時代」が始まり、ワットの蒸気機関が出現した。発達する蒸気機関車の後を追って、蒸気自動車の開発競争が始まった。その後を電気自動車の開発競争が追いかけた。1885年には、ダイムラーとベンツのガソリン自動車開発競争がスタートを切った。

ガソリン自動車開発競争は、空気入りタイヤの発明や、ステアリング、サスペンション、丸型ハンドル等の開発競争が加わって、過熱しながら20世紀に突入した。ブルジョア青年たちが自動車レースをはじめた時点で、「自動車」はガソリン自動車を意味するようになった。

そして1908年のT型フォードの出現がガソリン自動車開発競争のエポックをつくった。

第一次世界大戦が始まった時、まだ騎兵隊が突撃していた。騎兵隊は新兵器の機関銃で殲滅され「馬の戦争」は終焉した。ほどなく戦車が出現し「クルマの戦争」が始まった。兵員や物資補給トラックの出番がきた。戦車や装甲車の開発競争が激化した。自動車の性能は急速に高度化していった。そして第二次世界大戦後、ブルジョア青年たちの贅沢な遊び道具であり、また最新式の自家用馬車だった自動車が、中産階級にも手の届くものになった。自動車の数量は増大し続けた。一方、大量の物資や人間を輸送するトラックやバスも戦時の活躍を引き継いで発達していき、第二次大戦後の先進国は、多様多種類の自動車が人間の居住のあ

りようを変え、生き方を変え、都市のカタチを変える「自動車の時代」になっていった。

一方、T型フォード量産ラインに起源する「大量生産システム」が、2度の世界大戦をバネにして3段跳びさながらに「ものづくり」全域に広がっていった。「大量生産システム」が産出する膨大な商品群は、「大量輸送システム」、「大量販売システム」、テレビCMを主役にした「大量広告システム」などによって、消費者になった大衆の日常に送り届けられるようになった。「大量生産→大量流通→大量販売→大量消費システム」の社会が出現し、「消費者」たちは物質的に人類史上かつてない豊かな生活を享受するようになっていった。

「大量生産大量消費システム」は、先進諸国に、膨大な人・モノ・情報が一極集中する巨大都市を生み出していった。例えば江戸時代から世界で一、二を争う100万都市だった東京は、「大量生産大量消費システム」の普及につれて「1000万都市トウキョウ」になっていった。トウキョウで働く人たちの「ベッドタウン」が、都市周縁の田畑や山林を潰して生まれ続けた。巨大な数に膨れ上がった住民に供給する物資や排出された廃棄物を運ぶトラック、通勤する人々やトウキョウを訪れる人々を運ぶマイカーやタクシーやバスなどのための高速道路が網のように敷設され、電車や地下鉄や新幹線などで構成される鉄道網が張り巡らされていった。そしてそれらの交通網、旅客機や貨物機が飛ぶ空路、石油タンカーや輸送船やコンテナ船が走る海路を、人や物や廃棄物が激しく行き交う巨大で複合的なモビリティ社会が出現した。「大量生産大量消費システム」に乗った「大交流社会」が出現したのだ。

「車」と「クルマ社会」

「大交流社会」の中で公共交通機関に対する個人的移動手段としての自動車は、購買力を手にした人々にとって、「存在感」を急拡大していった。その過程でわれわれは「大交流社会」を「クルマ社会」と呼ぶようになり、自分(たち)にとっての自動車を「車(クルマ)」と呼ぶようになった。

自動車が、それまでの汽車や電車と全く違う「単なる移動手段ではないモノ」になったのは、それがブルジョア青年たちの遊び道具になった時だったが、そのことが一般化したのは、第一次大戦の戦勝国米英仏に出現した「若さと新しさを賛美する社会」においてだった。自動車が、活力を過剰に生み出す若者たちの自我拡大のツールになる時、車輪を持った搬送機を意味する言葉は、夢や憧れや痛快感までを含む一種の隠語になる。この日本では、団塊世代が若者になっていく過程でその現象が起こった。並行して、例えばHONDAは、団塊世代がバイク年齢に達した時にバイクメーカーとして成長し、団塊世代が可処分所得を手にするようになった時に自動車産業として成長して世界企業になった。巨大な消費者集団になった若者たちの「憧れエネルギー」が自動車産業を高度成長させたのだ。そして自動車に起こったことが音響機器やファッションなど若者たちの欲しがる全商品領域で起こり、日本は世界第2位の経済大国になったのである。

見てきたとおり、自動車は三様の流れになって発達してきた。第一はバス、トラック、タクシーなど公共輸送機関としての流れ。第二は20世紀初頭のブルジョア青年たちを先頭にした「若者たちが夢中になる遊び道具」としての流れ(超高価だったその「遊び道具」は、ブルジョア階級の優越感の象徴になり、労働者階級の

「立て！ 飢えたる者よ」の動因になった）。そして第三が、新型馬車としてのリムジンに始まり、T型フォードの登場で一般化した、自家用実用車としての流れである。

「自動車」とニュアンスを異にする「クルマ」は、第二の流れに発する価値観・美意識に支えられて発展してきた。かつて"Young & Young at Heart"というVANの標語があったが、今でも「クルマ」はその「広義の若者たち」の憧れであり「夢中になるモノ」であり「比較優位」のシンボルである。そしてそれが、「クルマ」の膨大な販売台数に直結する。直結して、世界企業としての自動車産業の驚くべき売上と収益を支えている。特にこの日本では、その自動車産業の巨大な収益が、経済を支え、国の税収を支えている。

ところがその「プラス」の驚異的なスケールが、一方で同じように膨大な「マイナス」を生み出していた。生み出された膨大な「陰」が、眩い「光」の裏側に蓄積し続けていたのだ。

東京オリンピックに合わせて開通した東名高速道路を皮切りに、日本中に張り巡らされた高速道路網が「クルマ社会の巨大化」を端的に示している。それまで、ひたすら明るい未来に向けた希望願望の実現として発達してきたクルマ社会がもたらす巨大な便益を、われわれはたっぷり享受してきた。だがその「プラス」の陰で着々と蓄積されていた「マイナス」、四半世紀前まで、水洗便所で流す糞尿同然、気にせずに済んだその「陰の部分」が、自動車総量の増大につれて巨大化し、社会の表面に噴出してきたのだ。

「私たちの製品は、公害と騒音と廃棄物を産み出しています」というVOLVOの広告が出されたのは、ブラジルで「地球環境サミット」が開かれた1990年のことだったが、その頃から、その広告のいう「公害と騒音と廃棄物」に代表される「陰の部分」が一斉に表面化しはじめたのだ。自動車の発達が自ら高度化した人間社会の質を自ら破壊していくという矛盾が、目に見えるよ

図1　クルマ社会と環境

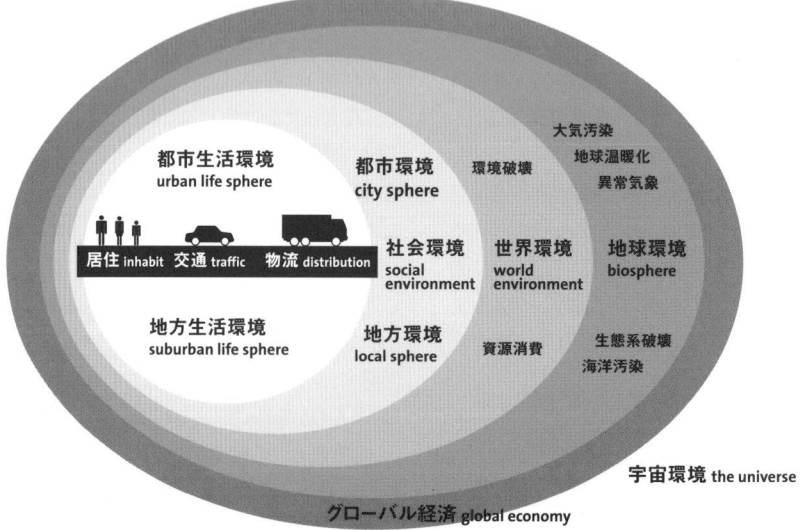

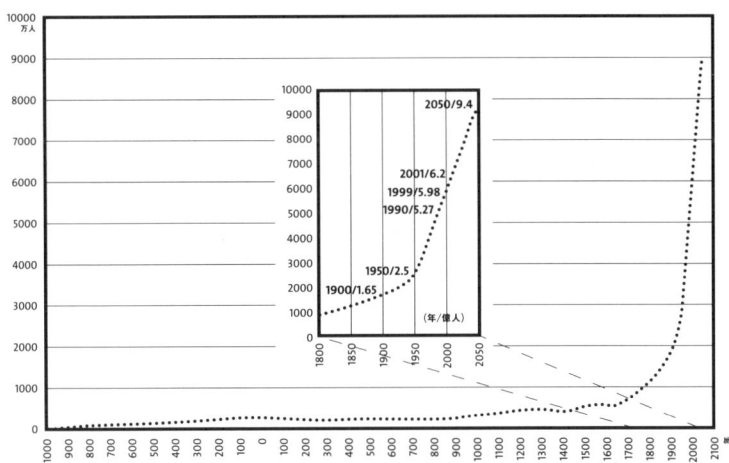

図2　世界人口（アメリカ人口統計局による）

うになったのである。

地球環境と世界人口

われわれはそれぞれの内面環境を抱えながら、それぞれの生活環境の中で暮らしている。それぞれの生活環境は、それぞれの社会環境の中にある。都市環境や地域環境としてある社会環境は、集合して世界環境をつくっている。世界環境は「地球生命圏」と呼ばれる地球環境に支えられている【図1】。

NASAが撮影した、宇宙の中で青く輝く星の姿が即、地球生命圏の外観である。宇宙飛行士のジム・アーウィンは、月面から見た地球が「美しく、暖かく、そして生きている……それはとてもデリケートで壊れやすく、指を触れたらこなごなに砕け散ってしまいそうだった」と言った。その地球生命圏の、散逸構造体（イリヤ・プリゴジン）としての動的平衡維持システムを、われわれ人間の度外れた活動が破壊しようとしている。だが、そのように人類の「活動」が超巨大化して恐るべきものになったのは、たった50年間の出来事だった。その50年間に世界人口が25億人から62億人に増えたのだ。

【図2】は、アメリカ人口統計局による世界人口のグラフである。18世紀後半からの人口急増をもたらしたのは産業革命であり、産業革命が生み出した蒸気船、蒸気機関車、電車、自動車、飛行機など、輸送手段の革命だった。輸送手段の革命が人間の行動圏、生活圏を拡大し、一方で衣食住の生産力が発達して、人口増を促したのだ。

西暦1年に3億人に達した後、産業革命が始まるまでほとんど静態状態にあった世界人口は、産業革命後増加に転じ、19世紀を通じて増大し続けて、1900年に16.5億人になった。ちなみに16億人は今の中国の人口に等しい（と私は見ている）。それがその後の50年で8.5億人増え、次の50年で37億人増えたのだ。驚くべき増加ぶりと言うしかない。

そしてその爆発的増加に域内人口移動が加わった驚異的人口増加が、とくに巨大都市において物凄い質量の人、物、廃棄物の移動となって現れ、それを支えるモビリティの確保が

1. クルマ社会の光と陰

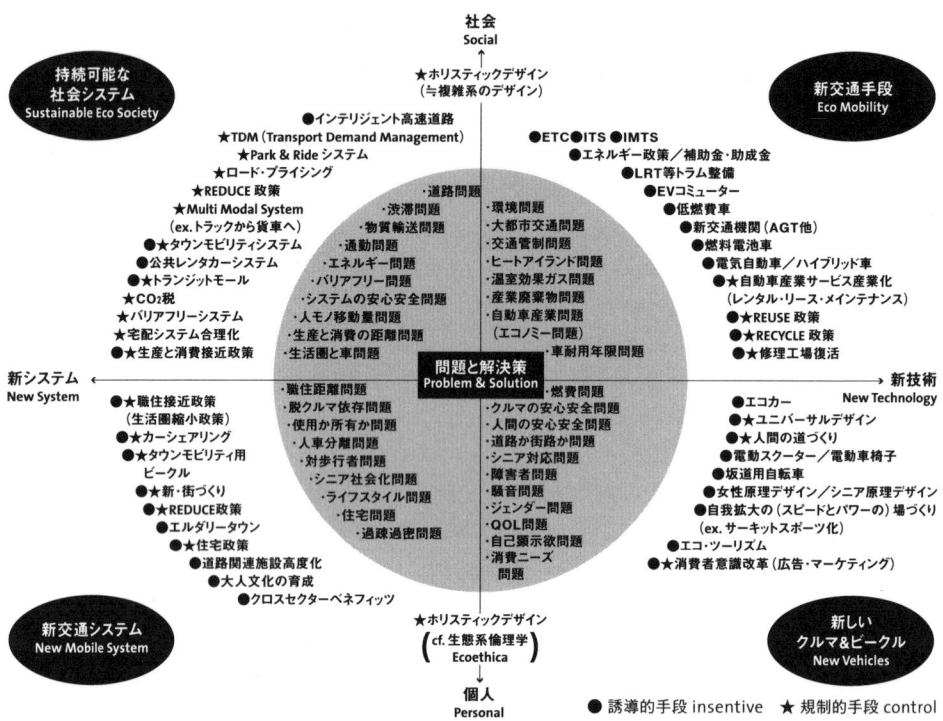

図3　解決すべき問題の位置づけと解決手段

行政の施策の主要テーマになって、今のようなクルマ社会が出現したのである。

巨大な、複雑な、何もかもが高速のクルマ社会。それは、われわれの「夢と希望」が生み出したものなのだが、実際に現れたのは「夢と現実は乖離する」という格言を実証するような社会だった。ファーストフードとファーストライフに即応し、スローフードやスローライフを疎外する社会。そこで、夢と希望の中で光り輝いていた「素晴らしさ」は、よほどの「受け止めるエネルギー」がないと感じられず（若い人にはそれがあるが）、代わりに、無理矢理のせられたジェットコースターで感じるような威圧的な「脅し」を、とくに高齢者は感じるのである。

「陰」の多様性と、複雑系的解決策

「私たちの製品は、公害と騒音と廃棄物を産み出しています」とVOLVOの広告がいうクルマのそれを含めて、クルマ社会の「マイナス」は、実に多種であり多様である。多様な個人にとっての多様な問題。さまざまな社会にとってのさまざまな問題。解決すべき問題のあまりの多さと多種多様さがわれわれを圧倒する。【図3】は、私がランダムに取りあげた「問題と解決策」の一覧図だが、これは【図1】「クルマ社会と環境」の居住、交通、物流に関わる問題に限ったものであり、クルマのための資源消費やクルマが関わるオゾンホール問題や排ガスの関与が

明らかになってきたアレルギー問題などは入れていない。

クルマ社会問題は、高齢化社会問題やバリアフリー社会問題や、さらには過疎化した地域再生問題や食糧自給問題などの大問題とも重なっている。日本デザイン機構理事である迫田幸雄氏がつくったクルマ社会問題相関図（見返しに掲載）は、一目瞭然に、クルマ社会問題が「全相関する問題」であることを示している。こっちを解決するとあっちの問題がさらに大きくなるといった、人間でいえば心身症のような側面がある一方、ひとつを解決すると5つの問題が解決に向かい出すという側面もある。まさに「複雑系的問題群」だ。個別に解決していく問題群ではない。すべてを全相関する問題群として捉え、全相関の様相を考察しながら「個別化」して解決していくしかない。

さらに言えばクルマ社会問題は、【図2】「世界人口グラフ」が示しているように、この地球上に今後いったいどのくらいの人間が幸福に生きていけるのか、という根源的な問いにも深く関わっている。地球環境問題の側面から言えば、人間は、自然環境と共生していくために、地球上になるべく分散的に棲んだ方がいい。その観点からいえば、超巨大な1000万都市など、それ自体が、解決を迫られている「問題」かもしれないのだ。

2003年6月、トヨタが環境フォーラムを開催した時、張富士夫社長がNHKニュースで発言していた。「今、クルマ社会の便益を享受しているのは人類の25％でしかない。残り75％の人々にクルマを持ってもらうためには、クルマの環境対策が必須の前提になる」と。その言葉と燃料電池車や次世代電気自動車、ITS対応車の開発競争等を重ねて考えれば、「クルマ問題」は、自動車産業に任せておいてもいいように思える。だが「複雑系的問題群」である「クルマ社会問題」の方はそうはいかない。「クルマ社会問題」の解決がいかに難しいかは、例えばメディアを賑わし続けた高速道路建設見直し論議が示していたとおりだ。

20世紀は、三浦雅士のいうとおり「世界がアメリカになった」世紀（2002年8月8日付朝日新聞夕刊）だった。だがアメリカ化が生み出した「クルマ社会問題」の解決に、アメリカ式市場原理主義の手法は不向きである。発想が「水洗便所の発想」だからだ。消費者に利便を提供することで収益をあげるが、そこで排出される糞尿の行方には責任を持たないという発想では「クルマ社会問題」の解決は困難だ。その問題の解決にも排ガス規制等の規制が必要と、前記で張社長が言っていたとおり、市場原理主義的問題解決には、規制的手段あるいは誘導的手段による方向づけが必須なのだ。ましてクルマ社会システムの改革には、山ほどの規制的手段が必要になる。そしてそのために重要なことは、まず来たるべき進化したクルマ社会のビジョンをつくり、それを共有することなのだ。消費者がビジョンを共有すれば、クルマはすぐ変っていくはずだ。地域住民がビジョンを共有すれば、「マイナス処理」を引き受けてきた自治体が、ビジョンに沿ったクルマ社会システムづくりをスムースに進めていけるだろう。

障害者や高齢者を含むすべての人々が「健康にして文化的な最低限度の生活を営む」ことができる「新しいクルマ社会」を構想しビジョンにして、それを共有しながら、「最低限度」を未来に向けて向上させていく解決策を個々の領域、個々の問題について考えていくこと。そして「新しいクルマ社会」のビジョンは、循環型社会化や、「ファーストライフからスローライフへ」や、「大量生産大量消費システムから適量生産適量消費システムへ」のビジョンと重なっていると、私は信じている。

1-1 クルマ社会への経緯

西村弘
大阪市立大学大学院経営学研究科教授

肉体的社会的限界の突破＝自動車

　そもそも交通の本質は、人間の諸活動に際して障害となる空間的距離の目的意識的克服ということにある。人、物、情報の移動は、移動それ自体が活動の目的ではなく、別途の目的を達成するためにやむを得ず必要となるものである（人の移動についてのみ、鉄道や自動車に乗ったり、散歩したりすることが目的ということもあるが）。交通は諸活動目的（＝価値）達成のために不可欠となる派生的な需要、あるいは手段的な価値であるに過ぎない。

　しかし、自動車が出現する以前の交通には人間の持つ肉体的・社会的の二重の限界が存在していた。そのため人々はさまざまな活動を交通の未発達ゆえにあきらめねばならなかった。また、今なら何でもないような、たとえば、庶民が見聞を広め楽しむことを目的として気軽に出かける団体旅行・個人旅行なども、かつては思いもよらない活動であった。鉄道の出現は、速度と運搬能力という点で狭い肉体的限界を克服し、道中の安全という点でも画期的な交通手段であった。トーマス・クックに見られるように、ヨーロッパの団体旅行は鉄道を利用して始まった。しかし鉄道は、そうした移動が路線とダイヤに縛られるという社会的限界までは克服できなかった。鉄道は行きたいときに、行きたいところへ、自由に人や貨物を運んでくれる交通手段ではなかったのである。

　自動車は個人的に獲得可能な交通手段＝マイカーとなることで、これらふたつの限界を突破し、1人ひとりの人間の移動能力を著しく高め、本来の活動目的の質と量を飛躍的に向上させた。そのことによって自動車は、あたかもそれ自体が価値あるもの、「自由の象徴」の如く観念されるようになった。東欧の社会主義崩壊時、とくに利用目的があるわけでもないのに、人々がこぞって西欧の自動車に殺到したことは記憶に新しい。彼らは、旧体制からの訣別の意味を込めて、豊かさと自由の象徴である自動車を買い求めようとした。交通手段としての自動車が人間にもたらしたもの、それは単なる移動の自由を越える「自由そのもの」、さらにはその自由な諸個人の活動を通じて達成された私的に「豊かな生活」だったのである。人々の自由と豊かさへの憧れが、今日のクルマ社会を先導してきたと言ってさしつかえない。

過度な利用が放置されてきたクルマ社会

　それでは「クルマ社会」とは具体的に何を意味するのであろうか。今日、自動車を前提にした生活様式が一般に普及していることは今さら言うまでもない。その恩恵は単にマイカーを持つ人にだけでなく、宅配便の隆盛やコンビニエンスストアの浸透ぶりを見れば明らかなように、持たない人にまで広く及んでいる。だが自動車は、恩恵のみならず不利益をももたらすものである。社会は何とかその恩恵のみを享受し、不利益を除去したいと努力してきたが、どうにも対処が難しい問題として今日に至っている。クルマ社会とは、通常、自動車の利便性は認めつつもその不利益に十分対処できないまま、過度にその利用が推進されてきた社会と説明される。つまり、自動車の受容に対する社会的な合意がないまま、その過度な利用が放置されてきた結果生まれた社会がクルマ社会と言える。

　「過度」という意味は、ひとつには自動車に与えられている「隠れた補助」、すなわち自動車が払うべくして払わずにいる社会的費用の存在にある。自動車の社会的費用については、1970年代に宇沢弘文氏が年間1台当り200万円という数字を発表して以来、喧しい議論が行われたが、その幅はとてつもなく広く、下限は年間数千円程度というものであった。近年、新たに研究が進展し、欧米と同様の方法で試算すると日本の自動車の社会的費用は、キロ当り乗用車で概ね30円、大型トラックで130円という結果が出ている。この数字は欧米の試算結果とほぼ同水準のものである。金額に異論はあるとしても、社会的費用の不払いは誰もが認めるものであり、その分だけ自動車の利用が「過度」に促進されてきた、と言える。

　また、自動車に対する1人ひとりの選好が社会的に集合した結果として、渋滞が生じたり、公共交通の経営が危機に瀕したり、昔からの商店街が衰退したり、通行する人々の安全が脅かされたり等々の事態が生じている。その結果、移動は自動車なしでは不可能になっているにもかかわらず、前より多くの時間を移動に要するようになっていたりする。

　また「戦争」以上の犠牲を交通事故がもたらしているのに、もはや自動車の存在しない状態に戻ることはできなくなってもいる。つまり、クルマ社会に住む我々は、気がつけば自動車が普及する以前より低い厚生的帰結に甘んじなくてはならなくなっているのである。これらは自動車を利用する人々が目的としていたものでは決してないが、ある程度は自動車の普及によって必然的に付随するものでもあった。

　「自動車が過度に選好されている」とは、その全般的な普及が社会全体の厚生を高めないばかりか損なうことが明らかであるにもかかわらず、社会にはこの魅力的な個別的交通手段の普及を押し止めうる自動的な仕組みは存在しない、という状態をも指している。そのため、我々の社会は自動車を唯一の交通手段と前提して、あるいは自動車による輸送がもっとも便利になるように諸システムを形成するようになったのである。しかし、その背後には、自動車を利用できない人々やクルマ社会の犠牲者が取り残されている。

豊かな社会を確保するためのシステム転換

　ある意味で、クルマ社会は、歴史上かつてなかったほど交通の意義が高まった現代社会の当然の帰結である。今日は、生産のみならず生活のあらゆる局面が交通を必要としている。ごく一般的な市民のモビリティ（＝移動可能性）

が驚くほど高まった。飛行機や新幹線などの高速交通手段が国内外を簡単に結び、鉄道や自動車が日常的な生活圏を何十倍にも拡大した。企業もその中で距離と時間の制約を克服し、生産性を飛躍的に高めてきた。社会の変化が交通の発達を促し、交通手段の多様化と高速化がまた社会を大きく変えている。発達した交通システムが現代の「豊かな社会」存立の必須条件となってきた。だからこそ、モビリティの不足が豊かさを享受できない原因、と考えられるようになり、我々は人や物をますます大量に、より遠い距離へと移動させようとする。その上さらに、前より短時間かつ正確に到着させようとも努力してきた。クルマ社会は、自動車という交通手段がそれに適合的であったがゆえに到来したのである。

しかし今や、その関係が怪しくなっている。自由と豊かさの象徴であったはずの自動車が、急速にその反対物になりつつある。増えすぎた自動車はそこかしこに移動の不自由な空間を生み出した。大気汚染と騒音にまみれたアスファルトとコンクリートのジャングルは、そのあまりの社会的消費水準の貧しさゆえに人々の忌避する空間となり果てた。そうした空間は来るべき知識社会において富の源泉となる人材を集めるうえで適切ではない場所、と言われている。これからの社会、とりわけ集積を本質とする都市において、自由と豊かさを確保し続けるために行き過ぎたクルマ社会を見直し、自動車交通需要の管理と都市環境の整備を行うことが最重要の課題となっている。今日、世界の主要都市のいずれもが「サスティナブル・シティ」を標榜しようとしている背景にはこれがある。

クルマ社会の先進国たるアメリカ合衆国においてもそれは例外ではない。アメリカではすでに1970年代より、ガソリン税を公共交通整備に使えるようにしていた。さらに、90年代初めには、あまりにも自動車交通に偏りすぎた交通体系を改め、バランスのとれたシステムへと転換することが経済を発展させるとして、中央政府主導の道路計画や交通計画から地方政府主導の交通計画を中心に据えるようになっている。それを受けて都市交通の変貌が80年頃から本格化し、今日では、全米の主要都市で公共交通の再生、とりわけ都市鉄道の再建・創設ブームを招来するに至っている。

もとよりヨーロッパの国々ではこの動きはより早く、交通政策の中心はインフラ整備政策から交通需要管理政策へと移っている。しかるに、日本ではこの動きはきわめて遅く、国の交通政策メニューに「需要管理政策」の名称が載るようになったのはようやく1992年からであった。しかも、それらはいまだに必要な総合性を備えておらず、部分的、試験的なものに留まっている。部分的な交通需要管理の実施は、啓蒙的な意味はあるとはいえ、対象とならない人々による抜け駆け的な自動車利用を招く畏れがあり、効果の点で疑問がある（ただし、唯一の例外が、東京都が実施しようとしている「TDM（交通需要マネジメント）東京行動プラン」である）。

こうした動向から窺い知れるように、今日、交通政策に要請されている課題は、かつてのような大量生産・大量消費に見合った大量輸送のためのシステム整備ではもはやなく、まずもって迅速性、正確性、環境への配慮等の交通の質を確保することにある。そしてこの課題は、改善された環境、よりよい経済、より公正で広範な市民の参加可能な社会という複数の目標を、同時に達成しようとするサスティナブル社会実現の政策の一環と位置づけられている。ここにいたってようやく、諸個人の自由な移動という価値への無条件の信奉にかわって、社会的共存のルールを踏まえた上での人々の移動の望ましいあり方の議論がなされるようになった

と言えるであろう。

参考文献
宇沢弘文『自動車の社会的費用』岩波新書、1974年
兒山真也・岸本充生「日本における自動車交通の外部費用の概算」『運輸政策研究』第4巻第2号、2001年
西村弘『クルマ社会アメリカの模索』白桃書房、1998年
西村弘「都市経済の変貌と都市交通・都市環境」『交通学研究／2000年研究年報』2001年

1-2 都市とモビリティ

南條道昌
都市計画設計研究所代表

都市の原理

狩猟採集の時代、人は温暖な地、採集の容易な地を求めて大地をかけ巡った。徒歩が可能な範囲がその領域を定めた。

海や川の地域では、舟やいかだが工夫された。古代人の手にしたモビリティは小さなものである。そのような社会でも都邑は生まれた。産出されるものの物々交換あるいは原始的な貨幣の発生による商取引が行われ、市をたてる邑が存在したであろう。人が集まりやすい場としての市は、当時の人の宗教や親族的な社会の枝分かれなどに応じて集まりやすい場が選ばれ、市がたてられたと思われる。この場の形成は人の社会が、交換、交易の場を必要としているという洋の東西を問わず社会、歴史的な事実を示すものであり、都市が成立するひとつの原理である。その場の形成はモビリティの如何を問わず、多くの人々が集まりやすい地点＝道の交差する場所あるいは、河水が出会う場所などが繁華の市を約束することとなった。

しかし、農耕が社会の主流となり、その産品の備蓄が可能になると、必然的に略奪行為を行うものが現れ、戦争が発生する。

この侵略においても、モビリティは重要な役割を担うものとなり、兵車、馬などの戦いのための移動手段の優劣が勝敗を決する要因ともなっていった。一方、都邑はこのような侵略的攻め手に対する防御に優れた地形、地物の場の選択、あるいは要塞、城壁などの構築が生命、財産を守るために工夫されていく。したがって市は、このような防御性の堅固な城市において成立するようになる。あるいは専門的な守り手（日本で言えば武士、僧侶）の庇護のもとに成り立つと考えられ、商人の発生とともに、貢納の約束事あるいは自警団の成立などが歴史に登場する。ヨーロッパ中世における領主の城とギルドの成立や、わが国における堺等の自警団集団、ある種の寺院における市の擁護など（たとえば根来寺と根来衆、独特の産品）にそれがみられる。

この時にも、人の往来と舟運のための河川への安全な航行などが、市邑の成立の条件であったことは間違いない。

モビリティの飛躍的拡大

一方、西欧の技術革新（産業革命）等を契機として始まった資本性社会の到来は、モビリティにおいてこれまでの歴史を覆すものとなっ

た。鉄道、内燃機関駆動の船舶、そして自動車、航空機である。人のモビリティは2桁違うものとなった。

世界の都市の多くは馬車を利用するモビリティと徒歩のモビリティ、そして鉄道のターミナル駅としてのモビリティに対応するように創り変えられた。そこに自動車のモビリティが人の動きと荷物の動きとの双方で入ってきた。この変化についての都市の対応は混乱を見せている。

都市の広場は概ね駐車場と化し、中世以降の小路にも自動車は否応なく侵入してきている。その様子は一時何の倫理も働かず混乱し、渋滞、事故などが都市問題として挙げられ今日に至っている。

すなわち、今日の都市の造りは私たちが新たなモビリティをこなすようにうまく仕組まれてはいないのではないかということが指摘できよう。

都市は、人の社会で都市が必要とされ、また人に与える満足の条件によって成り立っている。そして20世紀は、まさしく都市の時代であったと振り返ることができる。資本性社会の都市は、そこに新たな生産の場（工場）を設けることによって、人間社会の生産の多くを賄い、生活を支える基本様式を与える場となったのである。労働対価の取得、消費生活の実施が行われ、都市が私たちの人生の展開の場としての役割を担うようになってきたのである。

一方私たち人間は、移動することによって自分自身をさまざまに生き分け、人生の幅をより広いものにするとともに、移動することによって得た変身を文化として楽しむことによって、より一層豊かな人生時間を演出しているのである。大きなモビリティを得た私たち現代人は、ある場所における私とは異なる私になることによって、感覚のみならず知覚においても異なる私をその場の違いによって獲得し、昔の人とは比べものにならないより豊かな自己実現を見ることができるようになっていると考えられる。

さて、都市がまさにこうした移動による変身の文化を十分に楽しめるように仕組まれるためには、現代的な都市と言うに足る移動の手段を、多様に持ち合わせ、その全体が都市に十分調和して移動（モビリティ）そのものを楽しめるようになっていなければならない。移動の心地よさ、判りやすさ、過度の身体的負担を強いることのないような都市交通手段が用意されていなければならないと言えよう。しかもその移動の体験が心地よさと美しさに包まれてあるような都市が優れた都市、人を惹きつける都市ということができるだろう。

地球環境の危機

しかし、そこに新たな課題が発生した。惑星地球の危機である。この百年を技術革新、新しい未来の獲得という路線で歩んできた私たちは、欲望の達成のために、エネルギーを使い続け、結果として炭酸ガスその他大気汚染を行い、そのことが地球の大気環境や海流環境に無視できない影響をおよぼし、温暖化、異常気象の発生、オゾンホールの拡大など、地球の自然循環の保持に異変を生ぜしめるようになってきているのである。

私たちのモビリティの獲得も、このことに留意して、行動をしなくてはならないという認識がいま、世界各地に拡がっている。

この新たな課題は、都市とモビリティの関係の様相を従来とは異なった視点で捉えることを私たちに要求している。

都市が田園環境を求めて、どんどん郊外に拡がることを発展と考えてはいけない。それは徒らに移動の距離を拡大し、不必要な交通を発生させ、地球環境をより早く危機に陥らせることに荷担することになるだろう。都市はなるべくコ

ンパクトにまとまり、日常的移動はなるべく少なく、しかもエネルギー効率の良い方法で行えるようにしなければならない。基本的には徒歩や自転車で都市生活が営めるコンパクトさが要求されよう。しかし私たちは、先に見たように、多様なモビリティを獲得し、それを活用することによって豊かな自己実現を可能にしている。この多様なモビリティを、多様な交通手段によって効率良く実現することもまた必要である。鉄道のターミナル駅や空港などを大切にしながら、都市内を移動するための鉄道網や自動車と自転車、徒歩を心地よく共存させる工夫が、これからのまちづくりに必須の事柄となるだろう。

そして街の個性が歴史的なものを含めて確立されていくようになると、これらのモビリティのアウトルックそのものがこうした街に映えるようにデザインされていくことが必要になるだろう。すなわち、人のモビリティは程よく調節されて、過不足なく的確にその主に変身をもたらすようにその姿を整えられるべきであると言うことができる。それが交通機器のデザインとなり、コンパクトな街の佇まいの中に溶け込んだ時、人は新たな時代を、持続可能なかたちで手中にすることができると言うことができよう。

モビリティ・モードの転換

私たちの都市生活行動は、多様なモビリティを獲得したが故に私たち自身がそのモードを頻繁に変えることが現実になってきている。

歩行をベースとして、自動車にも乗るし、自転車にも、電車にも、飛行機にも乗る。このモード

の切り換えが円滑に行え、またモビリティのモードに沿った街の顔を持っていることが現代の都市に求められる。スピードの異なる、また人の変身ぶりも異なるそれぞれのモードに対応して街は心地よく、かつコンパクトに出来上がっている必要がある。歩いてよし、電車に乗ってよし、車に乗ってもよしの快適性を持つことは難しい。しかし、その乗り換えも含めて、また、街の部分の機能や雰囲気に合わせてうまく創られている街を想像することはできる。全体が総合的にバランスよく配されている都市が望ましいが、少なくとも部分、部分でも心地よいモビリティを発揮することは必須のことであろう。

1-3 クルマにおける個の技術と場の技術

森谷正規
技術評論家

"場の技術"が遅れている典型が自動車

　技術には、"個の技術"と"場の技術"があると、私は十数年前に思い当たって、機会をみつけてその論を展開している。技術というものは典型的には、高度な機能、性能を持つ製品をつくり出すことであり、長年にわたって非常に豊富な製品群を生み出してきた。それが、これまでの技術進展の中核であった。

　しかし、その素晴らしい製品群が、使用される際して高度な機能、性能を十分に発揮しているかといえば、必ずしもそうではない。というのは、その製品を使う"場"が整っていないことがあるからだ。その"場"を整えるためにも何らかの技術が必要である。それが"場の技術"であり、一方の製品群が"個の技術"ということになる。

　その典型が、自動車の"個"と自動車が走る"場"である。"個の技術"である自動車は、19世紀末に誕生して以来、100年間にわたって性能、デザイン、利便性が大きく発展してきている。ところが、その素晴らしい自動車が、相変わらずしばしば事故を起こして人を死傷させ、また渋滞でよく走れないことが多い。それは、自動車が走るクルマ社会に必要な技術がなかなか進まず、全般的に遅れているからである。

　これまでの技術進展では、"個の技術"ばかりが大きく進んできたという状況があり、反面において、"場の技術"が遅れている。製品にばかり技術が向いていて、それを受け入れる場についての配慮が欠けていたからである。

　自動車の場合、"場の技術"が遅れている状況をみてみると、道路に関してはまず交通信号制御システムがある。その進んだ技術として、自動車の走行状況に応じて信号の赤青の時間を適切に制御するシステムは、30年も前から可能性がいわれているが、いまもってほとんど普及していない。信号制御によって、交通渋滞はある程度緩和できるはずなのだが、力が注がれていない。

　高速道路での渋滞緩和には、料金自動収受システム（ETC）が有効である。このETCでは日本は、欧米諸国ばかりでなく、シンガポール、マレーシアにも遅れていて、ようやく2〜3年前から導入されるようになった。ところが、高速道路のゲートでの設置は急いで実施されたのだが、自動車への端末としての機器の搭載はなかなか進まないという問題を抱えている。機器が3万円近くと高価であるからだ。

　この"場の技術"の柱になるのが、これらのシ

ステムを含んだITSである。ITSは、自動車と道路のコミュニケーションのシステムといえるものであり、さまざまな機能をもちうるのだが、その進展は急速とはいえない。かつて、モータリゼーションによって自動車の保有がたちまち進んだのに比べると、ITSは遅々としているといわねばならない。

ITSには、自動車の運転に直接かかわるシステムもあって、交通事故の減少に役立つ可能性がある。道路の側が、自動車に対して事故につながるおそれのある異常事態についての警報を出したり、さらに事故を防ぐためのとっさのハンドル、ブレーキ操作を支援しようというものである。しかし、これは技術的に非常に難しくて、実現するのも容易ではない。

また、"場の技術"のひとつともいえる立体地下駐車場の技術も、10年以上も前に多くの建設会社によって多様なものが開発された。"場"のもっとも大きな要素である空間が、土地が狭い日本では乏しくて問題になるので、それを技術で補おうというのが立体地下駐車場であるが、都市での建設はほとんど進んでいないのが実情である。

自動車にかかる"場"における最大の問題が、排気ガスによる環境破壊である。排ガスによる大気汚染とCO_2による地球温暖化であるが、個々の自動車での排ガス浄化や燃費向上の努力はなされているものの、交通渋滞の激化がその努力を減らすことになるのであり、これも"個の技術"であるエンジンばかりでなく、"場の技術"にかかわってくる。したがって、解決は容易ではないのである。

自動車を安全、快適に、かつ無公害で走らせるように"場"を整えるには、多種多様な技術があるはずだ。ところがその"場の技術"が遅れているという実情に目を向けねばならない。それは自動車ばかりでなく、技術の全般についていえることである。

"個の技術"は一言でいえば性能を高めていくことだ。一方、"場の技術"は、"個"のためにその性能を十分に発揮させる状況をつくり出し、また、"個"が使われる場において好ましくない状況をもたらさないようにする技術である。"個"が性能の技術であるのに対して、"場"は状況の技術といえる。

製品の性能を上げていくばかりが技術ではない。これまでの技術進歩によって、機器、システムの性能はとても高くなっているのだが、それを社会が受け入れて望むべき状況をつくり出すのは、遅れている面がある。それは、現代の技術が直面している重大な問題であると認識することが必要である。これからは、"場の技術"の進展に大きな力を注がねばならない。

"個の技術"から"場の技術"へ進むのは、技術のパラダイム転換である。

クルマの"場"は複雑系

では、"場の技術"がいったいなぜ遅れるのか、その理由はふたつほど考えられる。ひとつは、技術が相当に難しいことであり、ひとつは進めるべき力が不足していることである。

まず技術の難しさであるが、それは、"場"がとても複雑であることに原因がある。クルマで"場"といえば道路であるが、道路には乗用車、トラック、バスなど各種の自動車が各様に走っていて、また自転車やバイクが走り、人が歩いている。その道路は大半が曲がっていて、交差点が各所にある。鉄道の踏切まであり、時折、道路工事で片側通行になる。また、夜になると照明によってガラッと変わり、雨が降るとスリップしやすくなり、雪が積もることもある。

自動車やバイクに乗る人間も、道路を歩く人々もそれぞれ勝手に多種多様に行動する。

若い者、年老いた者、相変わらず飲酒運転する者までいる。このように見ると、クルマの"場"は非常に複雑であり、複雑系であるといえる。

数年前に、"複雑系の科学"が強く注目された時期があった。これまでの科学は、要素還元主義で進められてきた。つまり非常に複雑に見えるものも、どこまでも細かく分けていき、その要素1つひとつを突きつめていけば、すべてのふるまいは解明できるというものであった。しかし、物質を分子、原子、素粒子からクォークまで突きつめていっても、物質で構成されている自然のふるまいがすべて解明されたかといえば、まだわからないことばかりである。生物については、ついに遺伝子の解析まで進んだが、人間のふるまいはとんとわからない。要素還元主義による科学は、限界にぶつかっていて、そこで、複雑系の科学の必要性が叫ばれたのである。

では、複雑系とは何であるかといえば、次のように定義されている。「無数の構成要素からなる一まとまりの集団で、各要素が他の要素とたえず相互作用を行っている結果、全体としてみれば部分の動きの総和以上の何らかの独自のふるまいを示すもの」（吉永良正『複雑系とは何か』講談社現代新書、1996年）

クルマが走る"場"の構成要素は多く、それが複雑にからみあっていて、その場におけるふるまいは掴みようがないともいえる。複雑系の科学の出発はカオス工学であるが、クルマにおける場は、まさしくカオスであり、無秩序である。

一方、自動車自体は、たとえばエンジンでいえば、燃焼に関する理論があって、それに基づいて開発を進めていくことができた。もちろん理論通りにはいかないのだが、より良いものを求めて要素還元的に追いつめていくことができた。そしてエンジン技術は着実に進歩してきている。

しかしこれからは、技術も複雑系の問題に直面していくのであり、要素還元ではない新たな手法で問題解決に努力しなければならない。

これまでの技術は、「家庭」と「産業」を強く指向してきた。乗用車は「家庭」向けであり、またその合理化された生産ラインは「産業」の技術である。一方で、複雑系である「社会」の技術は遅れていた。それが社会問題を激化させているのである。自動車で言えば、交通渋滞、交通事故、排ガスによる環境破壊はまさしくそうである。

この「社会」に加えて、これから技術がより一層力を注ぐべき分野として、「人間」と「自然」がある。この人間も自然もまさしく複雑系である。人間や自然に向けた技術は、乗用車、テレビ、コンピュータなど人工物の技術に比べて、相当に難しいのである。したがって、人間や自然に関する技術は遅れているのが実情であり、これから大いに進めねばならない。

クルマの場は、「社会」の中にあり、しかも「人間」が深く関わっていて、さらに天候としての「自然」も関係している。自動車の"場の技術"は、これからその複雑系の困難に挑戦していくのである。

場の技術を進めるのに必要な施策

"場の技術"が遅れているもうひとつの原因は、これまでその開発に大きな力が注がれてこなかったことだ。少なくとも、自動車自体の向上のために投入された非常に大きな努力に比べれば、力は弱かったといわねばならない。

それは、なぜなのか。自動車は、個人や企業に向けた製品であり、市場があって、良い製品を安い価格で市場に出せば、よく売れて企業は大きな収益を上げることができる。したがって自動車メーカーは、技術開発に一生懸命になる。きわめて厳しい企業間競争を勝ち抜くため

には、なんとしても安くて良い自動車をつくり出さねばならないのである。それが技術を大きく進めることになった。

ところが、"場"のための各種のシステムは、公共的なものが大半であり、必要性は大きいのだが、市場になりにくい。そのシステムは、政府や公共的な団体が実現させていくのだが、必ずしも積極的ではなかった。個人や企業は最新の製品に飛びついて購入するのに比べると、新しいシステムの導入には熱心ではないのである。したがって、市場がなかなか育っていかないのが現実である。市場がよく見えないから企業は技術に力を注がない。

そこで、政府や地方自治体の積極的な施策が不可欠になる。それは、クルマが走る場の整備のために巨額の投資を行うことである。これまでは政府の資金は、もっぱら道路に投資されてきた。それは、ガソリン税などの自動車関連の税の収入がとても豊富であったから可能であり、道路投資が大いに進んだのである。それをこれからはITSなどの"場"の形成に向けるべきであり、それによって大きな成果が得られるはずである。

しかし、いろいろと難しい問題もある。それはETCに表れているのだが、機器を搭載する自動車が少なくて、ETCの稼働率が非常に低いという現実である。前述のように、機器の価格が3万円近いという高価格であるためだ。そこで、普及させるためには、搭載車に対しては高速道路の通行料金を割安にしたり、補助金を出したりなどの施策が必要になる。普及するような仕組みをつくらねばならないのである。

"場の技術"にも、このETCのように公的な機関ばかりではなく、個人や企業が関係してくるものが少なくない。ところが、魅力あるクルマには飛びつく個人が、場のシステムには無関心である場合が多い。それをいかに普及にもっていくのか、それにも施策が必要である。

場の最大の問題である交通渋滞の緩和には、さまざまな対策があるが、決め手になるものはないといっていい。あらゆる手段を講じなければならないが、その中でも最も有効であるのは、都市内への自動車の流入の制限という大胆な制度である。ロードプライシングといわれ、都市に入る自動車からかなりの額の流入税ともいうべきものを徴収するのである。だが、それをいかに実現するのか、技術的にも相当に難しいものがある。

東京都は、その実施を真剣に考えているようだが、ここで、地方自治体がこの種のシステムの導入にどうすれば積極的になるのかという技術を越えた難しい問題がある。これは私権を制限することになるのであり、政府はとかく慎重な態度をとることになる。それを突破するのは、意欲的な地方自治体である。

場のためには、個人も自分の欲求を抑えねばならないという問題を突きつけているのであるが、これはその他の場面にもいろいろと生じるはずであり、これからのクルマ社会が直面する重大な問題である。

ともかく、クルマをより安全に快適に、無公害にしていくために、クルマが走る場を整えていくことが必要であり、政府、地方自治体、自動車メーカー、クルマユーザーのすべてが、大いに努力し協力していかなければならない。

1-4 環境と人口減少の時代のモビリティ
ハイ・モビリティ、コンパクト、シームレス

大野秀敏
建築家、東京大学教授

近代、とりわけ20世紀になると交通手段が質量ともに爆発的に増える。例えば、19世紀に自転車が発明されると歩行の5倍以上の速度で走ることができるようになる。19世紀末に発明され、20世紀初頭に量産化された自動車は、さらにその5倍の速度で走る。自転車と同じく19世紀初頭の発明になる鉄道は大量の人を運ぶことができ、T型フォードと同じ頃の発明の飛行機にいたっては鳥になるという人間の夢を実現してしまう。さらに20世紀末には、それまではSFの世界だと思っていた宇宙旅行が可能になったのである。しかも、同時に製造コストも運用コストも劇的に低下し、誰でも安価に旅ができるようになった。

有史以来、移動の自由は人々を魅了し続けてきた。現代のグローバリゼーションも交通技術の発達のたまものである。情報通信は空間を超えるが、人々がこれほど自由に世界中を移動できなかったとしたら、そもそもコミュニケーションの欲望が起こったのか、はなはだ疑問である。

20世紀までは、早く、遠く、安くという欲望の赴くままにモビリティは直線的に発達を遂げてきたのだが、21世紀は20世紀の延長上にはなさそうである。モビリティはどのような姿をとるのか日本の都市像をからめて検討してみたい。

21世紀のモビリティの形態は環境問題と人口構造の影響を強く受ける

21世紀の日本の社会、都市形態に大きな影響を与える要因として、ひとつは環境問題、もうひとつは少子高齢化社会がもたらす人口構造の変化、このふたつを挙げよう。前者は比較的分かりやすい。19世紀、20世紀的な移動技術はいずれも、化石燃料を大量に消費し、二酸化炭素などの地球温室化ガスや酸性雨を引き起こす窒素酸化物や硫黄酸化物など環境有害物質を排出する。その最たるものが自動車で、幹線道路沿道の住民の健康に直接影響を及ぼしている。しかし、自動車産業はこのような問題の解決に意欲的に取り組んでいるので今後1台当たりはよりクリーンに安全に改善されていくと思われるが、地球上の自動車の総数としてみれば確実に増加の一途を辿っている。自動車を利用しなくても良い社会、都市の建設という方向に関心が持たれる所以である。

ふたつ目の人口問題とモビリティの関係の方はもう少し複雑である。まず、人口がこれから

50年で現在の人口の3/4になり、高齢者が全人口の1/3になるとほぼ確実に予測できる。総人口の1/4減というと3000万人以上であるが、北海道、東北、関東北部3県の合計でもまだ2200万人強であるから、ことの重大さが想像できよう。高齢化は、社会的に見れば生産人口（15歳から65歳）比の減少ということである。企業からすれば労働力が確保できない、個人的にいえばこれまでの生活の質を保てないということになる。

打開策としては、海外からの労働力の受け入れが議論されているが、様々な摩擦のリスクなども考えると、日本人がもっと働くことを考えるのが合理的である。すなわち、老人と女性の生産への本格的参加である。かつて、高齢者には引退とか隠居という生活スタイルがあったが、それは扶養してくれる世代が十分存在したときの話である。高齢社会ではそうはいっていられない。老人も経済的自立が求められる。といって高齢者が20代や30代のように残業もいとわず働くことは体力的にも難しいので、いわゆる9時5時のフルタイムの労働だけでなく、ワークシェアリングなどを含めて、これまでの常識からすれば変則的な労働形態が求められるようになる。女性についても同じで、やはり同じような労働形態の多様化が必要である。

都心回帰

最近の大都市の都心部のマンション購買層の特徴として、高齢者世帯と共働きの世帯が目立つようである。共働きの世帯は当然として、高齢者世帯はなぜか。郊外は何をするにしても自動車が必要である。ところが高齢者は身体能力の衰えから交通事故のリスクを考えてしまう。子供の独立を契機に郊外の一戸建てを売って、自動車なしで生活ができ、文化施設や利便施設に恵まれた都心のマンションに引っ越すのだという。

今後、高齢者や女性がもっと働くようになると、もっと都心居住の需要が増えるであろう。午前だけ働くために通勤時間に行き帰り2時間も使っていては不経済である。子供を預けて働こうにも、やはり長時間通勤は非現実的である。自動車は便利であるが、都心に通勤用の自家用車のために駐車場を用意できる事業所は稀である。完全に自動車依存社会であるアメリカでは、オフィスの方が郊外に出てゆき新しい街をつくる。これをエッジシティ*1と呼ぶ人もいる。これは20世紀的なパラダイムがもたらす都市形態のひとつの合理的な結論であるが、当然のことながら自動車依存が前提なので、地球環境にとっては問題が多い。

図1　衛星都市型のコンパクトシティ

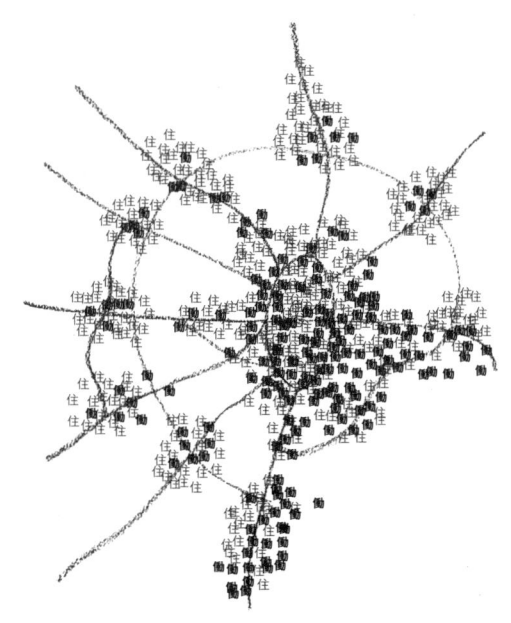

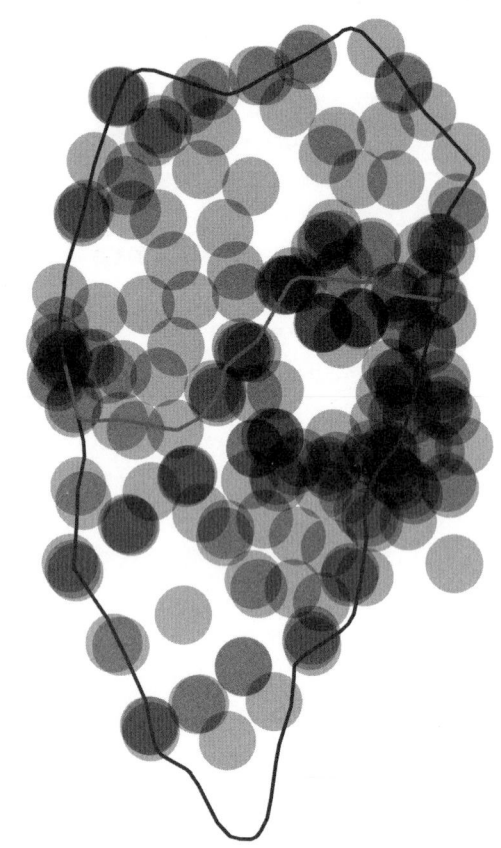

図2　山手線の内側の鉄道・地下鉄駅の駅勢圏（半径500m）
（飯田倫子による）

現在の日本のマンション需要が示す傾向は、国土が狭く、自動車より公共交通の便利な日本の大都市の特性を反映しているといえる。日本の都市住民は、エッジシティのように拡散した都市形態ではなく、都心部にまとまって高密に住む都市形態を指向しているように見える。

衛星都市型のコンパクトシティ

アメリカと異なり環境問題に熱心な欧州では、郊外にスプロールしてしまった都市を再度凝集させ、こぢんまりとした都市をつくるべきだと主張する都市や環境の専門家が多い[2]。これはコンパクトシティと呼ばれている。都市が小さく密度が高い方が、何かとエネルギー消費が少なくて済むことは明らかであり、通勤時間が短く公共交通機関も運営がしやすい。コンパクトで、自動車に依存し過ぎない都市形態は高齢化社会向きでもある。

西欧のコンパクトシティの背後にある考え方、つまり、小さなまとまりの良い都市の方が人間的であるという考えに従って大きくなりすぎた都市の形態を再編成しようとすると、母都市と衛星都市群で編成するという考えに行き着く。この考え方は、環境問題が現れる前から提案されてきている昔ながらの考え方であり、首都圏の将来イメージとして行政レベルで採用されている。そこでは、東京都心を太陽に、柏や大宮、立川、町田などを衛星と見立てる【図1】。

しかし、このような衛星都市型の構想は、日本に限らず、必ずしも成功しなかった。そのひとつの理由は、小さな都市は大きな都市の魅力に勝てないからである。過去の小さな都市が「人間的」であったからといって、現代でもそれが「人間的」だとは限らない。なぜなら、現代人は大都市の方が好きだからである。

では、大都市の魅力は何かといえば、それは、ひとつに大都市が提供する選択の可能性の大きさである。働き口だけでなく、教育機関、文化的催し、消費、異性との出会い、悪所、何をとっても小都市より大都市が大きな可能性を提示してくれる。そして、その選択の可能性を支えているのがハイ・モビリティ（いつでも、どこでも、だれでも高速に移動できる）である。

現代の大都市の住民の生活の広がりは行政上の境界に拘束されていない。郊外居住の都心就労者はもちろん、専業主婦でも学生で

も、様々な移動手段と高度に発達した情報技術に支えられ、仕事でも私生活でも交際範囲や移動範囲は広く、行動の目的別に違った空間領域を複数持っているものである。現代の都市住民が支持する人間的な暮らしの条件は、ハイ・モビリティに支えられた高い選択の可能性ではないだろうか*3。

高齢者が人口の1/3と聞くと、ひと所から動かないロー・モビリティの社会を何となく想像しがちであるが、それはご隠居さんが増えることを前提とした考え方である。すでに述べたように21世紀の老人はのんびりとしていられないのである。

線状のコンパクトシティ

環境的に考えれば、鉄道は自動車に比べて遥かに優れている。よく整備された鉄路を走るので走行抵抗が低いし、安全である。それに占有面積が圧倒的に小さい。自動車は8m²くらいの面積に平均すれば2人も乗っていない。通勤電車などでは、1m²に6人くらいは詰め込まれている。

日本の都市のインフラで世界に誇るべきは鉄道である。日本の都市ほど鉄道のネットワーク密度が高い地域はない。特に首都圏は格別である。例えば、成田空港を考えてみよう。滑走路とターミナルビルが貧弱で悪名高い成田空港には現在、JRと京成の2本の鉄道が入って

図3　リダンダンシーの高い交通ネットワーク　過剰とも思える高密度の鉄道ネットワークのおかげで、東京では2地点間（この場合は西武池袋線の大泉学園駅から羽田まで）の移動に多数の経路を選びうる。その結果、運転休止やストライキなどがあっても迂回路が確保される。

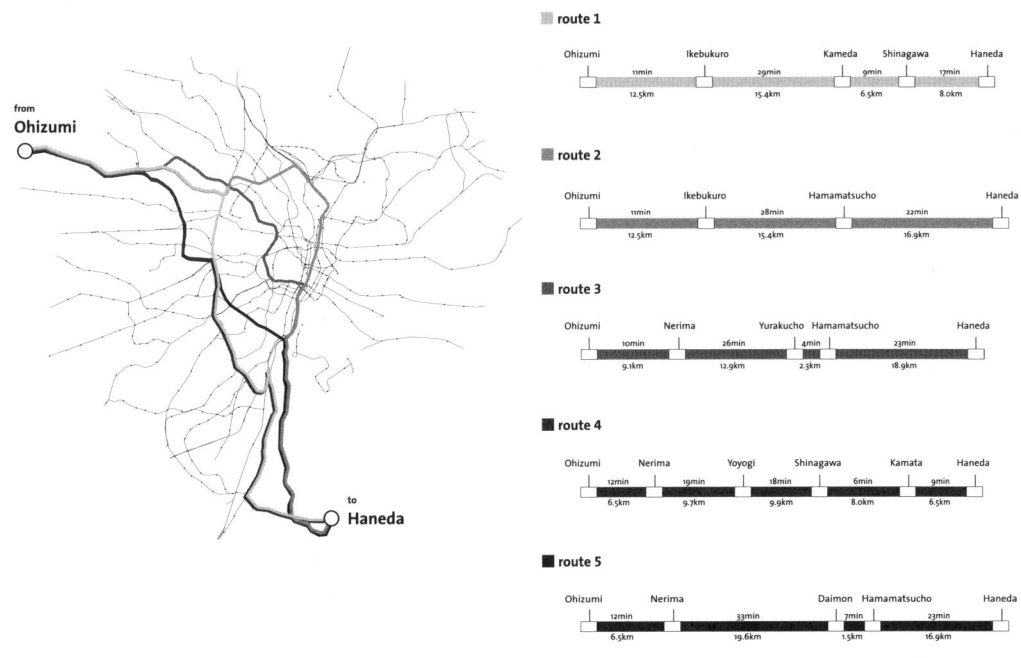

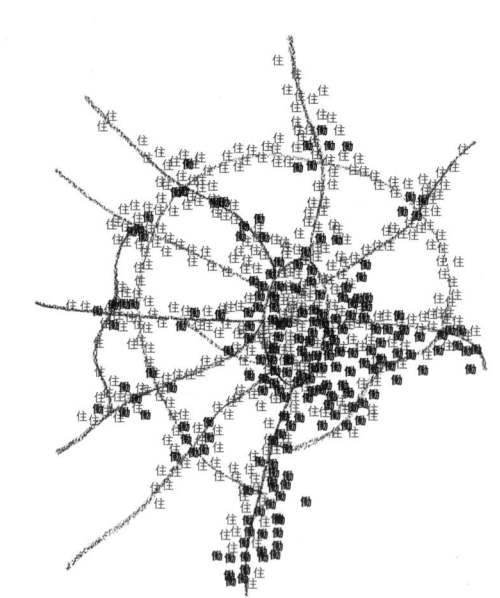

図4　線状型のコンパクトシティ

いるが更に北総公団線が延伸工事中である。こんな豪勢な鉄道アクセスを有する空港は世界に類がない。

　また、山手線の全エリアの8割は、500m以内に地下鉄の駅がある【図2】。これは、もはや市電並の密度である。首都圏に3000万人という世界最大の途方もない人口が住み、混雑した通勤電車は「痛勤」と揶揄されながらも、大きな問題もなく維持されているのは、ひとえに超過密ダイヤを正確かつ安全に運行している日本の優秀な鉄道のおかげである【図3】。

　しかし、この効率性も日本の高密居住によって保証されてきたのである。乗客があっての鉄道事業である。沿線が低密度なアメリカの都市では望むべくもない。やろうとすれば、税金で赤字を補填する覚悟で向かわざるを得ない[4]。

　日本の都市でコンパクトシティを考えるときは、世界に誇れる高密な鉄道ネットワークを活用したコンパクトシティでなければならない。そうすれば高齢社会にふさわしいモビリティも確保できるし、地球環境にも良い。具体的には、鉄道線沿いに人口密度の高い場所を線状に連ねるのである【図4】。人口減で余った住宅は、鉄道線から遠い場所から優先的に間引かれるように都市計画的に誘導してゆくのである。現在は、たとえ鉄道沿線に住んでいてもバスに乗らなければ駅に行けない地区が相当あるが【図5】、沿線に住んでいれば駅まで歩けるように駅間隔を縮める、つまり駅を増設する。そうすると駅まで歩ける圏域の面積が増えるので、その地域の容積率を上げれば、多くの人が駅から歩ける距離に住める。乗車切符の電子化が普及すれば、それほどのコストを掛けずに新設駅の建設と維持ができると考えられる。しかし、駅が増えても電車が止まらなければ意味がないが、幸い首都圏の鉄道は複々線化が進んでいるので、列車の運行パターンを工夫すれば、都心までの所要時間をそれほど増やさずに全便各駅停車化が可能になる。こうすると、皆が駅に歩いて行け、そこからどこの地区にも電車で行ける。また、駅の反対方向に行けばすぐに田園地帯に出られる、そんな街を目指すべきではないだろうか。これが私のイメージする日本型のコンパクトシティの姿である。

シームレス

　高齢社会は多様な構成員でできている社会である。家族形態ひとつをとっても、高度成長期には核家族が主体だったのが、離婚、死別が増え、いろいろな同居形態が増える。多様な社会には多様な交通手段が必要である。自動車は現在ほどの圧倒的立場は減らすべきであるが、かといって将来とも有用な交通手段であることに変わりはない。

現在、住宅も自動車もいわゆるユニバーサル化が進展している。大きな自動車のショールームに行くと、車椅子使用者や、腕に力がない人でも乗り降りができ、運転ができるように工夫された仕様の自動車が展示されている。こうした技術は高齢社会のなかで移動の自由を制限された人たちに希望を与えることになる。元気のいい若者がマニュアルで運転するクルマが一番危険で、身障者が自動モードで運転するクルマが一番安全だという日も間近であろう。

一方、住宅の内部も、車椅子で利用しやすいようにする改造が定着してきている。しかし、どんなに自動車のなかや住宅のなかから障害が消えたとしても、日本の家屋の駐車場を考えると、乗り降りのところに大きな障害が残る。大抵の住宅の駐車スペースはぎりぎりなので、自動車のドアを開けると間近に建物の外壁や生け垣が迫り、身をよじりながら乗り降りしているのが現状である。運転席がモーターで回転したところでどうにもならない。

自動車と車椅子という移動のモードのあいだの接点を滑らかにしないと、車椅子生活者にとっては結局自力で生活できないということになる。移動のモードが変化する場所は環境をシームレスにする上で大きな障害になる。たとえば、駅のプラットフォーム、駅前広場のバスの乗降口、歩道と車道のあいだ、埠頭、テラスの出入り口など多数ある。

都市全体のハイ・モビリティを維持しつつ全体はコンパクトに、そして個々のインタフェースはシームレスにするためには*5、われわれにはまだまだやるべきことはいっぱいある。内需拡大に頭を悩ますことなど何もない、というのが私の感想である。

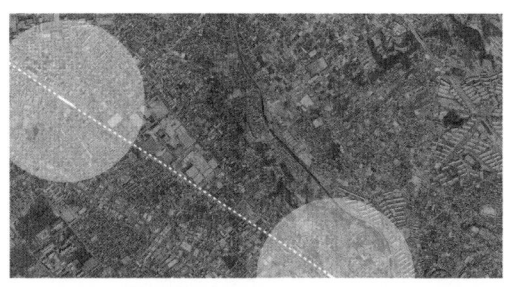

図5 駅まで歩けない地区が広がる郊外　東京でも新しい郊外にゆくと、鉄道密度も駅密度も低下して駅まで歩けない地区（この地図では半径800m）も市街化している（横浜線矢部駅近辺）

*1　Joel Garreau, "EDGE CITY Life on the New Frontier", Doubleday, New York, 1991
*2　ここで重要なことは欧州でコンパクトシティといったとき、イメージは比較的明確だということである。欧州の人にとって小さな歩ける町は、近代主義とアメリカ流グローバリゼーションに汚染される前の純粋な欧州を思い出させる、理想郷的な意味あいがあるように思われる。だからコンパクトシティは一種の文化運動としての性格をもっている。
*3　環境問題や高齢化社会というと、歩行中心の街づくりが出てくる。自動車の排ガスの環境汚染の問題や自動車事故の増加もあって反自動車風潮は世界中に広まり、少なくとも野放しではいけないという認識が定着している。反自動車はどうしても歩行中心主義に向かい、自動車をめぐる応酬は、現実主義対理想主義的な図式あるいは機械文明対自然の図式になってしまい、話が歩くことにだけ行ってしまう。しかし歩行だけで大都市を活用することは不可能である。
*4　実際に日本でも地方都市の郊外に行けば、住宅地が拡散し、人々の生活が自家用車中心になり、バス事業の採算が合わなくなっている。自家用車を持たない人もいるので、バス路線を廃止してしまうのでは自治体の基本的な責務を放棄していることになる。残る道は税金で赤字を補填することである。つけは住民に返ってくる。
*5　もちろん、物理的にシームレスにするばかりが能ではない。東京の通勤線で見かける風景であるが、車椅子利用者の乗降があると駅員が渡し板のようなものをもって駆けつける。新聞の記事で読んだのだが、西欧人の車椅子生活者が世界を巡って、日本の鉄道が一番身障者にとっての障害がなかったという感想を残したという。身障者が社会から特別扱いをされているというストレスは除くべきであるというノーマライゼーションの思想からすれば、駅員が走り回るのは問題であるが、鉄道車両とプラットフォームの間の段差や隙間を解消する社会的コストの膨大さを考えればこれも合理的な方法といえそうである。

2章
クルマ社会の広がり

谷口正和=編

　クルマ、道というハードと、人が住む生活圏というソフトを、いかに調和させていくかというのが、これからのクルマ社会の最大の課題である。ハード先行で突っ走ってきた工業社会の矛盾は、今そこかしこで暴発している。クルマもそのひとつである。

　人は柔体、クルマは剛体、まさにソフトとハードである。クルマ社会のソーシャルデザインというよりも、ヒト社会のクルマデザインということだろう。

　移動の当然の定義と考えられてきた「速い」「大量」「一遍に」と言う概念さえ見直す必要がある。「遅い」「少ない」「個別に」というスローコンセプトが、これからの主流になる可能性さえある。

　成熟した高齢社会のモビリティとは何か、それはたぶんスローコンセプトが基本になっているだろう。都市中心から地域中心へ、生産優先から暮らし優先へ、すべての中心軸が「ヒト」になる時代のクルマの在り方を徹底的に深く考えてみる必要があろう。

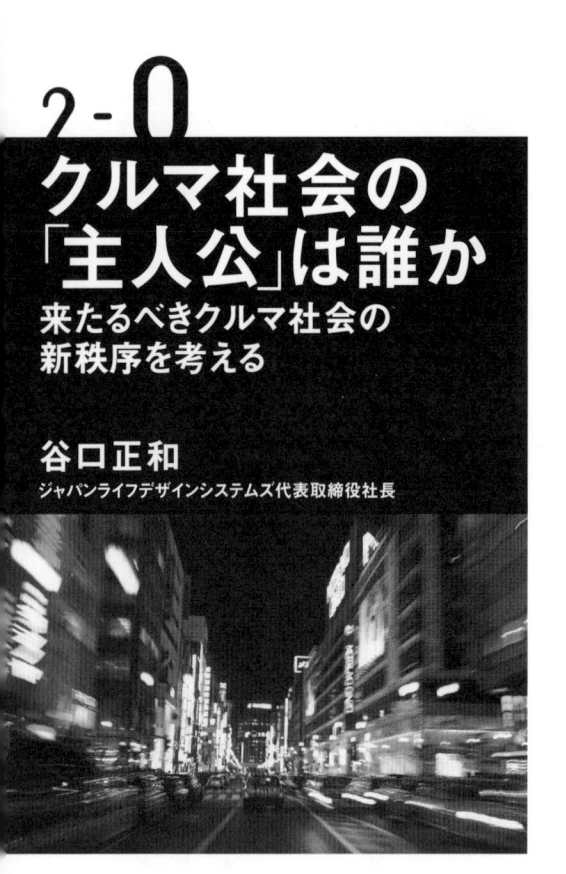

2-0
クルマ社会の「主人公」は誰か
来たるべきクルマ社会の新秩序を考える

谷口正和
ジャパンライフデザインシステムズ代表取締役社長

次なる移動パラダイムへ

　20世紀の進歩が、大きくモータリゼーションの進化によって果たされてきたことは論をまたないだろう。

　20世紀初頭に開発されたT型フォードの大量販売（単一車種を全世界で1500万台売ったといわれる）によって始まったモータリゼーションの大波は、20世紀の大量生産社会のインフラをつくり上げた。

　実物を見たわけではないが、こんな話を聞いたことがある。19世紀半ばに、20世紀の未来のニューヨークを想像した絵が描かれたという。ビル街は見事に摩天楼になっていた。ところが大通りを通行しているのは馬車だった。自動車ではなかったのである。それほどクルマというものは予想を超えた革新的な発明だったということだ。

　そして21世紀の今日、このクルマ社会が行き詰まりを見せていることは明らかである。次なるクルマ社会のパラダイムを描く構想が必要になった。しかしどのようなパラダイムの行き詰まりにも、共通点がある。それは多様性を失って硬直化したときだ。企業も国家も文明も、この点に関しては同様である。

　それでは、どのようなパラダイム・ブレイクスルーがあるのか、本稿ではそれを「クルマ社会の多様性」という視点で考察してみたい。

セルフ・ソリューションという視点

　今日、あらゆる領域において求められている視点はセルフ・ソリューション、つまり「自己解決」である。問題の解決を行政とか国家という大きな他者に依存するのではなく、小さくてもいいから自己解決できないかと考えることだ。

　問題はモータリゼーションではない。「モビリティ」である。それぞれの地域の独自性に合わせた独自の視点で「移動」という問題を解決できないか、ポイントはそこだ。その中でクルマという強力な移動手段がどれだけ有効な手段を発揮できるかということである。

　クルマが主役ではない。地域そのものが主役であり、そこに住む地域住民が本当の主役なのだ。この真の主役たる人、住民の視点から、これからのクルマ社会の在り方を考えていかねばならない。

「単位」の発想

総合の発想を超えるものは「単位」の発想である。場や時間をより小さな「単位」でくくり直してみるのだ。

日本あるいは関東、関西といったような大きなくくりは、幹線道路発想しか生まない。日本の動脈とか、列島改造的なゼネコン発想である。

より丁寧に地域に目を向ける。地域を文化単位としてのコミュニティとしてとらえ、その中で自己完結型のモビリティを考える。地域を場の発想からだけでとらえず、生活圏発想でとらえ直す。

そのとき重要なもうひとつの単位は「時間」である。今日の幹線道路発想の交通網は、時間をほとんど計算に入れずにつくられた。ある時間帯では大渋滞を引き起こし、ある時間帯ではガラガラというようなアンバランスなことも日常的に起こる。

移動には時間単位が付きものである。人が移動するときは時間が物差しになっているだろう。1時間単位、1日単位というようなことだ。進行するコミュニティ社会においては、さらに小さい30分単位、10分単位というようなこともすでに起こっているだろう。場も時間も人も、より小単位へと動いているはずである。

そのような小単位を軸に、もう一度、モビリティの問題をとらえ直す必要があるのだ。どこまで行っても「人」という最小単位のモジュールで計り直す必要があるのである。小型で精密に設計された移動単位でリセットする必要があるのだ。

本章でいくつかの実験的な地方都市の先行事例が紹介されているが、それは大都市よりも地方都市の方が小単位発想でとらえやすいからだ。分かりやすく、計りやすいのである。実はこのことが大きな示唆を与えているのだ。日本を大きな総合的な枠でしかとらえきれない国家行政よりも、自己完結的に自らをとらえることが可能な地方行政の方が、次なる移動のパラダイムにシフトしやすいということである。

今、日本が目指すべきは、自立する自己完結型の生活圏の集合体である。つまりより小単位化された場と時間の生活圏化、その組み合わせによって成り立っている国家づくりなのだ。パーソナルとパブリックを区分けせず、自らの地域内に完結した移動手段を持つことなのである。

個人化社会と移動

進行しているのは個人化社会であるが、この個人化の問題と移動も大きな相関性がある。

現在の移動手段のほとんどは、ひとりで移動するには大きすぎる。タクシーにひとりで乗れば、3人分空いている。バスや電車も、がらがらのときに乗れば、ムダな空間そのものの移動である。4人乗り、5人乗りのクルマの空間設計そのものが、個人サイズ仕様ではないのである。

全員が移動するときに使用すれば、タクシー待ちでは行列しなければならないし、バスも電車もラッシュ状態になる。人も「物」として認識する「輸送」という工業社会概念そのものの結果なのだ。

つまり、より小さく、個人型の移動手段が求められるのは当然のことだろう。

そこで最小の移動手段は徒歩だが、これは本章で検討すべき課題ではない(しかし、今後のコミュニティ社会においては重要な移動手段になるだろう)。徒歩を除けば、最小の移動手段は自転車であるという。1kmの距離を人間ひとり移動させるのに最もエネルギー効率がいいのは自転車だそうである。

ルートも個人的に選べ、しかもエコロジカル。個人的なモビリティ手段の最小単位のひとつであるスクーターやミニバイクに、電気で走るものが現れているが、電気型やソーラー型のパーソナル移動ツールは、これからの重要なモバイル・ツー

ルになるだろう。セグウェイもその可能性を示唆したツールだ。

今後の都市型モビリティのポイントを3つに要約すれば、それは「エコロジー」「ローコスト」「最適サイズ」ということになろうが、個人が個別に移動するときと、集合的に移動するときの双方を統合的にバランスよく解決するモビリティ発想が求められる。

所有から使用へ

もうひとつ、「所有しないマイカー」という発想も重要になってくるだろう。これは21世紀の大きな価値概念の転換である「所有から使用へ」の流れの上にある。物は使うときにあればいい。使わないときに持っているのは非生産的であるうえに、非エコロジカルでもある。

所有がステイタスであった時代から、使用がステイタスである時代へ。つまり物より知恵の時代である。

この概念でクルマを考えたとき、「サービスカー」というコンセプトが考えられる。必要なとき、使うときに存在するクルマ、サービスとしてのクルマである。

今日、マイカーよりも、このサービスの概念に近いのはバスでありタクシーであり、市電であり電車である。特にバスに小さな革命が起こりつつあり、それが本章で紹介されているLRT（Light Rail Transit／次世代路面電車）のような例である。

どうしても大規模設計になりがちな国家型発想を超えて、できるだけスモールにミニマムに発想する時代だということだ。この視点は当然エリア、コミュニティに焦点を合わせる。これからのモータリゼーションの枠はできるだけ小単位に発想することであり、それぞれのエリアの特性に合わせて設計することである。その根底に置く視点を所有ではなく「使用」において考えるということだ。

「試」の発想

二者択一の時代ではない。導入するかしないか、実施するかしないか、どちらかを選べ、と諾否いずれかの判断をいきなり迫る時代ではないのだ。

まず試験的に導入してみる、試してみる——これは今消費の基本構造になりつつある。顧客はまずちょっと試してみる。よかったら改めて継続的な購入に踏み切る。販売する側もこの顧客志向に対応すべく、試飲、試食、試着、試乗といったサービスを積極的に開発している。

新しいモビリティシステムの導入を考えるとき、この「試」の視点を入れる必要がある。さらにその「試」に楽しく積極的に参加してもらうため、「フューチャー・カーニバルタイム」とでもいったイベント型にしてみる必要がある。お試し時間のコンセントレーションタイムがいるのである。

別に新しいモビリティツールを導入することばかりが新しいクルマ社会の創造ではない。今あるモビリティ、例えば電車やバスやタクシーを新しいシステムで再編するだけで、かなりの問題が解決する可能性がある。バラバラに運営されているそれらのツールの運営を関連づけ、24時間化というような視点のもとにシステム再編しただけで、今までよりはるかに便利なモビリティシステムができ上がるだろう。どの時間帯も何かの移動ツールがカバーするようにするだけで、24時間システムは完成するのである。

人々に実感してもらうこと、それが「試」の持つインパクトである。試してみる→実感→さらに試す→再実感する、その繰り返しの中で使用情報がフィードバックされ、さらにシステムに磨きがかかり、顧客密着、地域密着のシステムが完成していくのだ。

さらにテーマを絞って、高齢者を対象にしたシル

バーモビリティカーニバル、子供を対象にしたキッズモビリティカーニバルといったようなモビリティイベントを開催してみる方法もある。それぞれの問題点がクリアに浮かび上がってくることだろう。

文化との融合

20世紀は基本的に文化との融合を無視して、開発大前提で進行してきた世紀である。文化とはその国、その地域と密着して生成しているものであり、他へ移植できないものだという。それに対して文明は移植、変形が可能なものであり、どこへでも進出できる。20世紀は言い換えれば、文明が文化を侵食してきた世紀だったと言える。

いわゆる近代は、この文明侵食がもたらした結果だと言ってもいい。文化差、地域差を無視して、一律の機能的な都市デザインや交通デザインを全国化した結果、「どこへ行っても同じ日本」というようなチェーンストア型の交通文明ができ上がった。それをつなぐ高速道路は、森や山の中に強引に線を引き、直線的な幹線を持ち込んだ。

20世紀に花開いたクルマ社会は、その近代化による一律化を先導した技術だったと言ってもいい。近代がもたらした生産性優位の歴史観を支えたのが、20世紀のクルマ社会だったと言えるだろう。

ひるがえって21世紀は、文化の世紀である。文化とは歴史であり、伝統であり、継承であり、自然であり、風土であり、産物であり、人である。その国、その土地独自の過程を経て生まれてきた産物が文化なのだ。

この文化と融合できるかというのが、21世紀のクルマ社会のデザインにとって重要な課題である。その土地の歴史や自然を無視して強引なモビリティ設計図を持ち込んでも、そこには違和感が残るだけだ。不自然なのである。文化と融合していないのだ。

文化の時代の3つの柱は「自然との共生」「歴史への回帰」「仲間との絆」である。この3つの柱と、これからのクルマ社会は融合していかねばならない。

そもそもクルマとは近代デザインの最たるもので、自然や歴史と融合するような視点で最初からつくられていない。逆に自然や歴史を否定する「近代の勝利」のような発想のもとにつくられたものだ。

だからこれからのクルマデザインは、クルマの枠内だけで考えていてもブレイクスルーは起こらない。クルマを取り巻く環境そのものを見つめ直し、再考し、あるべき環境の一部分としてクルマをとらえ直していかねばならない。

自ら近代を否定してみる必要があるのだ。

クルマ社会の主人公は誰か

この当たり前にも見える問いかけに対して、私たちはあらためて答えを出す必要がある。顧客第一主義の発想をクルマ社会に本当に持ち込んだときどうなるか、それが私の論旨の真ん中にあるものである。

それはバリアフリーデザインとかエコロジーデザイン、ナチュラルエネルギーデザインとかいった、クルマのデザインに関することだけではない。生活する人々が主人公となる本当のクルマ社会のデザインとは何かという、大いなる問い掛けなのだ。

主人公は「人」、この当たり前にも見える論旨を本当に実践してみせるには、まだまだ議論がたらない。クルマ社会は、まだハード発想に縛られている。物としてのデザイン追求であり、人を主人公としたソフト発想のまだほんの入り口に立ったばかりだ。

「クルマ社会の主人公は誰か」、この議論からはじめてみたいと思っている。

2-1
地球生命体の一員として
ソーシャライゼーション──時代の変化と生産・消費・社会の変貌

田村国昭
博報堂プロデューサー、オーストラリアモナッシュ大学日本研究員、
静岡文化芸術大学非常勤講師

時代はソーシャライゼーション※1

「生産」と「消費」と「夢の生活」の三角関係が、日本では止まったまま動かない。それぞれがフローティングしている。冷却化しているともいえる。なぜか？ 時代の先を見る視点、市場の変化を見る視点が、生産者にも消費者(生活者)にも欠けているからである。それを未来に先回りして提示しているかに見えるのが、クルマである。ひとつには地球環境・資源の限界への対応、リユース、リサイクル、リデュースのためのアクションプランの実行。ふたつ目が拡大するネット情報社会、特にモバイル空間としてのクルマの再構築。3つ目が高齢化社会にふさわしいユニバーサルモビリティの追求。4つ目がそれぞれの社会や個人にあった無限ともいえるチョイス提供。5つ目が世界高速ハイウェイ構想への積極的な関与である。

この5つに共通して見てとれることは、私的な生産と消費というクローズドな関係を、「市場創造」という行為を通じて有機的でオープンな関係に変化させようとしている点である。もっと言えば、本来、生産や消費は公的、社会的、地球的な課題解決のためにあるとするソーシャライゼーションという概念の具体化である。そうしなければ、クルマは生き延びることができないという現実を、生産者も利用者も受け入れ始めたといえよう。以下それを日本の社会の変化とからめて概説的に述べていこう。

逆マズロー現象に見舞われる日本

時間の流れを概念的にいえば過去・現在・未来となる。しかしそれを消費行動からいえば、過去・未来・現在となる。商品やサービスの未来像、将来像が広告告知によって先行して、それが現実化、現在化するという夢の生活の購入が後に来る。そのマーケティング活動を行う際に重要なのがニーズ、欲求の把握である。

人間の欲求をマズローはHierarchy of Needs【図1】として5段階に分類した。すなわち 1.生理的欲求／2.安全の欲求／3.所属と愛情の欲求／4.尊敬と自尊の欲求／5.自己実現の欲求 の5段階で、下位の欲求を経てより高次の欲求を満たして行くとした。この段階ごとの「夢の生活」を、企業は、商品、サービス、システムの提供により、消費者はその活用により手に入れてきた。

特に第二次世界大戦の敗戦で凄惨な状況を経験した日本は、まずはともあれ第一次欲求である生理的欲求の充足を国家的国民的願望として心底欲した。エネルギーを皮切りに、日用雑貨品、繊維、鉄鋼、造船、石油化学と傾斜的に生産・輸出・外貨獲得、そして税金投入・産業発展と繰り返し、50年代、60年代、70年代と3段階まで一気に上り、80年代に4段階を経て5段階まで達したと豪語した経験を持つ。それをクルマとの関連で見る。

図1　マズローの5段階の欲求階層説

日本人の戦後の変化とクルマ

45年代…労働者、生産者としての日本人
50年代…大衆消費者の出現、マーケティング【プリンス、ヒルマン、ダットサン、ルノー、トヨペットマスター】
60年代…消費は美徳、広告主導的役割へ、レジャーブーム。3輪車、2輪車から乗用車へ【クラウン、スバル、パブリカ、キャロル】
70年代…高度成長・中産階級、大衆・ファミリーカー【カローラ】
80年代…生活者、分衆。生活大国、マズロー5段階。アップグレード、高級車志向、海外生産、清貧の思想
90年代…新人類、高齢者、フリーター、環境保護、NPO、NGO。標準家庭消滅・階層化、RV、多品種少量生産体制の確立へ
00年代…失われた10年からの脱却。自信喪失、年金雇用不安、リストラ。生活多層化・多色化。消費の高低二極化、ネット消費者の増加。世界生産分業体制の徹底。軽自ブーム、F1日本勢復活、燃料電池、3R環境対応、ネット情報、自動運行対応、バリアフリー高齢対応。

　上に見るようにクルマで言えば、軽自動トラックから軽乗用車、そしてファミリーカー登場、そ

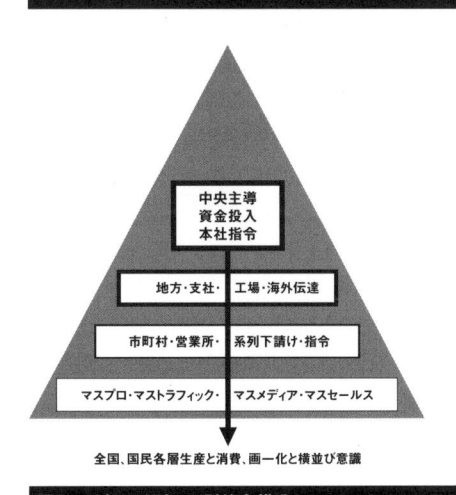

図2　日本のピラミッド型社会構造

の全盛を経て高性能ハイグレード車への移行と多機能スペシャリティカーの発売、そしてレクリエーショナルビークル等の開発は、自己実現への道程と合い重なる面が多い。

　このマズロー的発展を可能にしたのが日本のピラミッド型社会構造【図2】である。すなわち中央集権、官庁・銀行・業界・本社主導型の上位下達の雁行スタイルの常勝パターンである。

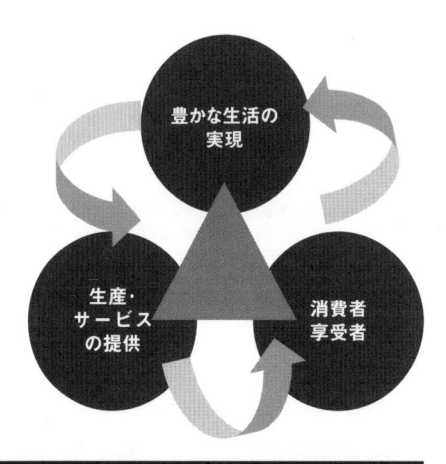

図3 ピラミッド構造（中央集権システムとマズロー的上昇志向）を軸にフル回転した三角関係

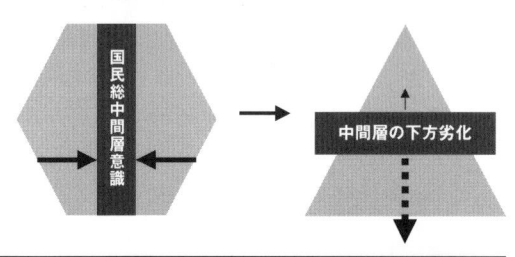

図4 中間層が脱落分化していき、階層化が激しくなる

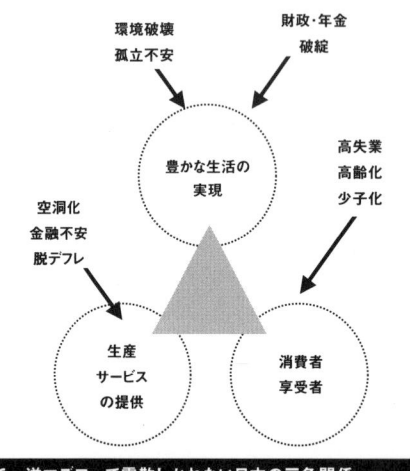

図6 逆マズローで霧散しかねない日本の三角関係

崩れる三角関係の高速回転

このスタイルは、一方で高ストレス社会、過密社会、画一的都市やライフスタイルを生みだしたが、大量生産、大量消費の高速回転によって約1億3000万人の物質的な私的な豊かさを一応保証してきたと言えよう。生産者、サービス提供者と消費者（生活者）と「豊かな社会」の三角関係は現実的な生活の維持を理由に、相当にゆがんだ形ではあるが保たれていた【図3】。それが国民の大半が中流階層所属意識を抱いていたことに表れている。がしかし、それは、バブルへの誘導と同調してもろくも崩れていく。対外債権額世界一の頂点に立つ間に、飽食ニッポンは内外の要因で心身ともに蝕まれていく。その結果が低落と衰退への道だ。原因は、次の3つに集約される。1.土建国家的な私的政治と官民の癒着と不正（自由と責任と自立の近代的民主主義倫理の放擲）／2.バイオをはじめとする最先端科学や情報ネット技術、金融工学等の進化へのビハインド／3.1989年の東西の壁崩壊後の米国、欧州、ロシア、中国、アジア等、大転回する国際情勢への認識不足、である。これら構造的、科学的、国際的なアジャストができないうちに、病魔は進み生理的欲求、安心安全への欲求すら難しい消費者（生活者）の増加へと向かおうとしている【図4】。

この崩れ行くマズロー的豊かさの追求の中で、依然として安定的な日本的システムを、更に強固に固め世界化させているのが自動車産業である。KANBANHOUSHIKI（カンバン方式）、KAIZEN（改善）、HEIJUNKA（平準化）、GENBASHUGI（現場主義）等の考えが世界各地の拠点工場に伝道されている（トヨタ）。とはいえ、世界の自動車生産数は年間で5000万台を越え、大量生産と大量消費の結果、大

量廃棄と汚染の問題はブーメラン現象としてクルマ社会そのものを脅かすまでに増長してきているのも事実であろう【図5、6】。

成熟する日本へ

生産と消費を両輪として高速回転してきた日本社会は、個人の夢実現というマズロー的豊かさを、日本の事情や日本という狭い市場だけで維持していくことは不可能になってきている。戦後からの一貫した日本および世界の生産消費社会の拡大は、その世界化と一般化によって最重要な基盤（生命・生理・安全・安心）を失いかねない状況に達したと言えよう。例えば20世紀・60億人から21世紀・70億人へと増え続ける世界人口、人類が共有すべき地球資源の枯渇、居住環境の保全と拡大する市場規模への対応などである。この二律背反的な現実、日

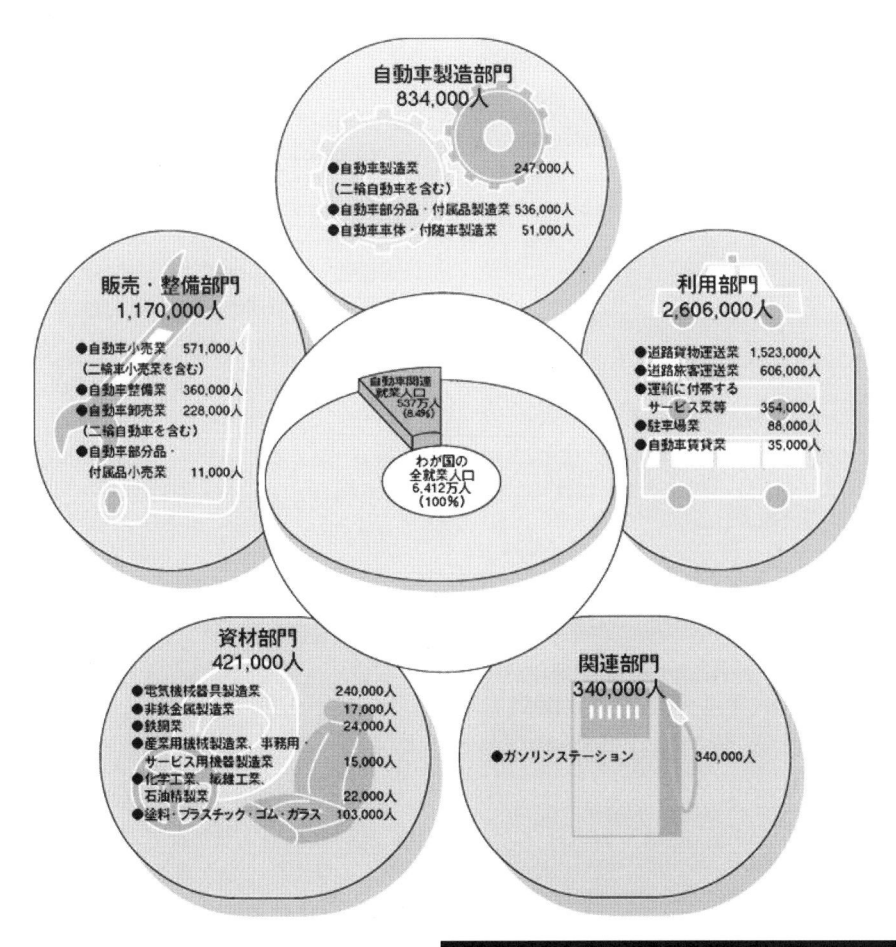

自動車製造部門 834,000人
- 自動車製造業（二輪自動車を含む） 247,000人
- 自動車部品・付属品製造業 536,000人
- 自動車車体・付随車製造業 51,000人

販売・整備部門 1,170,000人
- 自動車小売業（二輪車小売業を含む） 571,000人
- 自動車整備業 360,000人
- 自動車卸売業（二輪自動車を含む） 228,000人
- 自動車部品・付属品小売業 11,000人

利用部門 2,606,000人
- 道路貨物運送業 1,523,000人
- 道路旅客運送業 606,000人
- 運輸に付帯するサービス業等 354,000人
- 駐車場 88,000人
- 自動車賃貸業 35,000人

資材部門 421,000人
- 電気機械器具製造業 240,000人
- 非鉄金属製造業 17,000人
- 鉄鋼業 24,000人
- 産業用機械製造業、事務用・サービス用機器製造業 15,000人
- 化学工業、繊維工業、石油精製業 22,000人
- 塗料・プラスチック・ゴム・ガラス 103,000人

関連部門 340,000人
- ガソリンステーション 340,000人

自動車関連就業人口 537万人（8.4％）
わが国の全就業人口 6,412万人（100％）

図7　自動車関連産業雇用者数（日本自動車工業会ホームページより）

未成熟な消費者から	成熟した消費者へ
受動的	能動的
依存	独立
単純な行動	多様な行動
浅い興味	深い興味
短期的な展望	長期的な展望
従属的	対等・優越
自己認識の欠如	自己統制

図8　アージスの未成熟・成熟理論の援用

I. environmental friendly	2010 2020	京都議定書 国内燃料電池車500万台 第2次環境議定書策定
II. each person each mobility		品種多用途、陸海共用 1万円台の電動自転車から 数千万円の超高級車まで
III. greater journey	2010 2015 2020	中国と先進ASEAN 中国と後発ASEAN アジア経済圏 FTA自由貿易圏の急拡大 アジア中国ユーラシア民族 大移動 アジアハイウエイ構想
IV. driving free		ITS実験、 全方位衛星システム運行
V. car sharing		横浜市の相乗り実験、 ANA空港相乗りタクシー デマンドバス、タウン・モビリティ、 バス行路乗り入れ自由など

図9　自由なモビリティへの5つの道

本でいえば、膨大なエネルギーや食料、原材料を得る上で不可欠な自動車等の輸出による外貨の安定的な獲得、クルマ社会をはじめとした雇用の確保の必要性である【図7】。

この基本的な現実の図式を、逆マズローの時代の流れの中で、走りながら維持しつつ、大胆に変化させていくことができるかどうか。日本のターニングポイントである。こうした状況の中で、あらたな夢を共有し得る社会の創出に向けて、斬新な生活未来像をデザインする企業、生活者（消費者）が出現してきている。アージスの論【図8】でいえば、長期的視野と深い興味を持ち、自己統制しながら多様な行動をとる人と企業である。

その好例が世界的戦略を持つネットワーク分散型企業。そして多様な視野を持つアントレプレナー的市民である。両者に共通しているのは、天（地球）と地（地域）における世界共通の課題（生産消費社会の持続的発展の限界と危機）を、国境を超えた知恵と人と技術と資金とシステムの交換、その最適配置によって解決しようとしている点であろう。私的範囲だけの生産と消費の枠を超え、地域社会のあり方や地球的視点を最重要視して動こうとする新しいグループである。

4つの自由なモビリティを求めて

その新リーダー層を形成しようとしている代表例が、成熟する自動車産業と成熟した生活者、エルダリーピープルのふたつである。日本で言えばトヨタ、ホンダ、日産、スズキ、マツダ、三菱、ダイハツ、いすゞ、富士重工、日野自動車などである。それぞれに次の世界的テーマである地球環境（資源）と高齢・少子化と情報・バイオを視野に先進的な対応を進めている。特に燃料電池車と省エネ、リサイクル技術あるい

は、工程管理、お家芸の軽自動車づくりでは、日本は世界の合従連衡の中心的な役割を果たしている。2010年（京都議定書）、2020年（第2次環境議定書）の環境基準をも視野に入れた、百年に一度の、T型フォードのマニュファクチャリング革命以来のビッグエボリューションが、日本メーカーの手で先導されている。また、世界の消費構造の変化や日本をはじめとする各国の所得階層の細分化、嗜好のカスタマイズド化に対応する商品の最適価格での提供（少数多品種を低価格、短期間で提供）のための自動車産業の再編成が進められている。

一方、生活者サイドでは戦後の繁栄と消費を担ってきた団塊の世代が、高齢化社会のリーダーとして家庭や各地域に根を張ってきている。日本の成功体験（高度成長）と失敗体験（マイナス成長）を生かし、次の豊かな自由時間を身近な生活空間の中で生かそうとしている層、さらに若い世代感覚で国際的に向き合おうとするソーシャルアントレプレナーたちである。消費の抑制と環境の重視、競争の原理から協働の原理に、会社・資本の論理から地域・交流の論理に転進した企業戦士たちである。地域市民の共通の課題（高齢福祉、環境保全、街づくり、歴史文化の継承、子育て）をビジネス手法で解決するNPO、NGO、コミュニティ・ビジネスの推進者たちである。地場産業の空洞化や財政の破綻による地域の疲弊を、地元の商店街、行政、企業、市民が有機的な関係を取り戻すことで回復し、自立する都市の基盤整備に乗り出したと言える。過去の違う消費者同士が、未来の共通の夢実現のために、商品やサービスを自ら生産者になってつくり出していく。クルマでいえばタウンモビリティ実験、カーシェアリング、介護タ

図10 ソーシャライゼーション（地球的課題解決）の欲求

6段階：地球的課題解決の欲求
（ソーシャライゼーション）

5段階：自己実現の欲求

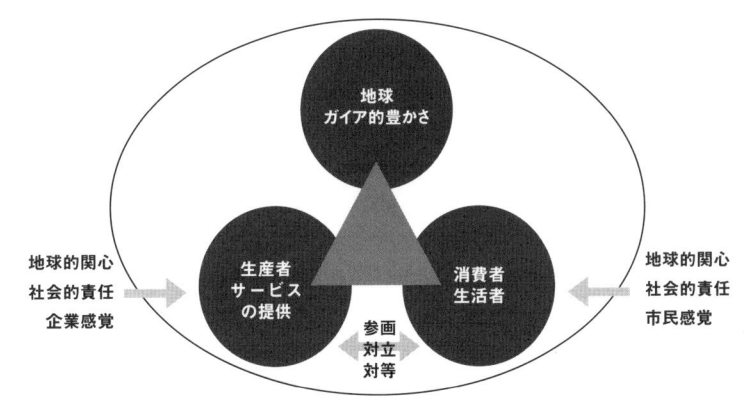

図11 ソーシャライゼーション=成熟した生活者と最先端企業が、地球的社会課題を率先して取り入れ、生命体としての地球の一員（ガイア）として対等に参画し創造する新たな豊かさ

地球ガイア的豊かさ

生産者サービスの提供　　消費者生活者

参画　対立　対等

地球的関心　社会的責任　企業感覚　　　地球的関心　社会的責任　市民感覚

図12	戦後から2050年まで・パワーゲームの国際関係の歴史と未来
1945	敗戦、原爆投下（日本） 初のコンピュータ（アメリカ）
1953	DNA螺旋状発見 ワトソン、クリニック（アメリカ）
1957	初の人工衛星（ソ連） 有人衛星（ソ連）
1962	インターネット構想（アメリカ）
1964	東京オリンピック
1969	人類月着陸（アメリカ）
1972	ローマクラブ Small is beautiful
1973	オイルショック 高度成長、公害列島
1985	バブル景気開始 重厚長大から軽薄短小へ
1989-91	東西の壁の崩壊、グローバリゼーション
1999	コソボ紛争、アメリカ主導 全方位衛星、新戦争
2001	NY同時多発テロ ヒトゲノム、ナノテク
2003	イラク・フセイン政権崩壊 アメリカ一極ユニテラリズムと反発
2010	貧困と環境問題、先鋭化、民族対立 京都議定書の達成？
2020	新文明開化 米中欧覇権、日本沈没、世界高齢化急速
2050	人間改造可能へ、人口増限界 宇宙地中海上の住居化 日本人口1億人割れへ

戦後世界の歴史は先端科学と平和と戦争という対立に揺れる。自動車産業等の輸出で食料や資源の輸入をまかなう日本は、それに代わる高付加価値貿易を推進、保証する社会の形成に努めることが急務である。分子レベルの先端科学の振興とあらゆる分野のデータベースの保持が不可欠である（2010年以降は筆者の予測、2050年日本人口1億人割れについては厚生省人口問題研究所低位推計予想を参照）。

クシー送り迎えビジネスなどである。ここで威力を発揮するのが地図検索、遠隔医療、モバイル伝送などのITS/モビリティ関連情報技術である。自動車産業とコミュニティ・ビジネスは、その立場や考え、規模を異にしながらも、日本社会のシュリンク（人口減と高齢・少子化）を逆手に取り、より個人に、より地域に沿った成熟した需要に対応していこうとしている。その未来的需要は次の5つの自由なモビリティへの挑戦である【図9】。

自己実現の次に来るモノ

翻っていえば、この5つのモビリティへの自由は新たなマーケットが開かれていくことを意味する。しかしそれは、新たな発想の転換とコンセプトの創出、先端科学技術の開発、システムの導入によって初めて可能となる。発想の転換でいえば1.環境最優先の行動規準の確立／2.若者中心の都市から高齢者（大人）の居住文化都市への転換／3.国際的適応力をもつ開かれた社会の実現である。なぜなら、この3つの転換を推進し、戦後日本のDNA的閉鎖性を克服しない限り、どのモビリティへの自由のひとつをとっても世界マーケットのイニシアティブを中長期にわたって保持し続けることは難しいからである。例えば、カーシェアリングの徹底、タウン・モビリティの高齢者参加の保証、水素供給ステーションの整備、ITSの世界高速道路スタンダード化、さらにはクルマと他のモビリティとの共生など。これらをいち早く日本のクルマ社会の中で実現させるには、先に挙げた3つの転換が、社会的コンセンサスとして国民の各層に行き渡ることが望まれる。マズロー的に言えば5段階の自己実現欲求の次に、6段階のソーシャライゼーション欲求としてそれらが位置づけられ、生産と消費と豊かな生活像が

好循環の三角関係をつくることができれば、日本は再び"Japan as No.1"と呼ばれるだろう【図10、11】。それだけでなく21世紀に生きる意味合いを後世に残し、地球生命体の一員としての日本人の責任を果たすことになろう。

※1　SOCIALIZE：社会への適応、社会活動への積極的な参加。打ち解けて、社交的に。

Column
アジアハイウェイに「夢」乗せて

田村国昭

　「バンコクまで6,500km、ソウルまで700km」という、夢の標識が数ヵ国語で表示される。九州の高速道路上に、そしてナビゲーション上に……、そんな時代が遠くない将来にやって来る。

　このアジアハイウェイ構想が持ち上がったのは1959年のことである。相次ぐ戦乱や経済的危機、政治的思惑の交錯で思わしい進展は見られなかったが、国連アジアパシフィック経済社会委員会（UN ESCAP）の主導で1992年にアジア大陸交通基盤開発プロジェクト（アジアハイウェイ、汎アジア鉄道、その他フェリー等大陸交通）として認知、統括された。現在ではロシア、モンゴル、朝鮮半島（北朝鮮含む）、中国大陸、中央アジア、インド、トルコ、中東そしてインドシナ半島を含む30ヵ国が参加。13万kmに及ぶネットワーク道路網の連結が実現しようとしている。

　これらの動きは、欧米を中心としたグローバリズムとは違い、アジア古来のシルクロードや海のセラミックロード、遊牧、民族移動あるいは戦乱に伴う行き来と交易の歴史的な積み重ねが下敷きにある。加えて中国、インド、ASEAN諸国の経済的発展とダイナミズムがインフラとしての高度化と共通化を急速に促してきた。そしてついには、多国間政府合意としてのアジアハイウェイとなり、各国の批准、遵守など法的拘束力も

図2 バングラディシュ・メガナ河橋梁　　図3 イランハイウェイ

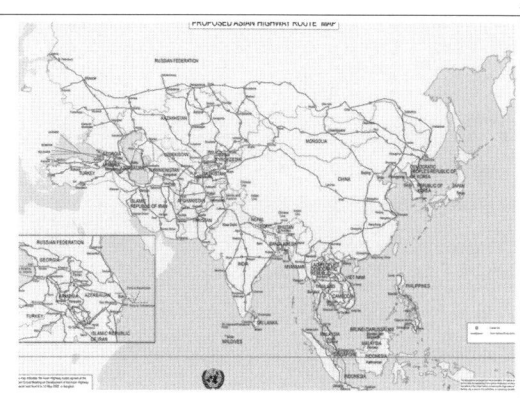

図1 アジアハイウェイルート計画（UN ESCAPホームページより、他も同じ）
http://www.unescap.org/tctd/index.htm

持つものとなってきた。すなわち高度規格道路、デザイン統一及び通過チェックシステムの共通化などハードとソフトの標準装備が義務づけられる。

　日本は当初から財政的、人的、技術的サポートをしているが、高速道路網の先進リーダーとして中核的役割を負うことが必要となろう。全世界でFTA、自由貿易協定が200以上も締結されており、完全に自由なモビリティの確保がますます必須条件となってきている。ちょうど英国がユーロトンネルでヨーロッパ大陸と結ばれEU経済圏に強固な一体感を示したように、日本もアジア経済文化圏の良きリーダーとして各国のモデル的役割を果たすべきであろう。なぜならアジアナイゼーションこそが、ここ半世紀の日本の運命を決めていくことになるだろうからである。

　米国、欧州、豪州、インド、中国、ASEAN諸国の大交流の波に遅れ気味の日本は、鎖国的DNAをこのアジアハイウェイ構築によって一気に転換し、自らのポジションを取っていくことが望まれる。情報ネットワークと人とモノとの移動ネットワークが緊密に連携していく完全調和としてのモビリティがアジアナイゼーションのカギを握っている。そのカギを日本は身近に提供できる唯一の「総合技術大国」ではないか。

図4 タイ・アジアハイウェイ標識 　　　図5 シンガポールハイウェイ

2-2 大交流時代の観光
クルマとツーリズム

石森秀三
国立民族学博物館教授

近代観光と文明システム

1……旅行の装置と制度

観光旅行が可能になるためには、文明システムの発達が不可欠であった。文明システムという概念は、文化勲章受章者である梅棹忠夫氏が提唱したものである。梅棹氏は、人間が自然に働きかけて生みだしてきた各種の有形無形の装置群と制度群を含む生活システムを「文明」と定義している[1]。システム論の視点で表現するならば、人間が居住する環境のなかで、人間-自然系としての「生態系」から発展した人間-装置・制度系が「文明系」である。この全体的な生活システムを構成する装置群・制度群が「文明」であり、それらが人間精神に投影され形成された価値体系が「文化」というわけである。

旅行という現象が生起するためには、文明システムの各種の装置と制度が活用されなければならない。旅行を可能ならしめるためには、道路や橋、宿屋、馬車や鉄道、空港などの装置群が必要であるとともに、巡礼制度や宿泊制度や貨幣制度や査証制度などの制度群も必要である。

2……徒歩による旅行の大衆化

観光学の教科書をひもとくと、近代的な観光旅行は19世紀半ばのヨーロッパで成立したと説明されている。要するに、庶民にも観光旅行が可能になったのはヨーロッパが最初であり、時期は19世紀の半ばであったというわけである。

江戸時代の日本は世界に冠たる観光最先進国であり、同時代のヨーロッパ諸国と較べると、はるかに庶民による観光旅行が可能な国であったと私はみなしている。その理由のひとつは逆説的ではあるが、交通機関の未発達にあった。徳川幕府による江戸防衛政策によって、馬車や大きな船などの機動力のある交通機関が禁じられたために、徒歩による旅が一般的であった。街道や宿場も徒歩旅行を基準にして整備がなされていたために、身分に関わりなく、誰にでも旅行が可能であった。幕府の政策が逆説的に庶民による旅行を可能ならしめ、旅行の大衆化を進展させたといえる[2]。

3……鉄道による旅行の大衆化

19世紀半ばのヨーロッパで近代的な観光旅行が成立した原因は複合的である。産業革

命の成熟による余暇の増大、鉄道網の整備、旅行斡旋業や近代ホテルの成立、万国博覧会の誕生など、さまざまな文明システムの装置系と制度系が整えられることによって、観光旅行の大衆化がヨーロッパで実現された。

観光旅行の大衆化において、鉄道という交通機関の発達が重要な役割を果たした。ヨーロッパでは長らく旅行は馬車で行われたので、馬車を持たない庶民には旅行はほとんど不可能であったが、鉄道の発達が革命的変化をもたらした。ヨーロッパでは、鉄道による国内観光旅行の大衆化に伴って、上流階級の有閑エリートたちが新しい衒示的消費のあり方をあみだした。それは外国観光旅行であり、最初は近場のギリシアやローマに出かけていたが、やがてエジプト、アフリカ、インド、中国、アメリカなどに拡大されていった。そのような有閑階級による外国観光旅行ブームは、1860年代後半におけるスエズ運河の開通やアメリカ大陸横断鉄道の全通などの交通通信革命によるところが大きい。私はそのような観光旅行をめぐる構造的変化を「第1次観光革命」と名づけている[3]。

4……自動車による旅行の大衆化

1914年に始まる第一次世界大戦は、19世紀に築き上げられたアンシャン・レジームの崩壊をもたらした。それはヨーロッパの有閑階級によるエリート・ツーリズムの終焉をもたらすとともに、米国の中産階級による観光旅行ブームを引き起こしたが、そのような大変化を私は「第2次観光革命」と名づけている。

米国では19世紀末からすでに国内観光旅行ブームが生じつつあった。それは、国民所得の上昇、可処分時間の増大、鉄道網の発達、リゾート地の発展などが原因であった。しかし、決定的に重要な役割を果たしたのは20世紀初頭に生じた「自動車ブーム」であった。自家用自動車の登録台数の推移をみると、1900年には8000台、1910年には45万8000台、1920年には800万台、1930年には2300万台になっており、驚異的増加を示している[4]。

20世紀初頭の米国における自家用自動車の増加は米国経済が世界経済をリードし始めたことを如実に示すとともに、国民所得の増大に伴う中産階級の拡大を象徴している。20世紀初頭の米国において、消費文化の隆盛をリードしたのはそのような中産階級であった。

第一次世界大戦は米国の中産階級による外国旅行ブームのきっかけを与えた。第一次大戦では多数の米国兵がヨーロッパ戦線に従軍し、そのさいにヨーロッパの諸都市や地中海の魅力を発見した。戦後に米国の中産階級によるヨーロッパ観光旅行ブームが生じた[5]。また、1910～20年代におけるラジオと映画の登場も、アメリカにおける観光旅行ブームの原動力になった。ラジオは新しい電子工学によって生み出されたニューメディアであり、新しい広告メディアとして活用され、消費文化の隆盛に拍車をかけた[6]。さらに、映画産業は観光産業と連携して、観光地のイメージの操作を行い、新しい観光の商品化に大きな影響を与えた[7]。

5……ジェット機による旅行の大衆化

1966年におけるジャンボジェット機の就航は、第3次観光革命の決定的動因になり、世界の先進諸国はマスツーリズム（大衆観光）時代に突入した。米国では、1950年代の前半まで豪華客船と航空旅客機のあいだで観光客の争奪戦が行われていた。ところが、1960年には、ヨーロッパに向かう米国人旅行者のうち、約75％が航空機を利用していたという記録が残されている[8]。以後は、旅客ジェット機時代を迎えることになり、大型客船はクルーズ船へ

と転換を迫られた。私はそのような観光をめぐる構造的変化を「第3次観光革命」と名づけている。

日本における観光旅行の大衆化

江戸時代に世界に冠たる観光最先進国を実現した日本は、明治維新以後は富国強兵政策を推進し、産業立国と軍事立国に邁進した。国民は大日本帝国の良き臣民として、勤勉と倹約と貯蓄に励むことが強要され、観光の面では後進国に転落した。それでも、明治時代の後半からは鉄道網の整備が進み、江戸時代には徒歩で行われた社寺参詣を、鉄道を利用して行えるようになった。ところが、日清戦争と日露戦争を経て、軍事が最優先されるようになり、観光旅行は不要不急とみなされるようになった。軍部独裁による暗黒の時代を経て、太平洋戦争に敗戦し、戦後復興に邁進した。

1960年代に入ると、高度経済成長が軌道に乗るなかでレジャーブームが到来した。1963(昭和38)年に観光基本法が制定されるとともに、東京オリンピックの開催、名神高速道と東海道新幹線の開通、万国博覧会の開催、国鉄によるディスカバージャパン・キャンペーンなどが相次いだ。高度成長の初期にもてはやされた三種の神器(テレビ、冷蔵庫、洗濯機)ブームに代わって、1960年代の半ばからは「新・三種の神器」として3C(自家用自動車、クーラー、カラーテレビ)ブームが生じるなかで、日本でもモータリゼーションが急激に進展し、国内観光旅行ブームが起こった[9]。それは、アメリカの場合と比べると、約半世紀遅れて生じた現象であった。

さらに、1969年に日本航空がジャンボジェット機を就航させ、日本における外国観光旅行ブームに火をつけた。ジャンボジェット機の導入によって航空運賃の低廉化が図られ、より多くの日本人が外国旅行できるようになった。また、テレビを中心とする高度情報化が進展するなかで外国旅行は衰退する、という予測がなされたが、現実には外国旅行者数は増え続けた。テレビがもたらす情報刺激によって、数多くの日本人に自らの五感を通して、現実の世界を観光したいという欲求が高まった。いずれにしても、1960年代以降の日本では、マスツーリズム(大衆観光)が隆盛化した。

ウルトラ・マスツーリズムの時代

観光をめぐる構造的変化は半世紀ごとに生じるというグローバル・トレンドを考慮すると、第4次観光革命は2010年代にアジアで生じると予測できる。第1次観光革命は1860年代にヨーロッパの富裕階級を中心にして生じ、第2次観光革命は1910年代に米国の中産階級を中心にして生じ、第3次観光革命は1960年代に北の先進諸国を中心にして生じた。そのようなグローバル・トレンドを考慮すると、第4次観光革命は2010年代後半にアジア諸国で生じる可能性が高い。アジア諸国は金融不安や政治的混乱や地域紛争などの諸問題を抱えているが、その市場規模の大きさゆえに、21世紀には確実に世界経済をリードすることが期待されている。2010年代に経済成長が実現されるならば、アジアにおいて観光革命が確実に生じることになる。まさに、観光ビッグバン(大爆発)の発生である。

アジアの諸都市では、すでにシンガポールや香港の空港がハブ空港として国際的に高い評価を受けているが、それらに加えてソウル、上海、クアラルンプールなどで新空港がオープンし、さらにバンコクなどでも巨大空港の建設が

行われている。ソウル、上海、バンコック、クアラルンプールなどの新空港は、2010年頃のフル稼働時には4000m級滑走路を4本もつ巨大空港になるが、アジアで観光ビッグバンが発生すると、大規模空港がフル稼働しても、十分に対応できないことが予想される。そのために、ジェット機メーカーのエアバス社は二層構造で640人規模のスーパーエアバスの設計を行っており、21世紀の早い機会に就航させる予定である。アジアにおける観光ビッグバンは、日本人の常識を超えるかたちで進展する可能性が大である。

　20世紀における国際観光を主導してきたのは、はじめにヨーロッパの富裕階級、ついで米国の中産階級、さらに北の先進諸国であった。ところが、2010年代にアジアで観光ビッグバンが生じるならば、21世紀の国際観光はアジアの人々がリードすることになる。その特徴を一言で言い表すならば、ウルトラ・マスツーリズム（超大衆観光）ということができる。大規模なオーダーで動き回るアジアの観光客の出現によって、世界はさまざまなインパクトを受けることになる。

　ウルトラ・マスツーリズムは団体旅行のかたちで進展するので、観光公害を生じさせる可能性が高い。大規模なテーマパークは団体旅行客の受入態勢が整っているが、日本の多くの観光地では大混乱が生じる可能性がある。今からウルトラ・マスツーリズムに対応するために調査・研究を行う必要がある。

クルマ観光の功罪

　1960年代以降の日本におけるマスツーリズムの隆盛化は、トラベル・エージェントが提供するパッケージツアーを原動力にしていた。米国の観光学者は「日本のトラベル・エージェントによるパッケージツアー商品づくりは芸術的である」と評している。実にきめ細かな旅行商品づくりが行われており、それゆえに日本の旅行者の大半がパッケージツアーを利用して観光旅行を行った。

　日本のマスツーリズムは、基本的に団体旅行と名所見物と周遊を前提にしていた。鉄道や飛行機を利用して目的地まで行き、そこからは観光バスを利用して、団体で一日に数ヵ所の観光名所を周遊して見物して回る、というパターンである。このようなパッケージツアーはより多くの人々に効率的に観光旅行を行う機会を提供したという意味では重要な貢献をなしている。同様に、パッケージツアーを利用しない家族旅行でも、ほとんどの場合、自家用車やレンタカーを利用して観光が行われている。そういう意味で、日本のマスツーリズムは「クルマ観光」を基本にして実現されていたということができる。

　誰しもがクルマ（自家用車、観光バス、レンタカー）を利用することによって観光を可能ならしめるという意味では、「クルマ観光」は大いに評価されるべきであるが、その一方で大きな問題も生じさせている。例えば、岐阜県白川村荻町地区の合掌造り集落では1995年に世界遺産リストに登録されたことによって、マスメディアで大きく取り上げられ、それ以前には年間に50〜60万人であったビジターが一挙に倍増している。その多くは観光バスを利用した団体・周遊・名所見物型の「一寸立ち寄り観光客」である。現在建設中の東海北陸自動車道が全通すると、名古屋から日帰り観光が可能になるので、年間に300万人のビジターが押し寄せてくる可能性がある。世界遺産地区へのクルマの立ち入りを規制する強い措置が講じられないと、文化財の保存に大きな影響が生じることが危惧される。

　クルマ観光は便利で効率的であるがゆえ

に、21世紀においても観光の主流を占めることは確実であるが、その一方で観光地の特性に応じてクルマ観光を規制することも必要である。21世紀においては「観光の量」へのこだわりから「観光の質」へのこだわりに転換することが求められており、サスティナブル・ツーリズム（維持可能な観光）の実現への配慮が求められている。

自由時間革命と自律的観光

近代日本は明治時代から、ひたすら「欧米に追い付き、追い越す」ことを目標にして、国も地域も企業も国民もすべてが経済中心主義で邁進してきた。しかし、日本経済の低成長化によって、もはや国民の勤勉が報われない時代が到来しつつある。そのうえに倒産やリストラによる失業の増加がより深刻化している。すでに、若者や女性やシルバー層を中心にして、日本人の人生観に大きな変化が生じつつある。

現在、日本のサラリーマンの有給休暇取得率は50％程度であるが、ドイツと同様の有給休暇完全取得制度が実施されるならば、より数多くの日本人が自由時間のなかで人生を楽しむ方向で生きるようになる。私は、そのような変化を「自由時間革命」と名づけており、2010年代後半に本格化すると予測している。そうなると、旅行を生きがいにして日本全国を旅して回る「旅好族」が数多く生まれることになる。

私は「21世紀は自律的観光の時代になる」と予測している。20世紀における日本の観光は多分にトラベル・エージェントや観光開発会社が牛耳ってきた。そういう意味で「20世紀は他律的観光の時代であった」ということができる。

マスツーリズムでは、旅行会社によってあらかじめパッケージ化された旅行商品が一般的に利用される。その場合には、観光者の個別的な希望や意向は基本的に無視されており、観光者は旅行会社によってあらかじめ設定された観光ルートや観光サービスを受け入れることが前提にされている。そういう意味で、マスツーリズムは観光者にとって、まさに「他律的観光」を強いる構造を有している。それに対して、近年、パッケージ化された旅行商品を利用せずに、観光者みずからがインターネットなどを活用して自分の意思で旅行ルートを設定し、観光を行うケースが増えている。そのような観光のあり方は、観光者みずからが自分の意思で旅行を可能ならしめているという意味で、「自律的観光」とみなすことができる[*10]。同様のことが、地域社会の側にも当てはまる。日本の各地の地域社会は今後、地域資源（自然資源、文化資源、人材資源）を見直し、自分たちの意思で自律的に観光振興を図ることが求められている。

21世紀を迎えた今日、従来の他律的観光の優位性に陰りが生じており、地域社会と観光者の両サイドから自律的観光に対する期待が高まりつつある。そういう意味で、21世紀は「自律的観光の時代」になる可能性が高いと推測している。

自律的観光は従来と同様に、クルマ観光を志向するが、その一方で「歩く観光」に力点を置く動きも生じている。さらに、自律的観光は従来の他律的観光とは異なって、団体・名所見物・周遊型の観光よりも、個人・夫婦・家族・小グループの旅行を好み、名所見物よりも学びや芸術や癒しに力点を置く参加体験型観光を志向し、1ヵ所滞在を重視する動きを見せている。そういう意味で、21世紀における自律的観光はクルマ利用を基調としながらも、「歩き観光」の復権などの多様な観光のあり方を生みだす可能性が高い。

アジアにおける観光ビッグバンは当然のこと

ながら、日本の諸都市における観光の隆盛化を生じさせる。都市は巨大な情報メディアであり、万華鏡のように多彩な魅力に満ちている。都市はつねに流行を生みだす源泉でもあり、都市で新しいライフスタイルが生みだされ、それがマスメディアを通して情報発信される中で流行が形づくられていく。都市の自由な空気、都市の新しい風が観光客を都市に魅き寄せていく[11]。そういう意味で、21世紀にはアーバン・ライフスタイル観光が重要になる。

アーバン・ライフスタイル観光が隆盛化するためには、いくつかの条件が満たされなくてはならない。ひとつは郊外居住に代わって都心居住が促進されなければならない。都心に多くの人々が居住することによって、新しいライフスタイルが生みだされ、ビジターを魅き付けることが可能になる。また、都心におけるクルマ観光はなんらかの措置を講じることによって規制されるべきである。現在のようなクルマ優位の都市では、アーバン・ライフスタイル観光は隆盛化しない。

そういう意味で、日本の諸都市で路面電車の重要性が見直されている。長崎、熊本、広島、松山、高知、岡山、京都、函館などの諸都市で、路面電車が居住者だけでなく、観光客にも好評を博している。

クルマ観光の功罪を見極めながら、大交流時代の観光に対応していくことが求められている。

*1 文明システム論については、梅棹忠夫『比較文明学研究』梅棹忠夫著作集第5巻(中央公論新社、1991年)を参照。
*2 石森秀三「旅から旅行へ」守屋毅編『日本人と遊び』ドメス出版、1989年
*3 観光革命論については、石森秀三編『観光の二〇世紀』ドメス出版、1996年
*4 John Jakle, 1985, *The Tourist: Travel in Twentieth-Century North America*. University of Nebraska Press.
*5 Alexis Gregory, 1991, *The Golden Age of Travel 1880-1939*. Rizzoli International Publications.
*6 R・モールトビー編『大衆文化(上)1900〜1945 夢売ります』(20世紀の歴史第9巻)、平凡社、1991年
*7 山中速人『イメージの楽園:観光ハワイの文化史』筑摩書房、1992年
*8 Donna Barden, 1988, *Leisure and Entertainment in America*. Henry Ford Museum & Greenfield Village.
*9 高田公理『自動車と人間の百年史』新潮社、1987年
*10 石森秀三「内発的観光開発と自律的観光」石森秀三・西山徳明編『ヘリテージ・ツーリズムの総合的研究』国立民族学博物館調査報告第21号、2001年
*11 橋爪紳也『集客都市:文化の「仕掛け」が人を呼ぶ』日本経済新聞社、2002年

2-3
クルマ社会の音風景

鳥越けい子
聖心女子大学教授

「川のようにクルマが走る音——私の自宅は調布市鶴川街道に面しているので、いつもは当たり前のように聞いていましたが、改めて聞いてみると、この騒音がない状態というのはとても静かなのだろうと思いました」

「ブォーというクルマのエンジンの音——夜遅くだったのに、クルマの通りがけっこう多く、エンジンの音がうるさいと感じた。自分としてはもっと何か不思議な正体の分からない音が聴けるかと期待していたので残念だった。エンジン音はかなり響いていた」

……というのはいずれも、「夜、自分の部屋で耳を澄ませて、『一番遠くから聞こえてきた音』をレポートしなさい」という、私の授業での課題に対する学生からの報告である。

現代社会の音風景を、その根底で特徴づけているのは「クルマの音」である。このことは(その内容や実態に多少の違いはあろうとも)、日本全国はもとより、世界中ほとんどあらゆる場所にあてはまる事実だといえよう。たとえば北極圏では今、スノーモービルのエンジン音が多くの騒音問題を引き起こしているという。

このように「クルマの音」と言っても、その内容にはさまざまなものがある。「音の風景＝サウンドスケープ」という観点から「クルマ社会のリ・デザイン」を考えたとき、その課題には実に多様なものがある。さらに広く「モビリティと音」について考えれば、そこには人類のサウンドスケープの歴史と現在をめぐる、いろいろな音風景が立ち現れてくる。

こうした観点からここでは以下、「クルマ社会のリ・デザイン」を考えるうえで参考となるような、音風景のさまざまな現場を紹介する。まず前半では、「クルマ社会／モビリティ」と「音環境デザイン」というふたつの領域が交差するいくつかのシーンやテーマを、また後半では「川のモビリティと音風景」に焦点を当てて、最近訪れたふたつのフィールドと、そこで体験したこと、考えたことを報告することにしたい。

1.クルマ社会と音環境

クルマの音の歴史

人類の歴史のなかで「クルマの音」を遡れば、

「自動車の音」以前にもさまざまなクルマの音があった。たとえば、馬車の音、自転車の音、蒸気機関車の音、わが国固有の人力車の音など、さまざまな「クルマ」がそれぞれ固有な音を発してきた【図1】。

世界の音風景の歴史について調査研究を行ったR.マリー・シェーファーは、その主著『世界の調律』(鳥越けい子他訳、平凡社)のなかで、これら「クルマの音」に関しても多くの頁を割いている。たとえば「馬車の音」に関しては、以下のような記述がある。

> 玉石の上を真鍮巻きの車輪が通る際の、絶え間なく、調和に欠けるガラガラという音にいら立ちを覚えたことを書き記しているのは、何もスモーレット一人ではなかった。また、ヨーロッパ人ばかりでなく世界の他の地域に暮らす人々も、その音についてはしょっちゅう不平を述べていた。「車輪のぎしぎし言う音は筆舌に尽くし難い。それは君がこれまでの生涯で聞いてきた音とは似ても似つかない。君の血を一瞬にして凍らせてしまう音なのだ。この幾千もの車輪が一斉にきしきし、ぎしぎし鳴る音を聞けば、決して忘れられない音となるだろう――それはまさに地獄の音だ。」(by Charles Mair, 1868.)[1]

このような「堅いクルマ」に、空気入りの「ゴムタイヤ」が使われるようになったとき、「クルマの音」は一度、世界の音風景の歴史のなかで静かになったといえよう。けれども20世紀を通じて、自動車の数が急増するにつれ「自動車による騒音問題」は世界中に広がり、21世紀に引き継がれている。

クルマによる「音環境のローファイ化」

現代社会の音環境の根本問題は「サウンドスケープのローファイ化」である。「ローファイ(Lo-Fi)」とは、「低忠実度(Low Fidelity)」の略で、「S(信号:シグナル)N(雑音:ノイズ)比」が低いものをいい、サウンドスケープ研究で「ローファイな音環境」とは、音の過密な環境のなかで目的となる音(=シグナル)が明瞭に聞き取れない状態をいう。

現代都市では、このサウンドスケープのローファイ化に、最も寄与しているのが「クルマの音」、それも通過交通の走行音のような情報量の低い「交通騒音」である。つまり、冒頭の学生のレポートにある、幹線道路から日夜絶え間なく聞こえてくるような交通騒音の最大の問題は(その音自体のうるささのみならず)、それが都市の「環境騒音レベル(ambient noise level)」を上昇させることによって、その他の音源の存在をくすませたり、隠してしまうという点にある。

その結果、現代人の聴取能力は減退し、聴

図1 昭和30年代の日本でよく見かけた軽オート三輪は今、バンコクなどのタイの都市で、数多く見ることができる。その独特な走行音から「トゥクトゥク」と呼ばれ、親しまれている。

覚はもとより感覚全体を鈍化させ、社会的な相互関係を減少させ、最終的にはその環境から疎外されていくことになる。

以上は、サウンドスケープ研究による「クルマ社会の音環境」の分析だが、このように考えると、クルマの音がもたらす弊害は、単なる「騒音問題」を超えて、現代社会の本質に関わる問題だといえよう。

海岸を通る幹線道路の交通騒音が「音の壁」となって、海辺と沿岸の都市を分断し、海岸の気配を都市の音環境に伝えないといったことも、「クルマの音」がもたらす深刻な問題である。都市デザイン的にみたとき、このような問題に対処するためには、道路の周辺地域の音環境への影響も配慮して、道路計画を検討する必要がある。また、走行音をコントロールする手法には、タイヤや道路の構造、それらの材質の調整、道の蛇行のさせ方、通行速度や時間帯の規制その他、さまざまなものがある【図2】。

クルマの音のデザイン

「クルマの音」は「走行音」に留まらない。クルマには、エンジン音、ドアの開閉音、クラクション等々各種の音源があり、それらはすべてデザイン活動の対象になると同時にクルマ選びにおける重要なポイントとなる。例えば「ビートル」の名前で親しまれたかつてのフォルクスワーゲンには、その独特なエンジン音のファンが多かったという。またバイクの愛好者には、自分のマシンの音をあたかも「楽器」のように追求し、そのための改造に労を惜しまぬ者も少なくない。

また、カーステレオからの音楽やナビからの音声など、クルマの室内には発音を目的としたさまざまな機器が搭載されている。音楽ソフトの選定はいうまでもなく、スピーカの性能やその取りつけ位置、音声面からのナビの検討等、車内をリスニングルームに見立てたとき、そこにはさらに新たな、クルマの音環境のデザインの楽しみが広がっている。さらに、オープンカーのような場合、車外の音環境を取り込めることもドライバーにとっての大きな魅力となり得る。

こうしたクルマの内部空間が「私的空間」であるのに対して、今後のデザイン活動に先立つ調査研究のテーマとして忘れてはならないのは、パトカーや救急車のサイレンのような、クルマに関わる「公共空間のサイン音」である。

それらの音は、その情報に、緊急性、公共性等が高度に求められる現代社会の重要な音でありながら、政府機関の管轄であるため、そのデザインプロセスが公開されにくい(私たちもそこに参加しにくい)という問題がある。同様のことが、クルマ社会がもたらしたその他のサイン音、横断歩道の信号機に付けられた音響信号(具体的には"とおりゃんせ"のメロディや"ピヨ

図2 「ノイズ吸収シート」という独自の技術により静かな走行を実現したというタイヤのポスター。「誰よりも静かであること。そして、静かさだけではないこと」と、車内の静けさをセールスポイントとしている。

ピヨ／カッコウ"のサイン音)についてもあてはまる。これら公共空間のサイン音に関しては、まずは議論の場づくりから始める必要がある。

以上3つの切り口から、クルマ社会の音風景について論じたが、他にも興味深いテーマや領域がいろいろある。たとえば、走行音があまりしない電気自動車の場合、クルマが走っていること、近づいてきたことを知らせるための「走行音のデザイン」。音の変調からクルマの異常を察知する耳＝音の世界を通じてのドライバーとクルマとのコミュニケーション。さらには、モビリティと音という観点から、電車の車内放送やヘッドフォンから漏れる音等の問題、飛行機の客室内の音環境の問題等々、クルマ社会の音風景は私たちのデザイン活動に今後、豊かな課題を提供してくれるだろう。

にかけて企画・実施した事業《残したい「日本の音風景100選」》。事業の主旨は、「全国各地で人々が地域のシンボルとして大切にし、将来に残していきたいと願っている音の聞こえる環境(音風景)を広く募集し、環境を保全する上で特に意義があると認められるもの100件程度を認定する」というものだった[2]。

ちなみに、その「100選」のなかでも最南端に位置するのが、「後良川周辺の音風景」(「マングローブの林から聞こえる鳥や動物たちの声／後良川周辺の亜熱帯林の生き物」など)だった【図4】。西表島といえば、イリオモテヤマネコが有名だが、そこには独自の豊かな生態系があって「東洋のガラパゴス」と呼ばれている。最近ではエコツーリズムの島としても有名で、島の人たちも、その自覚を持っていろいろな事業に取り組んでいる。

2. ふたつの川の音風景

最近訪れたふたつの川で体験した音風景は、それぞれに「クルマ社会の音風景」を考えるにあたって、興味深いいくつかの素材を提供してくれた。そこで次に、「川のモビリティと音風景」に焦点を当てて、それらふたつのフィールドでの体験と、そこで考えたことを報告したい。

西表島後良川の音風景

21世紀最初の春、私は初めて訪れた西表島の後良川(しいらがわ)で、豊かな自然の音を堪能した【図3】。手漕ぎの1人乗りカヌーで上流まで遡り、昼食を取った後、流れにまかせてゆっくりと、周囲の亜熱帯林の音に耳を傾けながら川を下るという、至福のひとときを過ごしたのである。

その日、私が後良川を訪れたのは、その場の音風景が、あるプロジェクトに推薦されたからだった。それは、環境庁(当時)が1995～97年

図3 「東洋のガラパゴス」と呼ばれる西表島には独自な生態系がある。そこでは、本土にはないさまざまな音を体験することができる。

そのひとつが、川の音を聴くには（うるさいモーターボートではなく）カヌーで行くのが一番いいと言われて私が参加したそのカヌーツアーだったのだが、そのときのインストラクターから、次のような話を聞いた。「日本の音風景100選」が発表された後、この後良川へ「音風景を楽しみたい」と言って訪れる人が増えるようになった。そのため後良川ではそれまで走っていたモーター付きの観光船は廃止され、この川の観光は手漕ぎのカヌーによるものだけになった、というのである。これは、後良川の音風景そのものが大切な環境資源であり、それが観光資源ともなることに地元の人も気がついたとき、川のモビリティの音が変化したという貴重な事例である【図5】。

タイ水郷地帯の音風景

それから3年後の春、タイの公衆衛生局で「残したい日本の音風景」プロジェクトについてのレクチャーをする機会があった。そのなかで後良川での話もしたところ、「タイ政府も今、エコツーリズムには力を入れているが、音環境に関してはいろいろ課題がありながらも、充分な調査もできていない。そんな場所のひとつだが……」ということで、案内されたのがバンコクから車で3～4時間ほどのところにある水郷地帯だった【図6】。

途中、船に乗り換え、案内されたのは森のなかを流れる川沿いの民宿、水上に建てられたタイの伝統的な民家だった。その家のつくりも、家の人たちとのおしゃべりも、それぞれに興味深かった。が、私にとって何にも代え難い思い出となったのは、その夜、蚊屋の中から耳を傾けた、知らない虫たちの声によりその奥行きのある音の風景。それに加えて明け方に、初めて聴く鳥たちの声に混じって、托鉢の僧侶がお経を唱える声が、運河に沿って近づいてくるのを聴いたことだった。

こうしたタイ水郷地域の自然と文化が見事に一体となった音風景を聴きながら、私が思い起こさずにはいられなかったのは、前日の夕方から夜にかけての同じ運河での体験だった。その民宿に到着してしばらくして、その家の主人が「近くにホタルの名所があるので、ちょうど暗くなる頃までにそこに行こう。そこにはホタルが群がる木があって、暗くなるとその木はクリスマス

図4 「残したい日本の音風景100選」への応募用紙に描かれた後良川の音風景のイラスト
図5 後良川では「100選」に選ばれて以降、それまで走っていたモーターボートが廃止され、手漕ぎのカヌーによる観光だけになった。

の豆電球を灯したようにそりゃあ美しい」といって私たちを連れ出した。

　水上を走りながら私は、そのモーター付きの木造船が「自家用車」であり、運河がこの地域の道路であることを実感した【図7、8】。途中、運河沿いの家々の玄関はいずれも、川に面して船着き場となっている。夕闇のなか、自宅の前庭のような運河に身を浸して静かに髪を洗っている女性がいた。モーターボートのたてる音と波を受けながらも、あくまでも優しいその女性の表情に、本当はさぞ迷惑なことだろうと、思わずにはいられなかった。

　30分ほどかけて、お目当ての木がある場所に着いた頃には、周囲は真っ暗になっていた。ホタルの群がる木は、想像以上の美しさだった。しかし、まさにその美しい光景のために、そこには私たちのような観光客を乗せたたくさんの船が集まっていて、水上はさながらラッシュアワーの道路のよう。船のモーター音と客の喚声が、近隣地域での騒音問題になっているのは明らかだった。

　帰り道、そんな感想を話したら、民宿の主人が「もっと立派な木があったんだけど、その木があるとうるさくなると言って、一昨年くらいだったか、対岸の家の人がその木を切り倒してしまったんだ」と、苦笑しながら話してくれた。

　これからのデザイン活動の前途には、「クルマの音」や「クルマをめぐる音環境」をテーマにした魅力的、かつ一筋縄ではいかない各種の課題が豊かに広がっている。一方、「モビリティと音風景」という関心とともに訪れたとき、世界各地のフィールドは、「クルマ社会」および「現代社会」そのものが抱える問題と可能性を、さまざまなかたちで示してくれる。そのためにはあなたもまず、自分自身の車の音に向けて、耳を開いてみてはいかがでしょうか？

図6　エコツーリズムに力を入れるタイの水郷地帯の村。この船着場から民宿に向かった。
図7　道路さながらに、川沿いには電信柱が立っている。
図8　水郷地帯の「幹線道路」としての川。行き来する数多くの船はそれぞれ、各種のモーターを備えている。

*1　R.マリー・シェーファー著、鳥越けい子他訳『世界の調律──サウンドスケープとはなにか』、p.105（平凡社、1986年12月）
*2.　鳥越けい子、「「残したい日本の音風景」をめぐって」『エコソフィア、No.9 (特集：音のエコロジー)』、pp.33-41（昭和堂、2002年5月）

2-4 先進クルマ社会を語る
海外事例

迫田幸雄
インダストリアルデザイナー、静岡文化芸術大学教授

白石正明
国際プロダクティブ・エージング研究所代表、
NPO法人ユニバーサル社会工学研究会理事長

田中一雄
GK設計取締役環境設計部部長、
EXPO2005日本国際博覧会部門ディレクター、
Gマーク審査員、東京芸術大学非常勤講師

望月真一
アトリエUDI都市設計研究所代表取締役

佐野寛=司会
クリエイティブディレクター、モスデザイン研究所代表

　西欧諸国でクルマ社会のつくり直しが始まっている。各地に共通しているのは、政治が事態を深く認識し、強いリーダーシップを発揮して「最良の計画」を現実化させていることである。わが国でクルマ社会のリ・デザインを考えるために、それら西欧の先進事例を学ぶことは必須のことだろう。そこで各種事例を深く知る諸氏に座談会のかたちで話していただいたのだが、紙幅の関係から、それらを各氏に戻し要約的にまとめていただいたものを「事例紹介」とすることにした。(佐野寛)

1. ストラスブール（フランス）

トラムで街をつくる

　ストラスブールはクルマ優先社会の時代に一度、路面電車を廃止した。その路面電車を低床式トラムとして復活させ、新しい街づくりの軸にしたプロセスや考え方が、現代における各国の都市行政のモデルになっている。都市文化という面を重視してデザインしたという点でも、20世紀末の都市計画として高く評価できる。とくに日本が参考とするには理想的な成功例だと思う。整備前は、都心部を通過する車が24万台もあり、さらに毎年20％も増加することが予想されて、過大なクルマ流入による都心部のさらなる疲弊、公害などの問題が深刻になっていた。そうした状況をくい止めるため、ゆりかもめスタイルの新交通システムを入れるかトラムを入れるかの論争があり、トラム派の市長が選挙に勝って、トラムを軸にした歩行者中心の街づくりを実現した。

　ストラスブールの成功は、実は、街の歩行者専用地区に低床式のトラムを路線全体として初めて導入したグルノーブルの経験が背景にあり、その成果をさらに発展させたものだ。軸となる公共交通としての路面電車を1本通すということが最初の段階で、そこに、バスから自転車までをネットワークさせていくというのが次の段階であった。そうやって段階的に発展していって、自転車等も含めた総合交通体系の仕組みをつくるということがストラスブールで示され、それ以後の常識になった。さらにレベルが上がると、街の文化的イメージ形成という総合的デザインまでを視野に入れた街づくりになる。ストラスブールでそれができたのは政治の力が強かったからだ。選挙で選ばれた市長が、任期の6年間で事業を完成させ、市民に対して成果を示す

という、いわゆるマニフェスト政治であり、実際には実質的に4年半で車両のデザインからシステムの構築、工事までやってしまった。そうした「政治のありよう」にも日本はもっと学ぶべきだと思う。**(望月真一)**

2.ベルリン(ドイツ)

インテリジェント・バスストップの経験

ベルリンのポツダム広場を第1号として、「市民や旅行者に各種情報サービスを提供するインテリジェント・バスストップ」の設置が進んでいる。これは、高精度なデザイン的造形性、半透明ソーラーパネル、LED文字情報サービス、屋外公衆型インターネット端末など「環境と情報」という今日の社会的テーマのもとに、私たちGK設計が取り組んだものである。このバスストップはベルリン市のトータルな街づくりの一環として実施されたものであり、現在はトイレやキオスクなどのデザインファミリーが形成され、設置が進む計画である。その計画、設計、施工、維持管理は広告収入を活用するPFI(Private Finance Initiative)方式となっており、自治体は一切の費用負担を負わない、というものである。

また、特徴的なバスストップの先行事例としては、今やハノーバー市のシンボルのひとつになっている「バスストップ・プロジェクト」がある。これは9人の著名なアーチストが、それぞれの選んだ場所のバスストップを自分のパブリックアート作品にしてしまうもので、協賛企業が費

トラムの新しい時代を象徴するストラスブールの車両デザインとアーバンデザイン

欧州のバスストップは、民間資金を活用し広告運営による無償設置、無償維持管理が普及している。このベルリンのバスストップも、太陽電池、インターネット端末など日本では考えられないハイグレードな整備が行われている。

用を出してつくられた。

このようなハノーバーの、いわば一品制作の例に対し、インテリジェント・バスストップは機能的汎用性という特性を持つが、そのデザイン表現については地域によって異なってもいいと思う。私は、地域性を生かしたデザインは4つの視点を持つべきだと考えている。1は「場所を読むこと」、2は「時間の中で考えること」、3は「文化性を持つこと」、4は「美的であること」である。しかし、日本の土木の世界では、美やデザインに対する認識が浅く、とかく軽視されがちだ。理由はデザインの価値評価の客観化が困難なため、意志決定者が責任を回避して肩書きや知名度に「責任の丸投げ」をしてしまうか、評価できないものに価値を置かないためである。

私は、日本と全く違うベルリンの関係者たちのデザインを重視する姿勢に感銘を受けた。ベルリンでできたことを日本でもできるかは大いに疑問であり、それこそが問題なのだ。日本も、行政担当者のデザインに対する姿勢を変えてもらい、都市問題の解決を高度化していくために、力を振るってもらいたいものだ。そのために、いま進行している規制緩和の流れは、絶好のタイミングをつくるはずだ。**(田中一雄)**

3. チューリッヒ（スイス）

公共交通となったカーシェアリング

チューリッヒは、世界の中でも公共交通を一番利用している都市だと自ら評価しているように、密実な公共交通ネットワークがある。古いタイプだが、路面電車が主役を務めている。その路面電車とバスの公共交通ネットワークの上に、別に普及し始めていたカーシェアリングのシステムが加えられた。カーシェアリングは、ドイツ、オランダ、オーストリア、スイスなど、主にドイツ語圏の世界で普及している。1台のクルマを会員たちが共有して、マイカーのように使うカーシェアリングは、日本で電気自動車を使って実験している、タクシーのような使い方の公共レンタカー、あるいはシティカーというシステムとは違う考え方で、草の根のカーシェアリングというか、人々の自発的な共有に根ざしたクルマの使い方だ。

そうしたカーシェアリングに公共交通をセットにしたところがすごく新しい。カーシェアリングは利用に応じて課金するため、利用希望者は登録しなければならないのだが、路面電車を降りるとそのそばにカーシェアリングのデポがあって、数台のシェアリングカーが常時待機している。それに乗って、自宅近くに必ずあるカーシェアリング・デポに乗り捨てできるというシステムになっている。チューリッヒはそうした連携システムを構築した最初の都市だといっていい。運営も、公共交通の運営機関が行っていて、まさに公共サービスが主役になった新しいクルマ社会だといえる。**(望月真一)**

トラムの停留所横の駐車場に配置されているカーシェアリング用の車。チューリッヒ公共交通局の公共交通とカーシェアリングが連携したサービス

4.コペンハーゲン

パブリックスペースの価値

1962年11月17日、コペンハーゲン第1の繁華街ストロイエ通りが"人間のための道"となった。総面積15,800m²の歩行者空間の誕生であった。その後も行政、商店街、大学による弛みない努力は続き、1996年に市庁舎前広場の大改造に結実した。当初の6倍強の95,750m²、市中心部115万m²の約9%が「歩行者のまち」となったのである。1996年は同市が「ヨーロッパ文化首都」の任を担った年でもあった。

34年間の長期事業のビジョンは"Beautiful & Human City"。そして、道路—駐車場—広場—波止場の順にそのビジョンが具体化されていった。まずストロイエ通りにつながる繁華街を順次歩行者専用にするとともに、駐車場を住民用は確保しながら年2〜3%ずつ削っていった。1996年の駐車スペースは3100台分。コペンハーゲンより人口が少ないストックホルム（8000台）やオスロ（4800台）との差は歴然である。主に駐車場であった広場や波止場が変身して、あらゆる文化・市民活動や、ウエイトリフティングなどの屋内施設でしか見られないスポーツまでが、街角で身近に楽しめ、あるいは互いに触れ合う場所に変わったのである。

コンセプトは「貴重なパブリックスペースは人々の活動のためにある」だ。まちの使命は新しいシティライフを提案し、まちでの時間を充実させること。その結果としてまちが賑わう。1995年に始めたシティバイクは、翌年には2000台と倍増した。自転車人口を増加させることがクルマの安全運転につながる、との読みがある。

コペンハーゲンの市庁舎前の大広場。第二次大戦後、バスや車で分断されていた27,000m²の大広場は元の姿に戻った（上）。
コペンハーゲンのシティバイクは無料で利用できる。中心部は125ヵ所のスタンドで硬貨（約4ドル）を入れて借り出す。どこのスタンドでも利用でき、戻すと硬貨が戻る（右）。

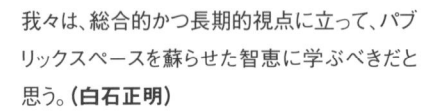

我々は、総合的かつ長期的視点に立って、パブリックスペースを蘇らせた智恵に学ぶべきだと思う。**(白石正明)**

5.チェスターフィールド（イギリス）

地方の移動ニーズに応える先進モデル

「よじれて傾いた尖塔を持つ教会があるのはここだけ」とショップモビリティのスタッフは胸を張る。続けて「我々のサービスはベスト」とも。300ヵ所ともいわれるすべてを知るわけではないが、確かに頷ける。まず、会員数は4000人。会費も利用も無料。土日もサービス提供。利用できる移動用機器はスクーターだけでも70台以上保有。年間貸し出し数は8000。超一級のレベルなのは疑いない。しかし、素晴らしいのはその活動内容なのである。

本部は人口10万のまちの中心部にあるショッピング・センターの駐車場ビル1階にあ

チェスターフィールドの出前サービス（下）　自分で選んで自分で買うのがショッピング。まちへ来ると心が弾み、笑顔もこぼれる。（右）

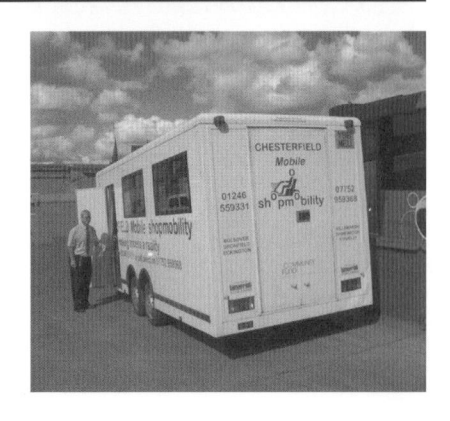

る。そして、サテライトが3ヵ所。うち1ヵ所は病院。大きな病院内の移動に着目した英国初であり、唯一のホスピタルモビリティが、ショップモビリティの活動目的の第1番目となる。第2はアウトドア・レジャー・サービスで、お城、公園、運河など5ヵ所にスクーターと車椅子を配置しているレジャーモビリティ。第3は周辺6地区への出前サービス。週2回、各半日の定期訪問システムで専用大型バスにスクーターや車椅子10台以上を詰め込んで巡回。第4は長短期の貸し出し。これは有料で旅行のほか購入前の機種選び目的の活用も多い。

さらに特筆されるのは「熟練技術者」が常勤していることである。技術スタッフはまず機器の安全性を飛躍的に高め、耐用期間を延ばす。加えて、新品1台の予算で良質な中古機器を複数台買っている。格納限度を超えたときは不要の機器を整備して会員にも販売する。まず機器に慣れること、新品を検討するのはそれから、というアドバイスは会員に歓迎されている。サービスの質と効率経営が調和している先進モデルである。**(白石正明)**

6.アメリカ——AARPの活動

安全運転は高齢者団体の
イニシアティブで

AARPは会員数3700万人を擁する世界一の中・高年者団体。こうした団体は、日本では圧力団体との印象を持たれがちだが、AARPは数々のボランティアプログラムの開発・実施で

AARP 左の2冊は受講用、右のバインダーはインストラクター用。アルコールが脳内におよぼす影響を解説している。

も有名な団体だ。典型的なクルマ社会のアメリカで高齢者の運転問題は早くから注目され、AARPは1979年に高齢者向けの安全運転のためのプログラム「55Alive」を開発、これまで750万人が受講している。隣国カナダでも普及しているが最近「Driver Safety Program」と名称変更されている。

このプログラムは誰でも受講できるが、インストラクターはAARP会員に限られている。各4時間で2回のコースの参加費は10ドル。しかし修了証を提示すると保険料の割引があり、37州では法律で定められている。カリキュラムは視覚・聴覚の変化、薬の副作用、反応時間の変化など身体機能の変化を中心に、法令関係や外的な運転環境も取り上げている。参加申し込みは電話またはWebからアクセスする。

受講テキストは写真、イラスト、マンガ、図表を駆使し、安全運転のためのあらゆる状況を体感できるよう工夫が凝らされている。クイズやチェックリストは日常生活密着型で教科書臭さはない。例えば割り込まれたり、警笛を鳴らされたり、ヒヤッとしたことはあったかなどで、"Yes, Yes"の答えが続くよう巧みに誘導している。こうした人間中心の理念を、45年にわたって貫いてきたからこそ3700万人の信頼を勝ち得ているのである。**(白石正明)**

7. パリ（フランス）

大都市のクルマ社会修正へのチャレンジ

大都市の交通施策は難しいが、まず土地利用と連動する部分からパリの特徴を説明してみる。今もなお古い町並みイメージのパリがあるのは、周辺に独立した5つのニュータウンとデファンスという副都心を1960年代の半ばからつくったことが大きい。古い町では立地しにくい大企業を収納できる新しい副都心をパリの中心から離れたところに建設した。

デファンス地区は、非常に機能主義的な当時の最先端の例で、一番上に5ヘクタールの巨大な歩行者用の人工地盤をつくってその周辺に大きい建物を貼りつけた。クルマ利用者にとっても公共交通を使う人にも便利とはいえ、空間が大きすぎ閑散としていて、当初は巨大スケールの都市事業の悪い例とされていた。結果的には、その巨大スケールが大企業を呼び寄せることになり、パリの街は、古いイメージの町並みを残しながら、魅力的な現代都市であり続けることが可能になった。

一方パリは、メトロやバスのシステムを一世紀かけてつくり上げてきたが、20世紀後半のクルマ社会化に対してあまり目立ったことはしてこなかった。それでもバスの専用レーンは市内の路線の70%くらい確保しているうえに、10年くらい前から非常に大きな展開を見せ始めてもいる。それまでフランスでは自転車の役割が重視されなかったが、クルマよりも効率的で環境にやさしい自転車を優先しようと2〜3年で100kmの自転車走行路をつくってしまった。これがひとつ目の大きな展開である。

次に、幅員3.5mのバスレーンを4.5mとした。最近、環境派の市長が当選して、パリが大きな転換を見せている。4.5mというのはバスと自転車が並行して走れる幅員で、さらに70cmの分離帯を設置したので5.2mの幅がバスと自転車とタクシーを優遇するために確保された。都市における交通手段の優先権をはっきりさせたこうした施策は、わざと渋滞をつくっているといった批判を乗り越えて大胆に実行されている。**(望月真一)**

8.アジアの知恵

選択肢の多い移動手段の構築を

　日本ではいま、交通バリアフリー法によってエレベータなどの設置が進み、都市圏のヘビーレールの使い勝手が急速に良くなっている。地下鉄に外周から私鉄が乗り込むなど、鉄道なしには我々の東京生活は機能しない。

　ニューヨークと東京がよく似ているのは両者とも地下鉄網があるからだが、アメリカの都市の多くは鉄軌道を失っている。それでは不都合とサンフランシスコ湾岸やロサンゼルスなどは新しくトラムや地下鉄を設けたが、まだネットワークには至っていない。

　東京の網状の強いインフラをさらに使いやすくするには課題が残る。都電などライトレールの復活には困難が多いが、復活できれば補完となる。例えば、京橋と汐留を結び、終端をループ状にして銀座通りを往復したら魅力的だろう。渋谷から国道246号線を通って大手町まで通す案もある。ライトレールの良さは、ヘビーレールなどとのリンクで生きるのだ。

　一方、アジアでは、とくに東南アジアの都市では、ベチャやトライシクルといった輪タクのような短距離の移動手段が人々の生活を支えている。熱帯アジアの1年の半分以上は暑熱で、都市の歩行者は、長くは歩けない。そこで、5〜10円のわずかな金でちょっとそこまでの移動手段が活躍する。こうした、待ち時間なし、乗り捨て自由の、気楽な移動手段を、日本でも考えた方がいい。もともと駕篭が人力車になり輪タクになって都市生活を彩っていたのは日本なのだ。クリーンな動力にすれば、そうした移動手段は東京でも使える。足漕ぎのVELOタクシーが目立ってきたが、あのような観光専用だけでなく、もっと実用的で機動性のある簡便な道具が欲しい。高齢化社会の都市モビリティには、そうしたきめ細かい重層的な移動手段が必要だと思う。

　日本の現在は、クルマ社会が相当無秩序にできあがって、古い移動手段の多くが駆逐された、中間モードのない過渡期なのだ。クルマを周縁部のモビリティにして、都心部は、シクロやジプニー、相乗りタクシーまで加えた、公共的移動手段が自由自在にモビリティを支える時代が来るだろう。(迫田幸雄)

case 1
日本の都市とLRT

迫田幸雄
静岡文化芸術大学教授

伊予鉄道松山市内線

愛媛県松山市の路面電車は、市内環状線と、松山市駅及びJR松山駅と道後温泉を結ぶ3路線9.6kmで、41両の車両が活躍している。軌道敷内の人と自動車の通行は禁止されている。利用客は多く、市民の足とともに観光客の利用もあり、公共交通の役割をしっかり果たしている。利用者数は、1964（昭和39）年の18,428,000人をピークとして、平成に入り横ばいを続け、2002年は7,384,000人と60％減となったが、翌年には前年をやや上回っている。

写真の車両は、部分低床の単車体2軸ボギー国産車で、2003年現在で4両が就役している。カーブ通過時は台車端部が車体から外側にせり出す。フランス・グルノーブルのLRTと同様に、在来型の軸の通った台車の足まわりに厚手のカバーを付けて側面衝突に備えるとともに、機械がむき出しになる威圧感を避けている。台車を車端に近づけるほど低床部は多くなるが、道路上の急カーブを曲がる宿命から、車体の対向線への片寄りが大きいので、定員増を図って車体を長くするのには限度がある。

車体はストレートなキュービックスタイルで、思い切りがよく、小気味よいデザインである。塗色は上部が白、足まわりの高さから下がオレンジ、窓部分が黒の明快な3色構成で、周囲の環境によく映える。床の高さに応じた側窓の配置は中央低床部では低く、両端部は高くなってぎくしゃくするが、ブラックアウト塗装で一体的に見せている。入口、出口は片側各1ヵ所で計4口、後乗り前降りワンマン方式である。

扉窓のガラスは床近くまで延びていて、降車時に足下の停留所ホームを見やすくしている。また、昼間はガラスが黒く見えて白い車体をよぎり、夜間は車内の明かりが縦長に停留所に漏れて、いずれの場合も扉位置が外からよくわかる。

図1　伊予鉄松山市内線単車体2軸ボギーノンステップ車　外観（左）と車内（右）

車内は両端の高床部に運転席とふたり掛け座席があり、低床部との段差50cm程度を階段2段で昇る。運転士は停留所ごとに席を立ち、左後ろの料金箱に向かって収受する。車両構造が強いる動作である。運賃支払いを乗客に任せる欧州の信用方式にすれば、運転士の負担が大きい動作はなくなる。低床部の座席は6人掛け向かい合わせで、総数20席と小ぶりなのは、関節構造を持たない単車体の限界である。

図2　鹿児島市電ノンステップ車内

鹿児島市電　2本の運転系統13.1kmを35電停、電動客車52両で営業している。2002年度の乗客数は9,959,000人で、前年度より103,000人減ながら、黒字である。電車運行情報システムを導入し、運行管理と電車接近案内などの運行情報の提供をしている。また、線路の延伸を検討しており、市民の意見も募るなどの積極的な活動をしている。

写真の車両は、交通バリアフリー法の基準適合義務により導入した部分低床の2連接2軸ボギー国産車で、2003年現在で3両が就役している。カーブでの車体の対向線への片寄りを小さく、かつ客室を長くして収容定員を多くするため、台車の長さと同じ程度のごく短い運転室だけの動力車を

図3　鹿児島市電3分節ノンステップ2軸ボギー車

前後に、客室ボックスを中央につり掛けてつなぎ、蛇腹をつけた3分節1両のユニークな構造と外観である。車体塗色は腰上がサンフラワーイエロー、腰下がオフホワイトの2色で、南国の陽光によく映える。客室部分は台車がないので路面から33cmまで床を下げ、24席の100%低床として、出入口と電停との段差は5cmである。ベビーカーや車椅子は補助スロープを使って楽に乗り降りできる。入口、出口は片側各1ヵ所で計4口、後乗り前降りワンマン方式である。扉窓のガラスは床近くまで延びていて、降車時に足下の停留所ホームを見やすくしているとともに、昼間はガラスが黒く見えて黄と白の車体をよぎり、夜間は車内の明かりが縦長に停留所に漏れて、いずれの場合も扉位置が外からよくわかる。

空気も油圧も使わない電気・機械式ブレーキと、回生・発電ブレンディングブレーキの併用で、コンプレッサがないため振動せず、電力回生率も高く、省エネ型である。

岡山電気軌道 2本の運転系統4.7kmを停留所15、電動客車22両で営業する日本最短の路線である。2000年2月に、電停6ヵ所、新造車4両を含む概算事業費47億円の、岡山駅前から大学病院までの1.6kmの延伸が提言され、翌年には予定道路の軌道敷分を削減してシミュレーション(社会実験)が行われた。将来さらに延伸して、既設軌道の終端と結ぶ環状化計画もある。地元の市民団体RACDA(路面電車と都市の未来を考える会)の活動や支援も大きい。

架空線懸架支柱のセンターポール化を終え、4停留所を除いて上下線にはさまれた中央停留所形式に転換し、交通バリアフリー法に基づく「公共交通移動円滑化設備整備補助制度」による停留

図4　岡山電気軌道ノンステップ連接車MOMO

所のスロープ設置や乗降ホームの嵩上げが行われている。
2002年7月には、低床ノンステップの2車両連接車1編成の運行を始めた。愛称をMOMOといい、女子高校生に人気だという。嵩上げしたホームとの段差はほとんどなく、また車体との隙間も小さく、車椅子もそのまま乗り込める。内装は木材を多用したシックなインテリアである。足まわりとガラスはドイツ製、デザインと車体内外装や総組立は日本が行った。軌間はJR在来線と同じ1,067mmで、

図5 熊本市電2車体連接ノンステップ車

最高速度は軌道法(1921年)に基づく40km/hだが、性能的には70km/hが出せる。現在、岡山～総社間20.4km、非電化単線のJR吉備線へと直通運転する計画が持ち上がっている。

熊本市電　市中心部を貫くY字状路線の全長12.1kmを35電停、電動客車47両で営業する。路面電車の冷房化、VVVFインバータ制御車両の採用など日本初の試みをつづける意欲的な公営交通である。終点の健軍町には駐輪場があり、自転車とのパークアンドライドができる。また、7路線の延伸計画がある。

1997年8月に日本初の低床ノンステップ2車体連接車1編成の運行を開始し、2004年現在で同型が5編成ある。床面高さはレール面から360mm、停留所との段差は50～120mmあり、運転席寄りの乗降口の床は段差に合わせて昇降できる。デザインと台車および電機品はドイツのABBダイムラーベンツ・トランスポーテーション、車体製作と総組立は新潟鉄工所が行った。

広島電鉄　鉄・軌道営業距離35.1kmを78電停と鉄道駅、客車267両で営業する。1912(大正元)年に開業し、1945(昭和20)年8月6日に原爆で被爆するも、3日後には残った数両の車両で運行を再開し、市民を大いに力づけた。東京をはじめ国内各都市で路面電車の撤去・バス転換が進む1970年、バス営業も行う広島電鉄は転換による道路渋滞を懸念して軌道の存続を決定した。翌年、県警に軌道敷内の諸車通行禁止の回復を要請し、電車の定時性、速達性を取り戻して、乗客増加に転じ、現在も黒字である。以降、運行状況表示装置の設置、交通島、電停上屋の整備、バス6社・新交通との共通乗車券の発行など、利便性向上に努めている。

図6 広島電鉄5車体3連接ノンステップ車

1999年3月にはドイツのシーメンス・デュワグ製の低床5車体3連接車を空輸で日本に運び、アルナ工機で整備の後、6月に営業運転を始めた。乗車定員153名の大容量の車両、1編成約3億4000万円のうち、国と県が1億円補助している。現在12編成が就役中で、広島駅～宮島口間で2本に1本の割合である。将来はすべての車両を低床に置き換えたいとしている。

case 2
カーシェアリング
自動車の効率的運用をめざして

伊坂正人
日本デザイン機構専務理事、静岡文化芸術大学教授

日本のカーシェアリングは、経済産業省や、国土交通省などの支援による社会実験というかたちのものが数多く行われてきた。そうしたなかで、横浜市で行われた実験を引き継ぎ、日本で初めてカーシェアリングを事業化させ、運営ならびにカーシェアリング事業の支援を行っているシーイーヴイシェアリング株式会社（以下CEVシェアリング）がある。同社執行役員の高山光正氏への取材をもとに、国内初のカーシェアリング事業の取組みを以下に紹介する。

カーシェアリングシステムとは

交通需要マネージメント（Transportation Demand Management：以下TDM）が日本に紹介されて、約10年。カーシェアリングの基本目的は、自動車を個人所有した場合の利便性を損なわずに、共有することによって自動車に関わる費用を軽減することにある。さらに、1.都市の交通渋滞の解消、2.公共交通機関の活性化、3.都市の空質改善など環境問題への対応、4.都市の駐車場問題の解消など、都市や街づくりにおけるカーシェアリングの社会的な効果は、近年ますます重要となってきている。

既存のレンタカー事業は広義の意味において共同利用の一種であるが、狭義の共同利用（カーシェアリング）とは運営方法において大きな差異がある。カーシェアリングはレンタカーと異なり、利用者の間で車両を維持していく仕組みで、維持していくための固定会費と使った分だけの利用料金を払い、マイカー感覚で利用できるシステムである。

現在のカーシェアリングの仕組みは、1980年代後半にスイスで開始されたものである。スイスではいくつかの会社が合併し、Mobility Car Sharing Switzerlandに一本化され、全国展開している。2002年11月現在、400地域、990ヵ所のステーションで約1770台の自動車が利用可能で、会員は49,200人、年約10%のペースで増加中である。

その後ドイツなど欧州各地に広がり、1991年には巨大連合組織ECS（European Car Sharing）が設立された。各団体間の相互利用などを目的とした組織で、共通の指針を持ち、共通の広告活動などを行っている。2000年時点では、デンマーク、ドイツ、イタリア、ノルウェー、スイス、スウェーデン、オランダ、アイルランド、オーストリアなどの40団体、550都市が加盟している。

最近では、レンタカーシステムの発達しているアメリカの都市でもカーシェアリング事業が展開されている。その中でも飛躍的に伸びているのがZipcarである。2000年にボストンで開業し、現在までにニューヨーク、ワシントン、デンバーにも展開している。ここのシステムは、カードと無線通信網を使って無人の貸出・返却を行う仕組みを導入し、中心市街地に300～400mごとに車両1台を分散配置しているのが特徴である。ちょっと離れたステーション（複数台を配置）まで行き、自動車を借り出すよう

な欧州型カーシェアリングと違い、自分の事務所あるいは自宅からすぐの場所に自動車があるので、よりマイカーに近い感覚で便利に使えるのが好評のようだ。

日本はカーシェアリングの分野では欧米に対し出遅れているが、1999年の秋から経済産業省や国土交通省などにより社会実験が数多く行われてきた。海外のカーシェアリングは、ガソリン車が多いが、日本の場合は国の社会実験として行われてきたために、電気自動車(以下EV)が使われているケースが多い。

ITSを利用したカーシェアリングシステム「シティカーシステム」

ITS/CEVシティカーシステムは、(財)自動車走行電子技術協会(JSK)が、経済産業省、新エネルギー・産業技術総合開発機構(NEDO)、(財)日本電動車両協会(JEVA)の支援のもとに、横浜市で行ってきた実験である。利用地域を限定することでEVの弱点を解消し、ITS(Intelligent Transport Systems:高度道路交通システム)技術の活用により、運用コストの低減と利便性の向上を図っている。

1……システム概要　都心地域のビジネス利用を目的とした会員制のサービスで、横浜市のみなとみらい21(MM21)地区、関内地区、元町地区、新横浜地区に10ヵ所の車両ステーションと30台(日産ハイパーミニ20台、スズキエブリイ10台)のEVを配置している。

システム構成は「利用者および車両の管理を行う管理センター」、「車両と管理センターとの通信システム」、「充電器を設置した車両ステーション」からなっている。利用者および車両の予約は、管理センターで一括管理され、各地区の車両ステーションにある車両とは、携帯電話網のパケット通信サービスを使って情報のやりとりが行われる(ガソリン低公害車、ハイブリッド車でも本システムを使用した共同利用は可能で、この場合、駐車場には設置物が一切必要ない)。

図1　無人の車両ステーション

2. クルマ社会の広がり

このシステムでは、ITS技術を活用し、「予約〜利用〜返却」手続きの無人化、効率的な車両管理、整備・保全管理、利用者への情報提供などを実施し、利便性の向上、運用コストの削減を図っている。とくに、利用者のID確認、車両の位置、走行距離、車両メーターの警告表示などの情報が管理センターで自動的に把握できることから、遠隔地からの管理も容易にできる。

2……シティカーシステムの利用手順

1. 電話またはインターネット（携帯電話利用も可能）で予約を行う。
2. 車両ステーションは無人で、非接触ICカード（会員に配布）を車両のカード受信部にかざすと、車両と管理センターとの間でパケット通信を行い、利用者の予約情報を確認し、利用可能な車両のハザードが点滅しドアを開錠する。
3. グローブボックスにあるキーボックスからキーを取り出し、通常の車両と同様に使用する。走行中は、経路誘導などの運転支援情報、バッテリー残量情報、必要に応じて貸渡情報などが管理センターからパケット通信により、提供される。
4. 返却ステーションに戻り、車両のキーを戻すと、その時点での利用実績データ（利用時間、走行距離、利用料金）、環境貢献度等がナビ画面に表示される。充電器のパドルを充電口に差し込むと、次の利用者のための充電が自動的に行われる。最後にICカードを受信部にかざし、利用が終了となる【図1〜3】。

図2　走行中は経路誘導・バッテリ残量・貸渡しの情報などが提供される
図3　返却時にパドルを充電口に差込めば充電が自動的に行われる

CEVシェアリングの設立

日本で初めてのカーシェアリング会社「CEVシェアリング」が、上記の横浜実験に参画していた企業7社により2002年2月に設立された。JSKが横浜市で研究開発を進めてきたITS/CEVシティカーシステムを日本各地に広げていくのが目的で、日本各地で事業化を計画している事業者・団体が、ここで開発されたシステムを使って容易にカーシェアリング事業を開始できるように、後述のASPサービスを開発した。また2002年4月より、EVの普及やカーシェアリングの認知度向上のため、横浜の実験を継続させるとともに、事業性のフィージビリティスタディ実験として、システムの年間を通した運用の確認、事業性の確認などを実施している。

共同利用ASPサービス

ASP（Application Service Provider）とは、アプリケーションを自社管理のサーバーでなく、外部のデータ・センターで運用し、インターネット経由でユーザーが利用できるサービス提供者のことである。共同利用ASPサービスはITS技術を利用することで、各地区の事業者が新しくカーシェアリングの事業を立ち上げる際に管理システムを導入することなく、無人での貸出・返却、予約管理、運行されている車両の状態管理、利用者管理などを実現する仕組みである。いわば、センター運営にも共同利用の概念を持ち込んだものといえる。

各車両の車載通信装置とデータ・センター間は、パケット通信網を通じて情報交換し、データ・センターの情報は、インターネット経由で各地域の管理センターにあるパソコンに表示される。

このサービスを利用すれば、インターネット経由で管理ソフトを導入できるため、新規の事業者は投資額を大幅に軽減できる。都市のコミューターシステムのような大型システムから、マンションでの共同利用のような小型システムまで、また、EVから低公害ガソリン車まで、本サービスで柔軟に対応できる。ASP利用料は、1台あたりのシステム初期設定費用10万円、毎月のシステム利用料0.8～1.5万円程度であり、事業リスクは車両代金程度のため、数台から手軽にカーシェアリング事業を始めることが可能である。

カーシェアリングの発展性

交通渋滞や環境汚染などの社会問題を解決するために、自動車利用をできるだけ抑制し、自動車のドア・ツー・ドア交通に見合う利便性の高い公共交通システムが求められている。上記の実験や事業展開から、カーシェアリングシステムを都市内の拠点ごとにネットワーク化し、鉄道、バス、タクシーなど公共交通と連携させることで、自動車のドア・ツー・ドアに匹敵するシームレスな交通システムに発展させることが可能と考えられている。いろいろな地域でカーシェアリング事業が増えてくれば、利用者は鉄道などを利用することで、目的地にほぼ予定通り到着することができ、同時に自動車を利用し、自由に目的地回りも可能となる。

さらに走行台数が減少すれば、平均車速が上がる。速度が低下するほど1kmあたりの大気汚染物質の発生量は増加するので、物流のトラックなどの平均走行速度が上がれば、環境面の改善にもつながる。

カーシェアリングは、アイデア次第でさまざまな分野に応用可能であり、公共交通のひとつとして発展することが期待できる。

ITS/CEVシティカーシステムの構成

- 管理センター
  - リモート管理
  - データ入力
  - 車両監視、緊急メッセージ
  - 音声サービス
- 利用会員
  - 予約、課金サービス
  - 電話、インターネット
  - 料金精算
- 車両ステーション
  - 無人貸出サービス
  - 認証、貸出、返却
  - ドアロック、アンロック
  - 料金の確認
  - → ラウンドトリップ
  - → ワンウェイトリップ
- 他の車両ステーション

case 3
京都は「歩くまち」になる

恩地 惇
GK京都取締役業務推進担当

とうとう変わりはじめた京都

かなり長い間、国の内外から「いったい京都はどうなる」といった懸念や批判にさらされ続けていたこの町だが、戦後50年の無見識な「東京型」開発への反省と反動から様々な動きが生まれ、都心部を中心に今後はかなり改革の速度を上げていく。

1……市民・観光客の視線の変化　市民レベルにもすっかり定着した伝統的京町家の価値認識や、強力なまちづくり住民組織の出現。町中の暮らしの細部に関心を寄せ、原点回帰を模索する新しいタイプの観光客。大学都市・京都の若者達によるエコロジカルな都市づくりの回答としての京都の再認識。商業ディベロッパーによることなく、若者の視線が育て上げた中心部「三条通」の魅力的な新しいたたずまいはその好例である【図1】。

2……市・行政の方針の変化　2001年発行の今後10年間を対象とする京都市基本計画では「歩いて楽しいまちをつくる」と宣言、翌2002年には都心部での新しい都市計画施策として防火地区であっても条件つきで木材の使用を許可したり、町家景観に馴染むマンションの外観規制を実施し、さらに2003年には「歩くまち・京都──京都市TDM（交通需要管理による自動車の利用方法見直し）施策総合計画」を発表し、この町のこれからのあり方を表明している【図2】。

市民への改革イメージ提案「都心のエコ交通プラン」

これらの動きより前に都心の暮らし復権と新しい観光振興を目的とする交通改革の考えは、市民団体、商業組合、大学、行政の中には潜在的にはあった。そのひとつ、京都市の共生型持続社会への行動計画推進組織である「京（みやこ）のアジェンダ21フォーラム」の交通ワーキンググループ（以下アジェンダ交通WG）は、1999年から活動を開始し参加メンバーの検討をまとめて2001年

図1　歩行者優先デザインの三条通

図2　京都市のまちづくり景観基本イメージ

に「都心のエコ交通プラン」を発表、各界に提案し実現に向かって活動を継続している【図3】。

「都心のエコ交通プラン」の最大の特徴はその対象領域を市中心部御池通、河原町通、四条通、烏丸通に囲まれた約800m四方の地区に限定していることである。京都を代表する伝統的文化資源が非常に多く、一方クルマ公害も最も大きな

図3　「都心のエコ交通プラン」パンフレット
図4　対象領域を都心部に限定して提案

この地区へのプラン導入は、内外に非常に大きな反響を与えるという広報戦略視点と、すぐにでも実施可能な範囲ということをその理由とした。また、この4本の道路はその後、京都市交通局により運行開始された100円循環バスの走行ルートにもなっている【図4】。

こうしたプランの背景にはふたつの目標がある。ひとつはこの地区を囲む4本の幹線道路のうち、幅員22m級の河原町通と烏丸通が慢性的渋滞で機能しておらず、しかも人気の高い二大商店街に面しておりながら歩道幅員はわずか3mでしかない。時間あたり7000人もの歩行者のために車道を公共車両(新しい循環バス、タクシー、域内物流車両)専用の2車線にし、歩道幅員を8mとすることで都心散策を回復させる。もうひとつは地区内東西南北の数多い歴史的細街路(まち通り)での70%にもなる通過車両に対して、横断禁止通りを設定することで排除し、ゆとりに満ちた歩者優先の道の暮らしを獲得するというものである【図5、6】。

図5　幹線路の改革イメージ

図6　細街路の改革イメージ

京都の交通改革に関連する各活動

このアジェンダ交通WGの活動と相前後して、都心部での交通改革に関連する動きが数多く始まり、しかも相互に連携しあい今日に至っている。

1……「京都パブリックカーシステム」実証実験の実施　都心での2人乗り電気自動車を、市内中心部5ヵ所のデポターミナルを介して共用する新しい都市交通づくりを目標に、(財)電動車両協会と(株)最適化研究所により2000年12月から実験的運用を開始した。
初期にはかなりの会員を集め、無人運営のためのICカードキーや携帯電話による予約ネットワーク構築など未来的な面もあったが、充電用デポの建設費が高いため周辺部での展開に限りがあり、現在はより現実的な方向で事業化すべく見直し状態にある【図7、8】。

図7、8　京都パブリックカーシステム

図9　VELOTAXI　　　　　　　　　図10　「歩いて暮らせるまちづくり推進会議」社会実験

2……VELOTAXI運行開始　ドイツを主にすでに実績のある3人乗りの電動アシスト特製自転車タクシーが、京都に相応しいとしてNPO環境共生都市推進協会の事業となった。道交法には馴染まずいくつかの懸念もあったが京都府警・公安委員会も理解を寄せ、都心部区域限定の条件で2002年4月より運行を開始した。

このエコロジカルな新型乗り物は、一方「新しもの好き」の京都人と観光客に好感をもって受け入れられ、地元まちづくりリーダーの「あれが走るとクルマの邪魔になり結果的に中心部からクルマを排除できるので大変結構」という意見すらあった。

将来は単なるタクシー業だけでなく高齢者福祉や地区内搬送物流への利用の計画もある。現在は東京・表参道でも運行を開始している。前者があくまで在来の自家用車交通の共用にあったのに対し、後者は町の新しい交通のありかたの提案であり、両者の今後の展開は大いに興味深い【図9】。

3……「歩いて暮らせるまちづくり推進会議」誕生　2000年7月に建設省当時「歩いて暮らせるまちづくり」構想モデル地区として京都市が大都市では唯一選定され、都心部での調査実施に伴い、市・都市計画局と地元の協業により、あらためて町中の価値を見直すために設立された。

御池通、河原町通、四条通、堀川通に囲まれた地区を、商業中心の東ブロックと都心居住中心の西ブロックに分け活動し、毎年11月には短期間の社会実験を含むイベントを開催している。共通するテーマとして浮上したのは京都の特徴である小路（まち通り）の暮らしを、もう一度取り戻そうというもので、いわば人間尺度の交通改革の活動といえる【図10】。

4……「中東活性化委員会」発足　京都の中心部は他の都市とは異なり、今でも活力のある数多くの商店街により構成されているが、その中心部16商店街組合連合会の有志により都心商業活性研究のために設立され、商業の視点から道のあり方を重要なテーマのひとつとして取りあげている。

互いに商売上競合の関係もあり、委員会としても調整に苦労しているが、近い将来に本格的な交通社会実験を行う場合、むしろ主催者的立場でもあり重要な存在になる。

5……京都市TDM施策総合計画の発表　2003年2月に市・都市計画局が「歩くまち・京都、交通まちづくりプラン——京都市TDM施策総合計画」を発表し市民に意識改革を呼びかけて

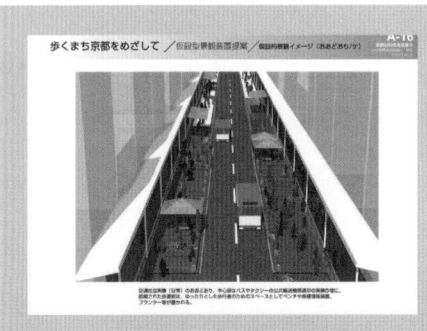

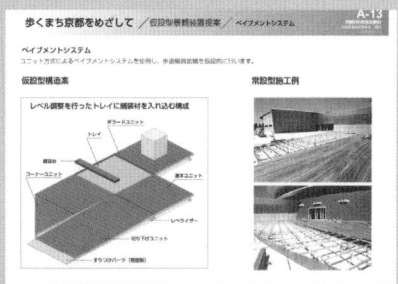

図11、12　景観デザイン型社会実験のイメージ

いる。
テーマとしては、いかに「車に乗らないか」「車から乗り換えるか」「車を分散するか」といったかなり徹底した車の抑制に焦点があり、その点で全国自治体の中では異色である。施策実施には民間活動組織との協業を強く謳っているが、先に挙げた各団体活動の中にもすでに行政官が数多く参加しており、「民間と行政の距離が近い」この京都ならではの特徴ある成り行きでもある。

京都の活動から何が見えてきたか

1……活動組織も成長が必要　しかし今、アジェンダ交通WGの提案を検討、調整、具体化支援をする立場の地元、つまり先の「歩いて暮らせるまちづくり推進会議」および「中東活性化委員会」での内部調整がまだ不十分であり、京都市のTDM施策と本格的に協業していくには不完全であることが明確になってきた。
そこで2003年になってアジェンダ交通WGの音頭取りで、上記の3団体を中心とした実現推進のための組織機構「歩くまち京都・まちなか会議(仮称)」により一本化することが検討されている。
大きくは市民だれもが自由に参加できるフォーラム的オープンサロンと、3団体のコアメンバーによる実務幹事会、社会実験・整備計画実施の専門デザイナー・技術者によるスタジオ、および大学・企業・行政によるアドバイザーの4つの部門をもつ組織となる。

2……本当の「市民参加」への決め手、景観デザイン型社会実験　しかし、この新しい組織が稼働し始めても、真の意味での市民参加にはまだ至らないだろう。これまでも大変数多くのフォーラムやシンポジウムが開催され大きなエネルギーが費やされたが、それらから何が得られたのだろうか。たしかに初期においてはニュースにも取りあげられ、一般市民にもある程度潜在的に認知されるが、その後は会合を重ねても実施に向かう方策が生まれてくることは期待できない。また、会場である程度の意識の共有ができたとしても、所詮そこでの「市民参加」は大海の一滴でしかない。
これらの活動に参加せざる人々の大海にこそ本当の「市民参加」が必要なのだ。本当の市民とは道をゆく数多くの一般人である。フォーラム、シンポジウムの積み上げのみを盲信し、参加せざる人々への直接的アプローチを欠いた活動では都市の改革活動は実を結ぶことはないだろう。
今、必要なのは単なる車線規制の交通実験ではなく、交通改革プランに基づく新しい都市デザインでの暮らしを提示する、景観デザイン型社会実験の実施である。新鮮な、あるいは京都として本来あ

るべき都市デザインを「たたき台」として実際に体感することによって、地域住民、商業者、周辺市民、来訪者等は初めてこの改革案に参加することができる。

また、そのことは大いに広報価値をもって全国的ニュースとして広がり、最終的に行政施策として決定するに十分なものになることができる。実現のためには、デザインのもつ説得力は最も強力なものである【図11、12】。

3……小さなことから、顔の見える地域から着手する　「一隅を照らすもの、遍く天下を照らす」という言葉がある。今回のアジェンダの「都心のエコ交通プラン」に対しても「なぜ、都心だけを対象にするのか。交通を連続の関係でとらえる全体的な視点が必要だ」という優等生的な意見が非常に多かった。しかし果たしてそうだろうか。

京都市全体といっても150万都市の各地域での交通課題は各々異なっており、それらに共通するものを発見しようとしても結局はかなり抽象的な案に終わり、つまりは実施していく糸口の見えない茫洋としたものになるのは過去の事例からも明らかである。どんなに小さな地区であっても必然性がはっきりしており、人々に反響のある場から出発し、周辺に多少の混乱を及ぼすリスクを負っても人々に強い印象を与えることで将来、広域に広がっていくことを期待する方が実務的である。

4……LRTは都市再生の救世主か　現在、あらゆる自治体においてLRTはブームである。景気の低迷、漂う自信喪失感、地球環境への懸念、人間回復への憧憬。それらへの回答としてこのLRTはあるかのようだ。たしかにその姿には「今まで見たことがない」という新鮮な感動があり、このことは重要な役目を果たす。LRTには新時代の象徴性はあるといえる。

しかし本当のLRTの価値とは、ビジネス商業地区の中心とかなり離れたベッドタウンを大量の人員を乗せて、高速にダイレクトに結ぶところにある。いわば、かなり拡散型の都市間交通体系の構想の中で考えるものである。アジェンダ「エコ交通プラン」がLRT導入に言及していないのは根底に「都心再居住」といういわば凝縮型の京都像を置いており、言葉通り「歩くまち・京都」という移動手段を第一義に考えていることにある。さらにこの提案活動の開始にあたって「その気になれば」2〜3年の内に実現可能なプランづくりをするという関係者一同の思いもあった。

「やっぱり、住むなら中京」のキャッチフレーズ通り、おそらく全国の都心では数少ない例として人口増加しつづける京都の中心部の動きを背景に考えると、1kmあたり20億円の建造費が投資に値するかは疑問がある。むしろ先端性に満ちた未来型都市バスの方が、この町の人々の心情にも投資的にも馴染む。少なくともLRT導入の前にできること、やるべきこと、人々に夢を与えられる世界はまだまだある。

路面電車のまち・広島

広島は戦前からのチンチン電車の街である。総営業距離は35km、国内最大の路面電車の街である。全国の古い路面電車を集めては走らせているので、懐かしさとともに都市の風景の一部を担っている。観光の面から眺めるのはそれなりに楽しいものだが、通勤や通学の足ともなるといつまでも古い電車とはいかず、広島電鉄は国内のメーカーと新しい車両の開発を試みたり、最近では路面電車の先進地欧州のメーカーのものを導入するなど、車両の近代化を推進しはじめている。

case 4
都市内交通の独自性を問う
広島のまちづくりとモビリティ

山田晃三
デザイン総研広島専務取締役

戦前、戦後と日本の多くの都市には路面電車が走っていた。1960年代後半から70年代にかけて、高度経済成長の勢いは自動車を最優先し、路面電車は自動車交通を妨げる前近代的な乗物としてほとんどの都市から姿を消した。自動車は産業政策的にも日本の発展のためには重要なものであった。広島がその路面電車を手放さなかった背景には、民間企業による経営と都市の規模、当時の経営者たちの見識による強い意志があったものと思われる。

モータリゼーションの進展は国内に限ったことではない。世界の国々も戦後の成長の中で、都市交通の混雑解消を最重要課題として取り組み、道路整備に力を注いだ。しかし、自動車中心の社会は、環境問題や渋滞、事故の多発などの副作用をともない、これを癒すために鉄道を中心とした公共交通との共存をめざした。が、その発想はどこも横並びの地下鉄構想であり、地上は自動車が、地下を鉄道が走ることとなった。結果、都市は立体化され、高齢者や弱者にとっては不自由な生活環境が生まれた。今、都市はバリアフリー対策に追われている。

大都市にとって地下鉄はきわめて有効な交通手段かもしれないが、地方の中枢都市は現在、その事業採算面での課題に苦慮している。近年、ヨーロッパの中小の都市が、環境問題を最大の課題として、またその都市の規模にあった交通体系を模索してきたのと同じように、ここ広島も、地域の将来を見据え、地域に根ざした独自の都市内交通のありかたを模索している。路面電車という財産を活かしながら、自動車交通や他の公共交通との共存を図りたいものだが、ここに住む多くの人たちが、自動車の魅力から逃れられないのも事実である。広島は自動車産業に支えられた街でもある。路面電車と自動車を対峙させながら考えてみたい【図1〜4】。

図1 高度成長期、路面電車は肩身が狭かった

自動車の魅力を支えてきたもの

20世紀最大の、ユニバーサルな商品をあげるならば、やはり「自動車」である。現在、世界の自動車保有台数は約7億台、地域に格差はあるにせよ、地球上のあらゆる場所で活躍し老若男女を問わず利用されている。

19世紀末に発明された自動車は、当時は貴族の趣味として一部の人の限られたものに過ぎず、彼らは羨望の眼差しで見られることが生き甲斐であった。20世紀に入り、一般市民にいきわたり、今では世界の誰もが購入できる魅力的な移動の道具となった。身体が不自由であっても家の前まで迎えに来てくれる。80歳になってもなんとか運転できる。この移動の自由を、世界のあらゆる人々が享受できた点において自動車は、最たるユニバーサル商品といえる。

このユニバーサル性を支えたのは、発明や特許という技術の力だけではない。それに

図2 1999年に導入された超低床路面電車(シーメンス社製LRV)

2. クルマ社会の広がり

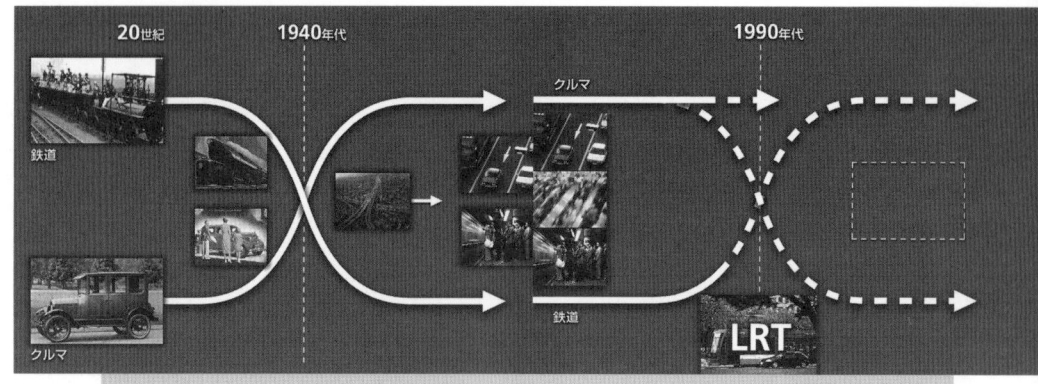

図3　1940年代、鉄道は自動車に輸送の主導権を譲った
図4　20世紀終盤、鉄道はライトレールとして復活

よって生まれた便利さや効率だけでもない。「デザイン」の果たした役割が大きかった。性能や利便性とは別の、人の意識をかき立てる"何か"、つまりデザインの力に「ユニバーサル」の本質を見るのである。

ここでいうデザインとは、「格好の良さ」である。1940年代、米国のモータリゼーションの進展を支え、鉄道という強力なライバルに勝るに至ったのは、そのスタイリングが持つメッセージが、自分のステータスをくすぐったからに他ならない。さらにスタイリングは流行を生み、ブランドを築きあげていった。ブランドは利便性(使用価値)とは反対にある差別性(交換価値)によってファンをつくり続けてきたのである。自動車というユニバーサルな道具の存在を支え続けたのが、格好の良さを追求したデザインの世界であった【図5、6】。

誰かに自慢できること

数年前、自動車がとうとう運転できなくなってしまった高齢者のために、電動の3輪カートをデザインしたことがある。人はいつか自動車が運転できなくなる時がくる。足腰が弱り目も衰えた人のための最高時速6km/hの電動カートを最近ではたくさん見かけるようになったが、この製品の開発のプロセスですこぶる元気な高齢者の姿を垣間見た。

図5　自動車は今も家族を楽しませてくれる(マツダ提供)
図6　ブランドはその交換価値によってファンをつくる

彼らは足腰が弱く背中は曲がっていても、心は若者のように元気であった。たとえば、恒例のゲートボール場にクラブをセットした最新の電動スクーターで登場する。みんなの注目が嬉しい。どこで手に入れたのか、いくらしたのかと仲間が聞いてくる。そこに、外国製の電動スクーターに乗ったライバルが登場する。彼の車は最高時速7km/h、法律違反ではあるが追い越される。その差1km/hだが追い越された時の悔しさはたまらない。かつて若かったころの自動車での体験がよみがえる。さらにデザインは周囲の女性たちへの自慢の種である。

「おじいちゃん、かっこいいね」。この一言が彼らを勇気づける。そして少し自慢したい気分になる。何もこれは高齢者に限ったことではない。小さな子どもたちだって、働き盛りの我々であっても、優越感は「元気の源」である。ほんの小さな瞬間でも羨望のまなざしで見られた瞬間、嬉しさを感じるのである。これは、自分自身であったり自分の家族だったり、会社だったり、自分の街だったり、国だったりと自分を取り巻く世界に共通するユニバーサルな感覚である。

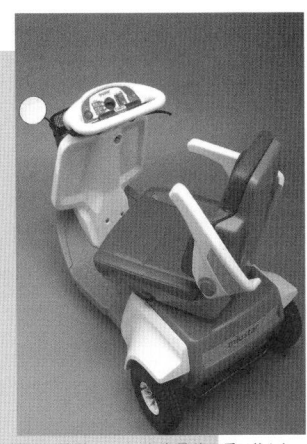

図7　電動カートは人生最後の乗り物ともいえる（ミュースター／三浦工業）

自慢したいという感覚が分かっているから、デザインの世界が存在しているといっていい。道具も空間も都市も「便利で安全で環境に優しい」だけで幸せを感じられるとは思えない。人びとが生きていくうえでもっとも大切な喜びや感動の所在は、もっと別な強い自分を認識できる環境にあるはずである。自己実現という可能性において、デザインはこれからも役割を果していくことだろう【図7～9】。

グリーンムーバーの登場と都市の活気

1999年春、広島国際空港にロシア製大型輸送機アントノフに乗った新型路面電車がやってきた。ドイツ・シーメンス社製の広島電鉄5000形「グリーンムーバー」である。5連接3台車、全長30mを超える長さで、広島独自のデザインが施された超低床の最新鋭路面電車である。空港は鉄道ファンとプレスで沸きたった。車両はそのまま広島電鉄の車庫に陸送された。

図8　「おじいちゃんかっこいいね」が嬉しい
図9　安全で便利なだけでは喜びや感動は生まれない

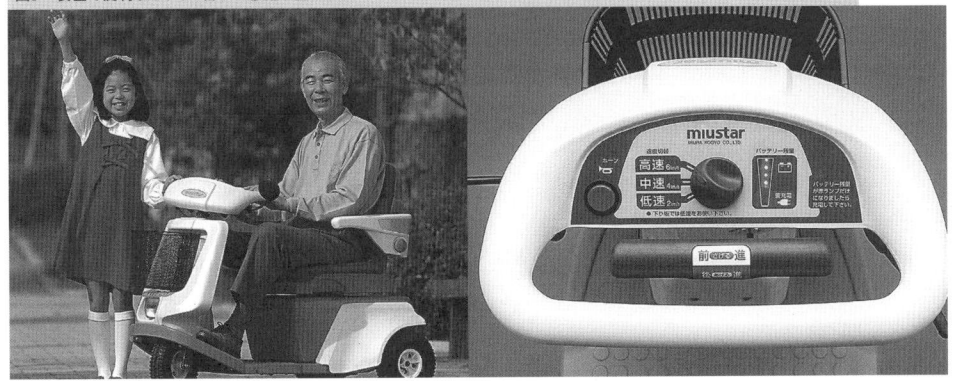

図10　アントノフで運ばれた低床LRV「グリーンムーバー」

市内での試運転期間は約2ヵ月、このじっとがまんの期間を経て営業開始する新型車両を、自然に、かつ刺激的に市民にプレゼンテーションする方法はないものか。数ヵ月前から思案していた。試運転期間中の「覆面電車」のアイデアから「サナギからチョウ」というデザインのコンセプトが生まれた。もともと本体はブルーグリーンの美しい車両なので、毒っ気のあるサナギが美しい蝶に変身する感動的瞬間をデビューとしようと考えた。

つや消しダークグレーの毒サナギは十分に市民の注目を集め、営業開始の前日に、45分でみごと脱皮し、アオアゲハが誕生した。この間、グリーンムーバーという名前を全面に出しながらテレビコマーシャルも同時に放映した。「何かが始まる」との期待を市民に与え続けた。

こうした手法は、自動車の世界ではあたりまえのコマーシャルの世界であるが、公共交通機関にもこうした市民の気持ちを高揚させ、乗車意欲を高める工夫があっていい。しかしその背景には、グリーンムーバーという車両に自信がなければはじまらない。自動車は量産効果がきわめて大きいので車両の開発やデザインのエネルギーは莫大である。デザインに心を注ぎ込み、その思いをユーザーに伝える。これをするから多くの人の気持ちを引き付ける。公共交通であっても半端なものづくりでは人の心を打つことはできないのである。

グリーンムーバーは現在12編成が広島の街を走り回っている。街の風景がずいぶん変わった。古い

図11　「サナギからチョウ」のデビューコンセプト

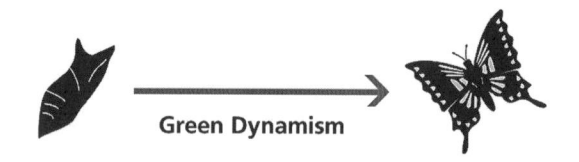

Green Dynamism

図12　自動車のクオリティにどこまで近づくことができるか

電車とのコントラストがいい。ヨーロッパで実証済みの性能であるが、これも量産を対象に開発されたものである。グリーンムーバーを人びとは「ムーバー」と愛称で呼ぶ。我が街の誇れる電車になるには、市民がファンにならなくてはならない。この車両には路面電車80年の物語がある。これからはじまる新しい時代を感じさせる「格好」の良さがある【図10〜13】。

公共交通と地域コミュニティ

バスも重要な公共交通であるが、鉄道以上にその経営に苦慮している。リストラクチャリングを徹底的に試み、東京都のように全面広告バスを走らせ広告収入を得たいとも考えている。バスは電車に比べて住宅地の中にまで足を伸ばすことができるので、とくに高齢者には重要な交通手段である。近年コミュニティバスと称する自治体運営のミニバスが走り始めているが、この競争相手もやはり自動車である。

広島の西地区（西広島駅）を中心に、「Bon-Bus／ボンバス」というコミュニティバスが走り始めた。駅を中心としたフィーダーバスで、JRやグリーンムーバーから乗り換える。このバスは広島電鉄の子会社が運営しているがなかなかユニークである。「Bon-Bus」のボンは、"bonjour"のボンで、goodという意味であるが、呼びやすいのであっというまに定着した。車両そのものは最新鋭ではないが、生き物のかたちを描くかのごとくに、カラーリングとグラフィックが施されている。顔と背中とお尻は深い緑色、お腹（ボディサイド）は白くして、丸いシンボルが入る。モダンなデザインではあるが、ことのほか子どもたちに人気のバスとなった。

Bon-Busスケッチ大会が行われ、公民館ではBon-Busブランドのクッキー教室が開催され、子どもたちがBon-Busを清掃する体験教室も開かれている。地域がみんなでこのバスを受け入れているので

図14　広島電鉄のコミュニティバス「Bon-Bus」
図15　地域の子どもたちがつくるフェルト製のBon-Bus
図16　2歳の男の子のBon-Bus。彼らにとっては生き物である

ある。子どもたちはこのバスを見ると手を振る。乗客の多くは通勤者と高齢者で子どもたちではない。運転手はそれに応え手を振る。子どもたちに見られているという気持ちが、彼のマナーを良い方向に持っていく。現にBon-Busは運転手のマナーの良さとサービスにおいて評判のバスとなったのである。

こうしたいと思う事業の基本姿勢を、バスのブランドデザインとして取り込み、地域コミュニティがそのコンセプトを読み取る。自動車が、ステータスシンボルの表現としてブランドデザインを試みてきたのと同じように、公共交通も地域の自慢できる対象としてブランドにこだわる必要を感じる。

2歳の男の子が描いてくれたBon-Busのスケッチがあるが、子どもにとって公共交通はまさに生き物だし、絵を描きたい対象である。利用するのは大人かもしれないが、遠くから子どもたちはBon-Busを見ている。乗物や道具に生命（いのち）を感じることができる社会を、子どもたちの視点に立って取りもどしたいと思う【図14～16】。

図17　川が多い街だから空が広い。風景を見て移動したい

case 4. 都市内交通の独自性を問う

移動したくなる環境

政令指定都市に地下鉄がないのはおかしい、という議論がかつてあった。地下街がないのもおかしいといって地下街ができた。これまで日本の都市の多くは、その規模に応じた共通の整備の目標があったように思えてならない。先行事例の導入による結果、均質化した街があちこちにでき上がった。広島もその典型である。

図18 デザインのクオリティが街の作法を生む

広島は6本もの川が流れる街である。川があるから空が広い。南は瀬戸内海、北は目前に山が見える。このコンパクトなサイズが、箱庭のような都市の風景をつくりあげている。移動をするときはこの風景を見ながら移動するという楽しみがある。さらに路面電車という他の街にはないインフラを備えている。欧州のように再生されたわけではない。地下に潜るはずのヘビーレールが、ライトレールのまま地上に残った。地下鉄のように上下に移動する必要がないし、ましてや駅舎も必要ない。超低床のグリーンムーバーは地上30cmの高さで移動する。車輪も見えないから横に動くエスカレーターといってもよい。

新種の乗物としてこれらをデザインし、街の誇れる顔にすることが価値を生む。利便性や安全性も大切であるが、それ以上に際立つ個性が欲しい。我が街の公共交通を、他人に自慢したいと思うようになったとき、自動車社会の欲望に、対抗する力が生まれる。

利便性（使用価値）よりも差別性（交換価値）が、これからの移動の環境をつくりあげていくだろう。乗物もまさにそうだと思うが、魅力的な「場所」も同時に重要だ。他のどこにもない物語や環境が、訪れる人びとを楽しませる。ツーリズムの楽しみのほとんどがこの交換価値の魅力にほかならない。同時に、このまちに住む人びとは、その乗物と場所とを「自慢できる」ものとする必要がある。自慢の乗物と、自慢の場所があったなら、自然にモビリティが生まれる。

格好の良さは、その中身を変える。細工がいきとどいたグリーンムーバーを好んでいる女子高生たちは、床に座ってものを食べたりはしない。自分たちが絵になる風景をイマジネーションすることができるからだ。自動車という20世紀最大の商品で培ったデザインの力を、これからの公共交通に活かしたい。

デザインのクオリティは、まち独自の作法を生む可能性があるし、もっとも大切なホスピタリティを醸造する。公共交通におけるブランドデザインが、街の移動したくなる環境を支えてくれることを望みたい【図17、18】。

case 5
ロードフロント再生＠ガソリンスタンド
クルマ燃料供給拠点から「まちの駅」への転換ヴィジョン

松口龍
建築家、SSC代表、KAJIMA DESIGN

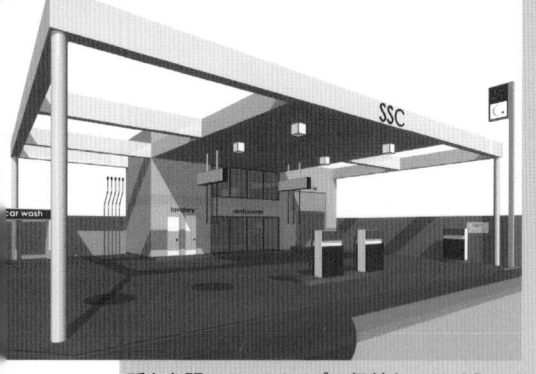

ガソリンスタンド（GS）という状況

クルマのドライバー数、全国に約7400万人。クルマの保有台数、全国に約7600万台。その燃料供給サポート拠点、GSは全国に約50,000ヵ所以上【図1】。それはコンビニエンスストアの約1.3倍、郵便局の約2倍、鉄道駅の約5倍にあたる。例えば、先進諸外国のGS数の経年推移をみると、過去30年間に半減し、1万5000～1万8000ヵ所程度に落ち着いている。また、先進諸外国との単位国土面積あたりのGS数を比較すると、日本がいかに高密度な点在状況にあるかがよく分かる【図2】。地球環境への配慮、持続可能な社会へのパラダイムシフトを迎えた21世紀、エネルギー供給拠点であるGSも大きな転換を余儀なくされている。石油業界では近年、GSのことを通常「SS（エスエス＝サービスステーション）」と呼んでいるが、それもこうした状況に対する業界の新たな態度表明ともいえる。しかしメッセージとしての社会への浸透度はまだまだ低いといわざるを得ない。

このような中、経済産業省もさまざまな打開策を示している。そのひとつが、今後のGSが目指す方向性を(1)サービス高度化・専門店型GS、(2)量販特化型GS、(3)GS機能を附設した新業態小売店舗、(4)GS機能を附設したショッピングセンターの4つに類型化したものだ【図3】。

しかし、GSという施設に、アーバンデザインやクルマ社会における交通インフラデザインといった石油業界外の「異邦人」の観点から目を向けてみると、そこにはこれからの都市モビリティやクルマ社会のトータルなリ・デザインを考えていく上で、さまざまな示唆に富む潜在力が内包されていることを感じる。「すでに膨大な数点在しているGS」という場所を上記の4つのタイプに収斂させてしまうのは、あまりにもモッタイナイ。GSという場所は「もっとイロイロなこと」ができるのではないだろうか。

GSという場所

誰もが一見してそれと認識できるGS。その場所のもつ強いアイデンティティとは何なのか？

1. 空間力＝スペース　GSは、消防法上は「危険物施設」のなかの「給油取扱所」と位置づけられ、一般建築物とは異なるさまざまな規制をうけて施設が構成されている。一方で、商業施設としてのメッセージも施設構成に反映されている。着目すべき主な特徴は次のような点だと考えている。

火災・震災に強い頑丈な構造──クルマの出入口以外の敷地境界には防火壁が設置され、建物

case 5. ロードフロント再生@ガソリンスタンド 093

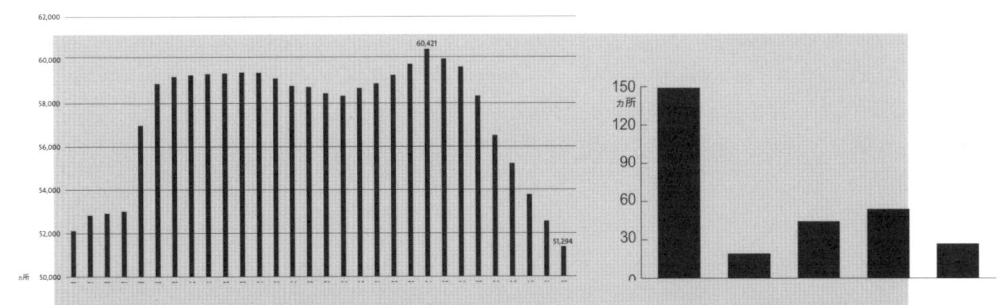

図1　全国ガソリンスタンド（GS）数の推移：1994年のピーク時にはなんと60,000ヵ所以上ものGSが点在していたが、近年は、石油業界全体の経営環境の悪化や過当競争の激化などから、拠点数が著しく減少し続けている。それにしても、50,000以上もの数が、「すでに、そして未だ点在している」状況にある。（経済産業省資源エネルギー庁資料より作成、2002年）

図2　先進諸外国における国土面積（1,000km^2）当たりのGS数比較（石油情報センター資料より作成、1998年度）

の防火性能も高い【図4】。

間口10m以上、奥行6m以上確保された開放的な前面空地——安全なクルマの出入りと安全な給油行為特性から規定された施設レイアウトの制約は、GSの大きな空間的特徴。すべてのGSが「10m以上接道している」という敷地状況は特筆すべきことといえる。

完備された設備インフラ——顧客への販売機能をもつため、建物は小規模ながら電気・衛生・空調・通信等の設備機能が備えられている。

大きく張り出すキャノピー／屋根——単なる雨よけ機能を越え、「施設を大きく見せたい、その存在をアピールしたい」という欲望が表出した形態のロードサイドにおけるインパクトは大きい。

視認性の高いサイン群——クルマの走行スピードと周辺の状況、道路の線形・高低差、交差点・信号との位置関係などを踏まえてレイアウトされたさまざまなサイン群。高々と掲げられたサインポール、キャノピーのベルトサイン、防火壁の壁面サイン、置き型サイン看板などが饒舌に存在をアピールし

図3　これからのGSの方向性：2万5000近くいるGS事業者がこれから生き残るポイントを「消費者満足度」、「提供できるサービスコンテンツ」、「差別化」とし、GSの4つのタイプを示している。その上で、各事業者が経営の高度化を実現するために、事業者同士の連携や異業種との積極的な連携を支援・推進するさまざまなアクションを展開している。（資料提供＝石油連盟、2003年4月）

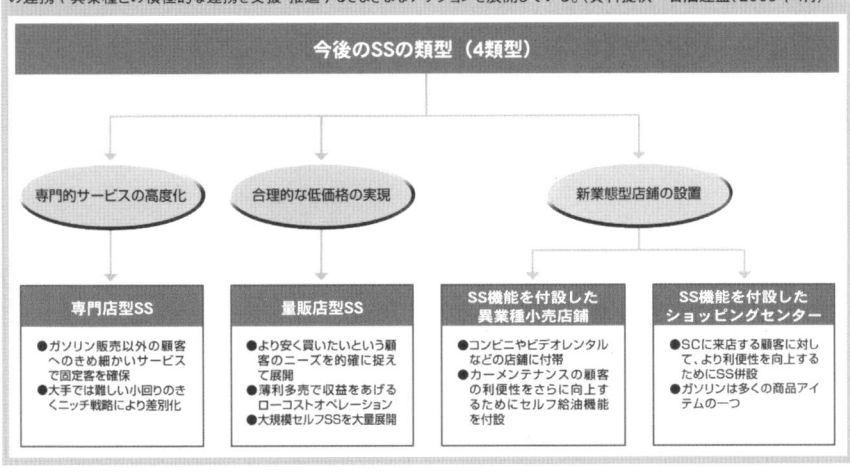

今後のSSの類型（4類型）

- 専門的サービスの高度化
  - **専門店型SS**
    - ガソリン販売以外の顧客へのきめ細かいサービスで固定客を確保
    - 大手は難しい小回りのきくニッチ戦略により差別化
- 合理的な低価格の実現
  - **量販店型SS**
    - より安く買いたいという顧客のニーズを的確に捉えて展開
    - 薄利多売で収益をあげるローコストオペレーション
    - 大規模セルフSSを大量展開
- 新業態型店舗の設置
  - **SS機能を付設した異業種小売店舗**
    - コンビニやビデオレンタルなどの店舗に付帯
    - カーメンテナンスの顧客の利便性をさらに向上するためにセルフ給油機能を付設
  - **SS機能を付設したショッピングセンター**
    - SCに来店する顧客に対して、より利便性を向上するためにSS併設
    - ガソリンは多くの商品アイテムの一つ

図4　阪神・淡路大震災直後の神戸市内と無傷のGS（資料提供＝全国石油商業組合連合会）

ている。

2. 立地力＝ロケーション　　一定の交通量がある主要幹線道路に面し、十分な接道長さと前面空地を確保し、視認性とアクセシビリティが高い場所を占めるGS。交差点のコーナー敷地や鋭角状の三角形敷地はGSにはもってこいの好立地。そのすべてが、前面道路に対して開放的な構成をとっている。これは、GSに共通する立地力。

一方、すぐ裏手に対しては、防火壁などによって閉鎖的な構成をとるのが一般的なしつらえである。しかし、すぐ裏手には、じつにさまざまな地域が隣接して広がっている。住宅街、商店街、オフィス街、繁華街……。その背後の地域にも目を向けると、「じつはすぐ近くにあるGS」という状況があることに気づく。これは、GSに個別な立地力。

ひとつのGSがあわせ持つ、ふたつの「立地力」。すべてのGSに共通する立地力とそれぞれのGSに個別な立地力が共存しているという状況がそこにはある。

3. 点在力＝ネットワーク　　全国に満遍なく50,000ヵ所以上点在しているGSは、都市部、郊外部、山間部……道路があるところであれば、「どこにでもある／イッパイある施設」だ。

4. アクティビティ　　ユーザーがいわゆる「行きつけ」を決めている施設に関するある調査によると、病院、歯医者、美容院、理髪店に次いでGSがランキングされていたという。GSの顧客は8割程度が「固定客」といわれ、まさに「リピーター中心の施設」、「顧客密着度の高い施設」だ。また、クルマを持ってさえいれば「誰でもが利用せざるを得ない施設」でもあり、年齢層、職業層などもじつに幅広い。

GSで展開される行為に目を向けてみる。ユーザーは、さっとスタンドに入り、給油し、終了するとさっとスタンドから去って行く。それは一種の「ピックアップ行為」といえる。平均給油時間は6分間といわれ、その間ユーザーの8割はクルマの中で時間を過ごす。また、GSには通常5〜6人程度の従業員(セルフ式の場合は最低1人)が常駐し、フェース・トゥ・フェースで接客にあたる。一日の繁忙度は朝・夕にピークを迎え、アイドルタイムという「隙間時間」もある。GSという場所で必然的に行われる行為と時間経過も着目に値する。

GSという場所がもつアイデンティティの強さは、「空間力」「立地力」「点在力」「アクティビティ」といったファクターの総体にあるといえる。

拡張するGS事情 さまざまな意味で大きな転換期にあるGS業界。経済産業省、業界団体、各石油元売会社、事業者といったGSをめぐる登場人物がさまざまなアイディアでGSの機能拡張を展開している。

1.クルマ燃料エネルギー多様化時代への対応——エコ・ステーション事情 「持続可能な社会」の実現に向けたエネルギー多様化への対応はクルマ社会にとって大きな社会的テーマである。クルマ自体の低公害車開発が進む中、そのクルマへの燃料供給インフラであるGSも、「ガソリンを供給するだけのスタンド」から「クリーンエネルギーを供給するスタンド」へのインフラ改変の取り組みを行っている【図5】。

石油エネルギーだけに依存しない燃料供給。電気、天然ガス、メタノールなど「非石油系燃料」を供給するインフラは「エコ・ステーション」と呼ばれ、まずは既存のGSに併設する方法で、国がイニシアティブをとりながら整備普及を推進し、現在、全国には約260ヵ所のエコ・ステーションが整備されている。また、「水素化社会」の実現へ向けて燃料電池車の開発やそれにともなう水素供給拠点整備も進行している。今後も行政の協力や規制緩和、クルマメーカーの技術開発などと連動しながら、多様化するクルマ燃料供給拠点の整備は継続・進展していく状況にある。

2.燃料供給拠点+αの商業複合化事情 GSの7割程度がきわめて厳しい経営環境にあるといわれる。そのために閉鎖・廃業を余儀なくされるGSの数は年間1000ヵ所を超える状況にある。燃料販売だけでは成立しにくいという業界の経営構造がある中、さまざまな事業多角化が模索され、試行され、あるコンテンツは淘汰され、またあるコンテンツは生き残っていく。例えば、クルマ関連業務のサービス機能の併設。カー用品販売や修理サービス、車検サービスなどを提供するものだ。例えば、コンビニエンスストア、カフェ、飲食店舗などの併設【図6、7】、ショッピングセンターのパーキングへの併設【図8】。そのいずれもが、単独でも出店することやGSとの心理的相性、GSへの来店頻度と併設機能への来店頻度とのマッチングなどからさまざまな問題

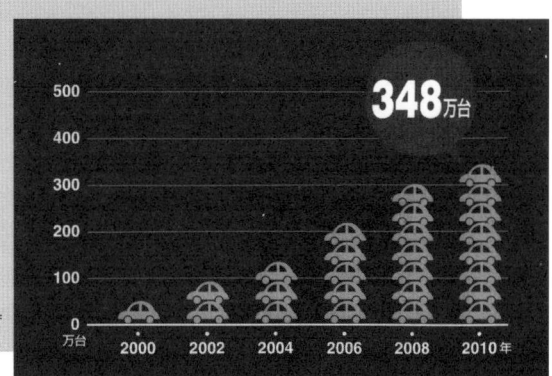

図5 クリーンエネルギー自動車の普及目標(資料提供=財団法人エコ・ステーション推進協会)

図6　カフェを併設したGS（資料提供＝全国石油商業組合連合会）

図7　ファーストフード店舗を併設したGS（資料提供＝全国石油商業組合連合会）

図8 ショッピングセンターのパーキングエリアに併設されたGS（（資料提供＝全国石油商業組合連合会）

が浮上している。「GSの経営資源でできること」と「異業種と連携すればできること」、そのような観点からの事業多角化再考が大きなテーマのひとつといえる。

3.燃料供給拠点+サービス・プロバイダー機能の併設——地域に貢献するGS事情

業界団体の「全国石油商業組合連合会」は、激変する時代に対応する取り組みのひとつとして、「地域生活に密着した存在であるGSの使命を再認識し、地域社会に積極的に貢献していこうという運動」を全国的にスタートさせている。GSの立地メリットや安全性を有効活用し、地域社会の必需施設としてのさまざまなネットワークを構築していこうというものだ。各都道府県の石油商業組合がその地域特性を踏まえた上で、相互が連携していくためのサービス機能を担っている。代表的なサービス機能併設の取り組みは以下のようなものだ。

「ハザード情報マップ＆災害時協力GSマップ」【図9】
「かけこみ110番」【図10】
「ドライバーへの情報提供」【図11】

これ以外にもさまざまな機能拡張の模索と試行が全国で展開されている。GSという場所が、時代状況や社会状況と呼応しながら、その機能を拡張して「変わっていかなければいけない」という空気が流れはじめている。

図9 「災害時協力ガソリンスタンド」支援事業例：災害発生時の緊急車両への優先給油、周辺地域の被害状況の関係機関への報告・情報提供、一時的な避難所機能、救急活動協力などによって、早急な被害者救出や消火活動に結びつける役割を担っている。（資料提供＝静岡県石油商業組合）
図10 「かけこみ110番」支援事業例：地域住民が何らかの犯罪に巻き込まれたり、巻き込まれそうになった時、近くのGSに駆け込めば保護し、適切な通報を行う機能を担っている。また、交通事故や火災発生時のケガ人の保護、初期消火活動によって被害を最小限にとどめる協力も行っている。（資料提供＝神奈川県石油業協同組合・神奈川県警察・神奈川県社会福祉協議会）
図11 「ドライブサポート・ステーション」支援事業例：ドライバーへの道路情報や観光情報を盛り込んだ、観光マップやパンフレットなどを提供し、「道路に関することで困ったら、まずは近くのGSへ」をスローガンにドライバー・サポート機能を担っている。（資料提供＝岩手県石油商業協同組合）

2. クルマ社会の広がり

Beyond GS 　**地域生活をサポートする「まちの駅」＝SSへ向けて**　「これからのGSはどうあるべきか？」といった類いのテーマは抽象的な議論に収斂するケースが多い。むしろ、「これからのGSには何ができるか？」を考えたい。具体的なイメージを発信していくことがさまざまな立場の異なる関係者のコンセンサスをつくり出していくプロセスであろうし、実現化へ向けてのベクトルを修正しながらも延長させることにつながると考えているからだ。GSという場所がもっている「4つの力」を「空間力×立地力×点在力×アクティビティ」として、じっくり捉えなおすこと。それぞれのファクターとさまざまな関係性をトータルな視野で立体的に再編集す

図12　災害対応型GSネットワークのイメージ（提案・作成＝SSC）

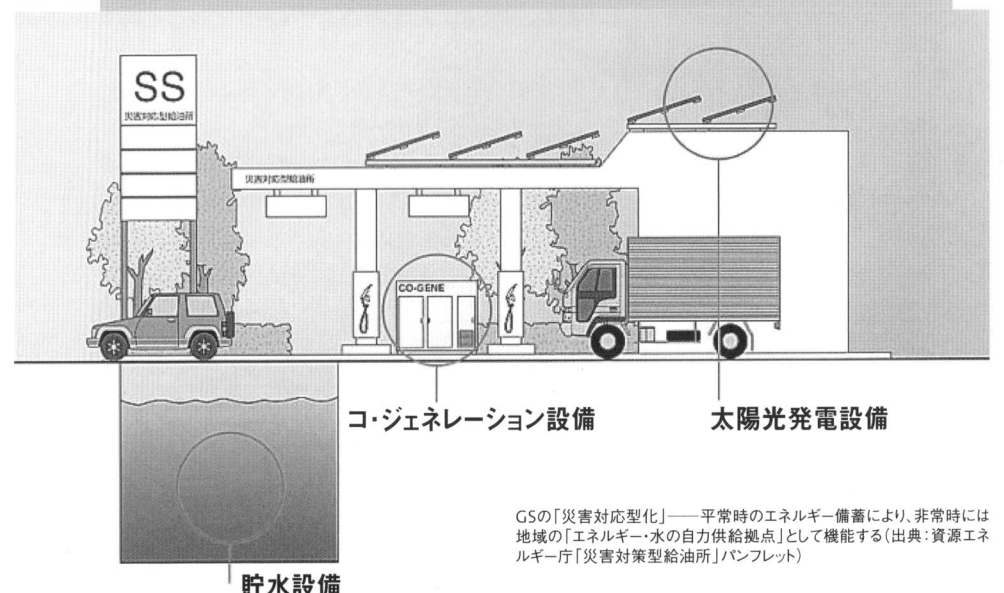

コ・ジェネレーション設備　　太陽光発電設備　　貯水設備

GSの「災害対応型化」——平常時のエネルギー備蓄により、非常時には地域の「エネルギー・水の自力供給拠点」として機能する（出典：資源エネルギー庁「災害対策型給油所」パンフレット）

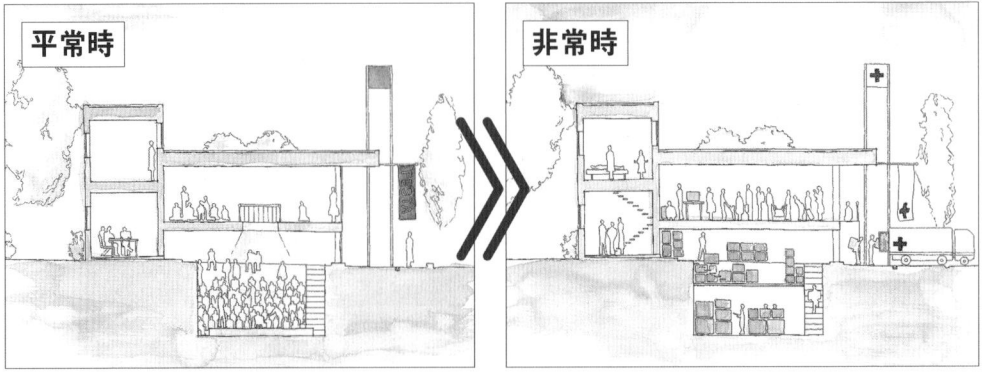

平常時　　非常時

閉鎖GSの災害対応拠点へのリニューアル——平常時は地域の公益的施設として機能。非常時には、地域の「食料・物資等のストック・供給拠点」として機能する

ること。それによって、「GSならでは感」を特化したさまざまな展開も可能になるだろう。「なるほど、GSにはそういう活用方法が可能だったんだ」という状況を具体的なイメージとともに示すことが、GSをめぐる状況を健全にドライブさせていくきっかけを与えるものだと考えている。そのような観点にたって、私たちも研究会やワーキングを通じて具体的なイメージを提示しながら実現化へ向けてのさまざまな活動を継続的に行っている。例えば、次のようなイメージ。

1.災害対応型GS・ネットワーク　　ある地域にGSと閉鎖したGSがあったとする。その両者が連携して機能分担することによって、災害時に地域貢献するという可能性が考えられる。GSを災害時

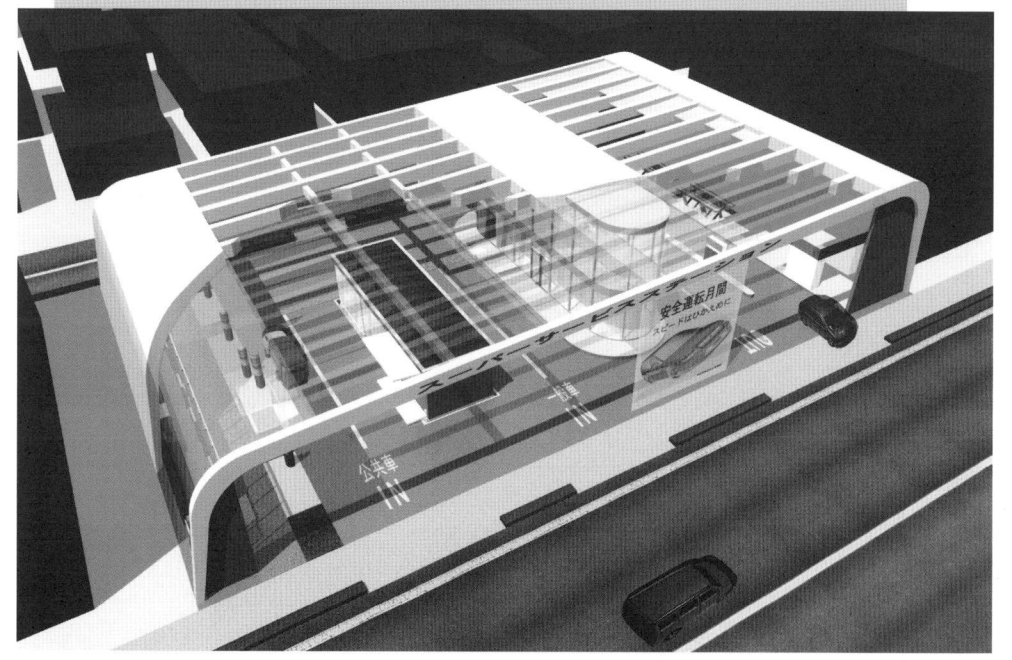

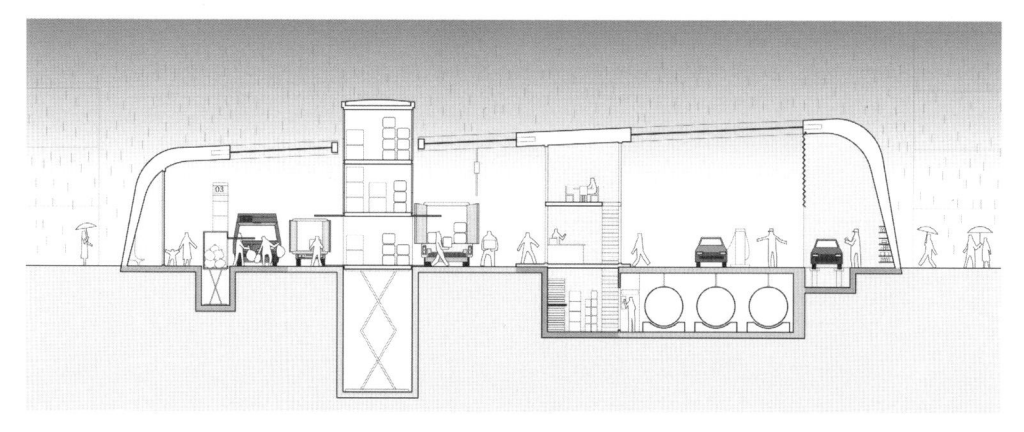

図13　生活リサイクル品デポジット・ステーションのイメージ　大規模GSの場合（提案・作成＝SSC）

図14　生活リサイクル品デポジット・ステーションのイメージ　中規模GSの場合（提案・作成＝SSC）

協力店と「災害対応型店」のふたつに指定する。通常、地域住民には非常時の避難場所等が周知されている。問題はたまたまその地域内を走行しているドライバーへのサポート機能の不在である。「とりあえず近くのGSに駆け込む」という状況をつくることも考えられる。「災害対策型店」は、災害時エネルギー供給のためのエネルギー備蓄機能が装備されたGSで、国の推進事業である。閉鎖GSは、その場所のメリットを活用して地域の公益的施設にリニューアルする。そこは非常時には地域の「食料・物資等のストック・供給拠点」へとシフトする。GSと閉鎖GSとがネットワークすることで、群として地域へ貢献するといった具体的イメージである【図12】。

2. 生活リサイクル品デポジット・ステーション　GSの「ピックアップ行為特性」と「背後に広がる地域社会」とに着目したイメージ。家庭から排出されるリサイクル義務品目が今後増加する中、その回収のための物流（静脈物流）のシステムと回収拠点の整備は大きな社会問題である。GSが「地域」と「静脈物流」の接点＝ポータルサイトとしての一次回収拠点として機能できれば、物流効率化や交通量抑制にも貢献できるのではといった具体的イメージで、GSの規模に応じた拠点化も考えられる【図13、14】。

3. 物流ポケットローディング・ステーション　渋滞や事故、環境汚染の大きな原因のひとつに、業務車両の荷捌き行為による臨時路上駐車がある。この解決策のひとつが、道路外に荷捌き

のための小規模駐車スペースを設置する「ポケットローディング・システム」【図15】。しかし、その場所の確保にはさまざまな困難が伴い、既存植樹帯の一部を荷捌きスペースに改造するといったケースも多い。GSの空地を、安全性を確保した上で、ポケットローディング・スペースとして機能させることも考えられる。

4.マーケティング・ステーション　GSで展開される「アクティビティ」に着目すると、顧客マーケティングの新たなインターフェースとしての可能性も考えられる。ドライバーは多種多様、クルマでの来店、給油時間の活用、コミュニケーションなどの

図15　住宅地域におけるポケットローディングのイメージ（出典＝「city&life」誌、no.40、1996年6月号、財団法人　第一住宅建設協会）

特性を活用すると、クルマ社会のドライバーに関するさまざまな問題やニーズ把握などの場所としても機能しうる。

このように、GSという場所の潜在力をさまざまな角度からのさまざまな異業種との連携によって顕在化し、実現化しようとする動きが近年、国、業界団体、民間のそれぞれの立場から継続的に展開されてきている。

20世紀クルマ社会の産物として登場し、現在全国に50,000ヵ所以上点在しているGSは、その場所の力を活用して21世紀クルマ社会に何を発信し、いかに機能し、どう社会に貢献していけるのだろうか？　持続可能な社会へ向けて技術革新とライフスタイルの変革が必要なこれからの時代、その統合的な対応を実現する場所としてGSが貢献できる可能性は高い。コンビニエンスストアや郵便局、駅といった「多数点在する施設」と上手に機能分担しながら地域でネットワーク化していくことも、「コンパクトシティ」の実現にとって大切な視点であろう。そのときGSは、クルマ燃料供給拠点という本来の役割を超越し、クルマ社会と地域生活を総合的にサポートする「まちの駅＝SS（サービスステーション）」へと転換することになる。

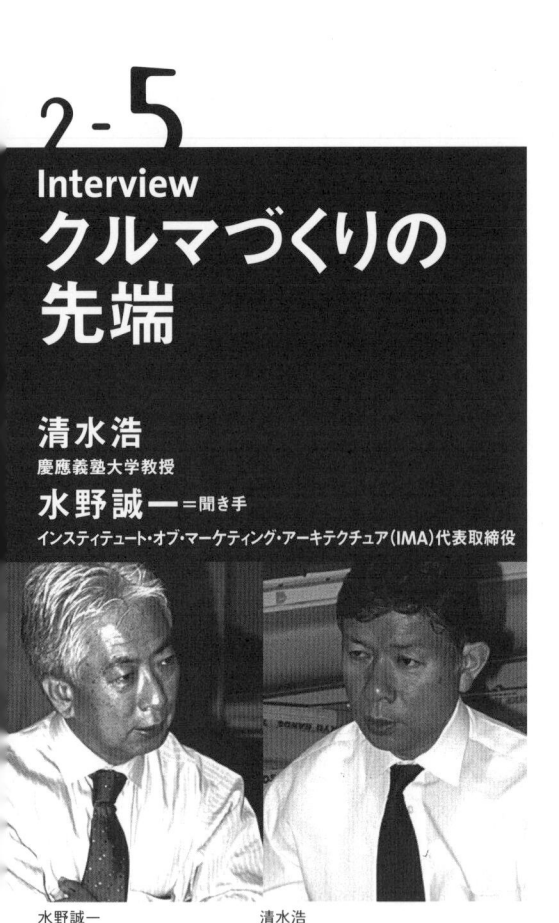

2-5
Interview
クルマづくりの先端

清水浩
慶應義塾大学教授

水野誠一＝聞き手
インスティテュート・オブ・マーケティング・アーキテクチュア(IMA)代表取締役

水野誠一　　　　　清水浩

電気自動車の研究の経緯

水野　電気自動車の研究を始めたきっかけと経緯をお聞かせください。

清水　私はもともと物理が専門で、大学院時代にレーザーを使った大気汚染測定装置を研究し、その関係で環境庁の国立環境研究所に入りました。そこでひとつ大きなプロジェクトを終えた時に、測定をするだけでは世の中は良くならないという気がしたことと、もともとクルマが好きだったということもあって、テーマ替えをしようといろいろ考えた結果、クルマが電気に変わるというソリューションがあり得ると思ったのです。それが25年ほど前です。

1973年のオイルショックの後に、世界中で電気自動車が採り上げられた時代がありました。日本の通産省でも大型プロジェクトとしてやってきて、一応の成果が出たちょうどその時でした。しかし、実際に多くの人の意見を聞いてみると、電池に良いものができない限り電気自動車は実用にならないといわれました。そういうなかで、物理の実験をやってきた人間としては、アイデアをもう少し入れれば充分に社会で使えるクルマになるはずだと思ったのです。私の感触では、電池自体を良くすることはもちろん大事ですが、電池以外のところで頑張れば電池の悪い部分をある程度カバーすることは可能だと思ってきました。そのためには、エネルギーロスの少ないクルマをつくれば良いのです。

慶應にきたのは7年前ですが、それまでに6台の電気自動車をつくるチャンスがあり、こちらにきてからKAZというクルマをつくりました【図1】。

電気自動車の機能と性能

水野　KAZは8輪の各車輪にモーターが入っているという構造ですが、やはりエネルギー伝導の効率化につながるのですか?

清水　車輪にモーターを入れたのはエネルギーロスを減らすことが最初の目的でした。
8輪車にしたのは、1990年以降にある程度技術が見えてきた段階で普及させることを考えた時に、環境にやさしいだけ、あるいは今までのクルマと同じ性能が持てたということではなく、それに加えてお客様にとって何らかのメリットがあって初めて電気自動車の持つバリアを崩せる可能性があると考えたからです。1991年に

図1　KAZ(Keio Advanced Zero-emission vehicle)

IZAというクルマを完成させたあとにそう考えるようになり、それ以後はどうやって新しい機能と特徴を持たせるかが私にとっての大きな興味になりました。

水野　それまで電気自動車は非力でスピードが出ない、1回の充電での走行距離が短いのではないかというイメージがありました。KAZは馬力換算をすると?

清水　約600馬力で、モーターそのものの重さは160kgです。エネルギーロスは石油を発電に使って送電し、それを充電して電気自動車を走らせる場合と、石油を精製してガソリン自動車を走らせる場合とでは、同じサイズのクルマであれば同じエネルギーで1/3ないし1/4になります。つまり、電気自動車の燃費の方が3倍ないし4倍は良いということです。【図2】では燃料からモーターあるいはエンジンを回すまでの効率の比較を示していますが、これに加えて走行におけるエネルギーの損失が少ないのです。

水野　今、電池は充電時間が短くなり充電可能回数が増えていますが、25年前と比べていかがですか?

清水　当時は鉛電池しかなかったわけですが、当時から毎年新しい電池が発表されていました。亜鉛空気電池やナトリウム硫黄電池、ニッカド電池もありました。そして今の最終解的な技術としては、リチウムイオン電池がやっと実用域に入ってきました。リチウムイオン電池になったことによって、電気自動車の現実性が本物になったなという気がしています。当面、10年間は他にいい電池は出てこないでしょう。リチウムイオン電池の良いところのひとつは、使っている材料に高いものがないのです。自動車に使うことが前提であれば資源が無限にあるといえます。今は、手づくりでつくっているので高価ですが、製法が確立されて大量生産されれば安くできるのです【図3、図4】。

図2　KAZとガソリン車のエネルギー効率の比較

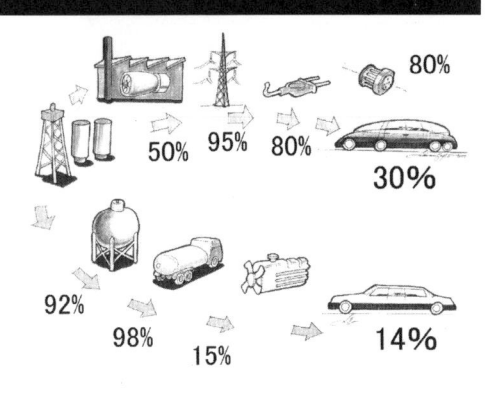

80%
50%　95%　80%
30%

92%
98%　15%
14%

図3　リチウムイオン電池を用いた動力源の仕組み

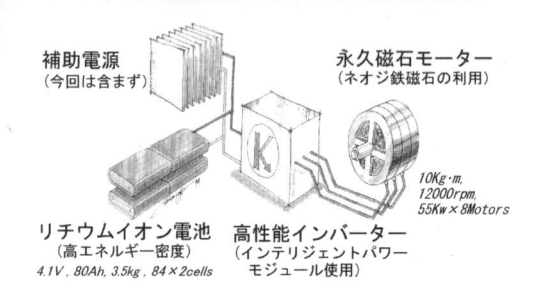

補助電源
(今回は含まず)

永久磁石モーター
(ネオジ鉄磁石の利用)

リチウムイオン電池
(高エネルギー密度)
4.1V、80Ah、3.5kg、84×2cells

高性能インバーター
(インテリジェントパワーモジュール使用)

10Kg・m、
12000rpm、
55Kw×8Motors

日本でしか開発できない先端要素技術
省エネ、高性能化、長寿命化

図4　8輪車8輪駆動の新しい車体概念

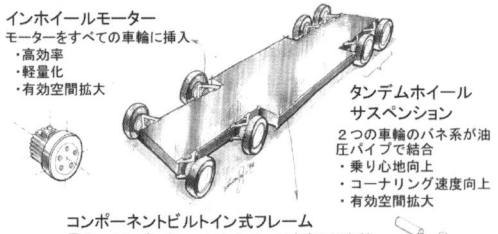

インホイールモーター
モーターをすべての車輪に挿入。
・高効率
・軽量化
・有効空間拡大

タンデムホイールサスペンション
2つの車輪のバネ系が油圧パイプで結合
・乗り心地向上
・コーナリング速度向上
・有効空間拡大

コンポーネントビルトイン式フレーム
電池、インバーター、コントローラを床下に収納
・軽量化・低重心化・有効空間拡大

集積台車という新しい概念の車体
省エネ、広さ、乗り心地の実現

燃料電池との対比

水野　燃料電池車が政府に納められるなどで話題になっていますが、これも燃料電池自体の実用性、価格、インフラ整備の問題等があると思います。燃料電池についてのお考えをお聞かせください。

清水　リチウムイオン電池で充分ではないかというのが今の私の考えです。もし、本当の意味で安くて性能が良くてインフラの問題のない燃料電池が実現すればそれに置き換えればいいのですが、現実に置き換わるかどうかは私も含めて燃料電池を知っている人たちは極めて懐疑的です。

燃料電池の難しさは3つあります。ひとつは燃料電池自体が白金を使っていて、その白金の資源と値段に制限があること。インフラの整備がとてつもなくたいへんだということ。そして水素の使用を前提にすると、本当に危険かどうかはさておきお客様にとっては危険感がどうしても拭いされないということですね。そこに社会のなかで理解を得て導入することの難しさがあると思います【図5】。

水野　トヨタ、ホンダ、ダイムラー・クライスラーが燃料電池車にこだわるのはなぜでしょう？

清水　ここはかなり想像の部分があります。燃料電池には古い歴史があったのですが、なかなか性能の高いものが実現できませんでした。そのなかで、カナダのバラード・パワー・システムズ社(Ballard Power Systems Inc.)がこれに注目をして政府からお金をもらって1980年頃から研究を始めました。それから90年頃までの間にバラード社が燃料電池の性能を向上させたことで、そのまま延長していけば間違いなくいいものができるという期待がありました。その期待に対して、まずは当時のダイムラー・ベンツが目をつけ、バラード社の株を買って合弁会社をつくり研究を

始めました。それが96年です。

あのダイムラー・ベンツが燃料電池を本気でやり始めたという情報が日本にどんどんやってきて、それに遅れてはまずいと日本の社会が過剰に反応したのではないかという気がします。それは2000年から2001年にかけてがピークだったと思います。そして2003年になるとやはり難しいな、思っていたほどではないなというのが専門家の主流の意見になってきているようです。

水野 実用性のあるリチウムイオン電池がなかなか受け入れられないのはなぜかを考えることが、クルマ社会をデザインしていく上で重要だと思います。その辺りについてはいかがですか?

清水 電気自動車の研究を始めた時、私は5年で社会は動くと思ったのです。5年経って以前よりは少しは進んだけれども、もう5年かなと。5年経ってみたらもう5年かなと思いつつ25年が経ってしまいました。私にとって電気自動車はとても分かりやすい対象で、間違いなくそちらにいくべきと思っていますから、なぜ社会はそう動かないのか私自身も答えを見つけかねているところです。

開発の難しさでいえば、原子力関係のものなら数兆円、燃料電池の実用化には数千億円はかかるでしょう。しかし、電気自動車を商品化するとしたら数十億円程度で済むと思います。

新しい挑戦

水野 KAZは最高時速311km/hを記録しました。進行中のプロジェクトではKAZ以上のスピードに挑戦をされるということですが、なぜスピードに挑戦をされるのですか。

清水 技術論的には速度というのは安全性を示すための有効な指標なのです。物理的にいうと時速100kmに対して300、400という性能のものは速度の二乗に比例して技術が難しくなります。通常、制限速度時速100kmに対し、一時的には時速120～130km/hぐらいまでは出す可能性があることは社会的な常識かと思いますが、それに対して時速400kmで走れるクルマというのは3倍高いスピードということになり、その二乗で約10倍技術的には難しいバリアといえます。安全性と信頼性のために、まず高い安全率を持ったクルマをつくる。それによって実際にそれが商品となる時に我々も自信を

図5 リチウムイオン電池と燃料電池の違い

	リチウムイオン電池	燃料電池	備考
パワー密度	◎	○	重量あたりの出力(最高速度、加速度を決める)
エネルギー密度	○	◎	重量あたりのエネルギー(どれだけ走れるかを決める)
寿命	◎	?	何回充填できるか、何時間使えるか
価格	◎	▲	大量生産時の価格
資源	◎	▲	燃料電池は白金が必要
完成度	○	▲	リチウム電池は既に実用に使われている
充填場所	◎	?	リチウム電池は家庭でも充電可能
充電時間	○	○	リチウム電池は最小10分

?は現状ではまだ判断できないことを示している

持って世界に出せるし、買われる方々にも安心して買っていただける。そのためにそういうバリアを越そうということです。

　もうひとつ、電気自動車は非力でスピードが出ないというイメージを変えてもらうことも大きな理由です。

　このような研究開発で一番大事になるのは資金ですが、約30社から部品の提供、それに付随する技術の提供、協賛金で助けていただくという3種類の協賛をいただいてやっています。

水野　どのようにプロジェクトを進めておられますか。

清水　まず実物サイズの模型をつくり、それを絵に描いてデータ化して1/5モデルをつくり、それに改良を加えているところです。

　1/5モデルで風洞実験をやり終えたところですが目標の値が出ましたので、今度は1/1モデルをつくって型を起こし実際のクルマに仕立てます。これと同時並行的にモーターとシャシーを発注しています。そして、2004年3月にはイタリアのナルドにあるコースで走行テストをします【図6】。

　2003年10月にモーターショーがあります。前回までのモーターショーは自動車メーカー以外の出品は認められていませんでしたが、今年からカロッツェリア部門ができました。そこは自動車メーカー以外の試作車会社も出品ができるということでお誘いがあり、KAZとこのクルマの実物大の模型と写真を展示しようと準備を始めています。そうして少しずつ認知度を上げていこうと考えているところです。

　その運営は全て学生を中心にと思っています。それは、初めは安上がりとか学生のモチベーションを高めるためにという発想でしたが、トヨタに勤めた卒業生に「トヨタに勝つとしたら学生の発想がどう活かせるか、そこで初めて勝てるのだからそのつもりでやらないとダメだ」と説教をされまして学生たちのスキルを使う方向に変えました。

電気自動車の社会化

水野　マスキー法ができた時に、低公害エンジンの開発をせざるを得なくなったように、電気自動車の開発の促進には、法律や規制を変えていく方法が一番ではないかと思いますが?

清水　今、我々のやっていることが日の目を見るには、規制よりはインセンティブの方がありがたいですね。低公害車では、ベースの車両価格と低公害車の価格との差額の半分を補助するという制度があります。例えば、軽自動車が100万円で、軽自動車の電気自動車が300万円したとします。そうすると、差額が200万円でその半分の補助が出るので200万円で買えることになります。これは日本ですでに適用されている補助ですが、フランスでは電気自動車は差額全額補助で、100万円のクルマが電気自動車で300万円だとしても売値は100万円なのです。それぐらいの補助になれば、我々のクルマに価格競争力が出てくる。ただ、その補助は永久にということではなくて最初の入口だけでいいのです。

　若い人たちやこれから何かやろうという人には、これは面白いことだよと伝えたい。解決が不可能だと思われていた環境問題、エネルギー問題に明確な解が出せることはひとつですが、これまでになかったような機能、性能を持った乗り物がつくれます。さらに、電気自動車は技術的には明らかに簡単です。

水野　KAZでは新しいクルマへの挑戦と同時に、デザインをイタリアのイデアというデザイン会社に発注してデザイン付加価値の高いものをつくることからスタートされている点が、今までの常識をうち破る発想だと思います。最初に高

付加価値な商品として認知されて、そこからだんだん大衆車に降りていくというマーケティングの戦略としても的を射ていると思います。

清水 デザインの観点では、今までの内燃機関自動車はまずエンジンがあって車輪にそのエネルギーを伝えるための道具があることが基本で、余ったスペースをどう有効に使うかにデザインの自由度が残されているだけですが、我々のクルマは床から上は基本的にお客様のスペースであり、かつ、デザインが自由なスペースにもなるのです。そこがデザイナーにとっては面白いモチーフになるということですね。

電気自動車の未来像

水野 デザイン以外の面で電気自動車によって変わるものはありますか?

清水 排気ガスも音も出ないので世の中が綺麗で静かになります。また、建物のなかに自由に入ることができるので建物とクルマの関係がとても近くなります。ですから、クルマは道路を走るものという概念が変わり、全く違った場所や場面で使われる可能性が出てきます。

例えば、会議も乗り物に乗ったままでできますし、買い物はドライブインで、デートもふたりで一緒に乗ったままウィンドウショッピング、というように社会がどんどん変わっていく可能性があります【図7】。

さらに、電気自動車に自動運転機能がつくと革命的な社会変革で運転という概念がなくなります。そうすると、クルマを共有して使用することができます。今、クルマの共有ができない理由のひとつに、クルマを移動した先から戻さなければならないということがあるのですが、自動的に

図6　進行中のEliica(エリーカ)プロジェクトの1/5モデル

EV-CONFERENCE./
EV-MEETING.

図7　クルマが変わることで社会も変わっていく

どこにでも戻せるようになれば同じクルマを何回でも使えます。

それから、物流が圧倒的に変わります。今のトラックは25tが最大重量です。なぜそんなに大きいものがいるかというと、トラックの輸送コストの6割はドライバーの人件費なので一度に大量に輸送すれば輸送コストが抑えられるからです。例えばここにあるテーブルは約2m四方ありますが、これに載らないサイズの商品はまずありません。ですから、このサイズをトラックの標準サイズにして、大きいものを運ぶためにはこの2倍のサイズのものを使うというようにします。

今、インターネットで買い物をすると発注は数秒でできますが、商品が届くまでに3日も4日もかかります。それが、発注があったら自動倉庫から自動的に荷物がキャリアに載って、自動的に動いてきて自分のところに届くとなれば、都内だったら30分以内で何でも買えます。

自動運転は技術的には実現性がありますが社会的に受け入れられるかどうかのバリアは電気自動車よりももっと難しいと思います。ただ、最近、前方のクルマを感知して自動的にブレーキがかかるというものがありますし、GPSを使ったナビゲーションもあります。そういうものの組み合わせで自動運転ができます。ですから、基本技術はどんどん実用に使われ始めていますので、あとはいつの段階で社会全体が決心をするかです。

自動運転にはさまざまな方式がありますが、GPSならすでにある道具が使えますし、基本的にはインフラがいらないので現実的です。今、GPS自体の精度は3mですがレファレンスの電波があれば3cmです。レファレンスには携帯電話用の電波が使えますから、今の携帯電話を

細工すればいいという程度のものです。GPSだけでは不安という場合には、テレビカメラをつけて白線を見ながら走る、自分でジャイロを持ってクルマの向きを常に関知して地図上の現在位置を自分自身で判断するなど3つぐらいのセンサーをつけて完璧にして走ります。

全てを自動運転に一斉に変えることは現実的には難しいのですが、私のクルマにはもう自動運転がついたよという人がはじめに出てくるとします。それを見て「おお、いいな」と思う人が出てくればいいのです。例えば、ETCは最初は高くて誰がつけるのかといわれていましたが、最近はETCをつけようという気分の人が増えてきています。そのようなことで普及させていくのかなという気がします。

（2003年7月17日　於：慶應義塾大学 電気自動車研究室）

2-6 自動車メーカーの取組み

森口将之
自動車ジャーナリスト

燃料電池車がデザインを変える

　自動車メーカーは今、かつてないほど厳しい状況に直面している。企業の再編が進んだ結果、さらに激しくなった生き残り競争に勝たなければならないだけでなく、環境にやさしい次世代動力源や、都市の渋滞を解消する新しい交通システムなどの研究・開発を進めていかなければならないからである。

　それには膨大なコストがかかるが、現在はまだ実験段階なので、収益にはつながらない。企業としての歩みを進めつつ、巨大な先行投資をもしなければならない状況になっている。それでもメーカーは、将来を見据えたプロジェクトを着々と進行させている。

　次世代動力源としては、いくつかのメーカーがエンジンとモーターのハイブリッド車を市販しているが、これに続くものとして有望視されているのが燃料電池自動車である【図1〜5】。

　燃料電池自動車は、水の電気分解の原理を逆に用い、水素と酸素から電気と水を発生させる燃料電池スタックを搭載した自動車である。発電機を積んだ電気自動車と言い換えてもいいだろう。燃料としては水素をそのまま使う方法と、ガソリンやメタノールを改質して水素を取り出す方法がある。

　効率面でいけば水素を使う方法が最良だが、保管時や輸送時の安全性確保が難しいことから、当初は既存の給油施設を活用できるガソリンやメタノールを燃料とし、徐々に水素燃料に移行していくものと思われる。

　モーターで走る自動車などつまらないと考えている人もいるかもしれないが、それは大きな誤解である。モーターは極低回転で最大トルクを発生するので、発進直後から力強い加速が得られる。それにサスペンションやステアリング、ブレーキは基本的に既存の自動車と変わらないから、操縦の楽しさは今までどおりであると考えていいだろう。むしろモーターを高度に制御することで、4つの車輪に伝える力を自在に変化させることもできるから、今まで以上に高度な走りをものにできる可能性がある。

　さらに燃料電池自動車は、従来の自動車とはまったく違うデザインを実現できる可能性がある。燃料電池スタックはエンジンよりも形状の自由度が高く、モーターと切り離して配置できるから、車輪の近くに積まなければならないという制約がない。レイアウトの自由度がはるかに高いのである。

　実際に、2003年秋の東京モーターショー

図1　トヨタの燃料電池自動車FCHV
図2　ホンダの燃料電池自動車FCX
図3　ダイムラー・クライスラーの燃料電池自動車F-Cell
図4　日産自動車の燃料電池自動車X-TRAIL FCV
図5　GMの燃料電池自動車、HydroGen-3と水素ステーション
図6　トヨタ、コンセプトカーFINE-N

でトヨタ自動車が出品したコンセプトカー「FINE-N」【図6】は、燃料電池スタックを床下、モーターを車輪内に収めることで、車体の前端から後端までのほとんどすべてを車室として使うことを可能としている。

　ハードウェアとしての燃料電池自動車は、価格などを度外視すれば、実用化の一歩手前の段階まできていると言っていい。日本でもすでに数社が路上で走行実験を行っている。

都市型自動車：マイクロカー

　しかし都市部では、環境にやさしい動力源を採用するだけでは意味がない。すべての自動車が燃料電池自動車となっても、路上の専有面積は変わらず、渋滞や駐車場などの問題解消にはならないからである。都市に適したサイズの自動車を用いるのが理想的である。

　そのために考えられたのがマイクロカーである。マイクロカーについての厳密な規定はないが、ボディは全長2.5m前後の卵形で、多くの場合2人乗りとなる。動力源は軽自動車規格と同じ排気量660cc程度のエンジンや、モーターが主流となる【図7、8】。

　マイクロカーの歴史は古い。ヨーロッパでは大戦直後やオイルショックなどになるたびに、ス

図7　ダイハツ工業Copen
図8　ダイハツ工業Tanto
図9　ダイムラー・クライスラーSmart
図10　スズキ、ツイン
図11　ダイハツ工業、コンセプトカーai

クーターなどのエンジンを利用し、超小型ボディを組み合わせた自動車が登場してきた。ただしこれらは、車両価格や維持費を抑えるのが目的であり、渋滞解消や駐車スペースの節約という考えはなかった。

これに対して、1998年に発表されたダイムラー・クライスラー「スマート」【図9】や、2003年に発売されたスズキ「ツイン」【図10】は、車体を短くすることで道路専有面積を小さく抑え、機動性を増すという思想のもとに生まれた。同じ年に開催された第37回東京モーターショーでダイハツ工業が発表したコンセプトカー「ai（アイ）」【図11】など、今後もさまざまなマイクロカーが登場してくるものと思われる。

しかしこれらは、動力源に内燃機関を用いているという点では、今までと変わらない。個人が買って所有することを前提としていることでも、既存の自動車と同じである。

2人乗りの超小型車1台で満足できるユーザーであれば問題ないが、多くのユーザーはデ

図12 トヨタ、電気自動車e-com
図13 日産、ハイパーミニ
図14 タカラQ-CAR

ザインやサイズ、性能への欲求から、もう1台自動車を所有することになるだろう。しかし、2台所有できるユーザーは限られるし、そもそも専有面積を小さくするという存在理由のひとつが薄れてしまう。その意味では共同使用、つまりカーシェアリングが望ましい姿といえる。

カーシェアリングへ向けて

1996～97年に発表されたトヨタ「e-com」【図12】と日産自動車「ハイパーミニ」【図13】は、カーシェアリングを前提にして生まれたマイクロカーである。動力源にはモーターを用いた電気自動車であり、環境負荷は小さい。電気自動車は一定距離ごとに充電が必要であるが、カーシェアリングの場合は一回の移動距離が短いことから問題ない。燃料電池スタックを搭載しなくてすむ分、車体の小型軽量化が図れるというメリットもある。

トヨタではe-comを用いた共同利用システムを「Crayon」と名づけ、本社のある愛知県豊田市で運用実験を行っている。また東京都にある自動車テーマパーク「Mega Web」で来場者が利用できるe-comは、3ヵ所の乗り場と専用道路を設け、ボタンで行き先を選ぶだけで走る完全自動運転となっている。

一方の日産「ハイパーミニ」は、一般向けに市販されていたこともあり、さまざまな地方自治体と協力して利用実験が行われている。また、オリックスレンタカーでレンタカーとしての貸し出しも行われている。いずれにしても、実験は大きな問題もなく行われており、ハードウェアとしては完成形に近い。

むしろメーカーにとって問題なのは、カーシェ

アリングというシステムそのものが自動車の台数を減らすための策であり、販売相手が個人ではなくなることもあって、いままでのような「数を売って稼ぐ」経営方針が通用しなくなることだろう。開発や実験は行っているものの、積極的にこの分野に参入しようという姿勢があまり伝わらず、できあがった自動車の個性が希薄に感じられるのには、こうした理由があるかもしれない。

一方、マイクロカーよりもさらに小さな乗り物である通称原付カー（正確には原動機付4輪自転車）では、21世紀に入ってから、個性的な自動車が次々に登場している。

原付カーとは、2輪の原付と同じように、排気量50cc以下のエンジンかそれに代わる動力源を持つ自動車で、車体寸法は全長2.5m以内、全幅1.3m以内という規定があり、乗車定員は1名に限定される。しかし税金が安く、車庫を確保する必要がないなど、金銭面、空間面の負担はマイクロカーより少なくなる。その点ではカーシェアリングより、個人が購入して使うのに向いている自動車と言える。

個性的な原付カーの代表といえるのが、玩具メーカーのタカラが販売している「Q-CAR」【図14】である。可愛らしいデザインのボディは、メーカーが開発したマイクロカーとはまったく異なる。また、若者向けのチューニングパーツを開発生産している会社では、サーキット走行も考慮に入れたスポーツカータイプの原付カーを製作したところもある。

遊び心あふれるこうした自動車たちには、ひと目見ただけで乗ってみたくなる魅力がある。マイクロカーを開発している既存のメーカーも見習ってほしいところである。

図15　トヨタRAUMとユニバーサルデザインのコンセプト

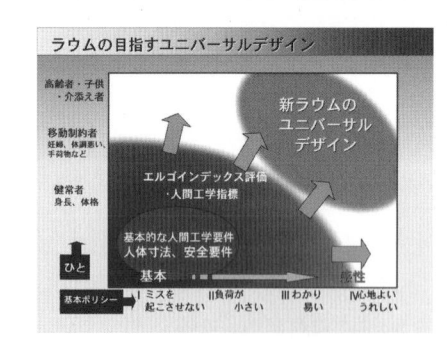

望まれる高齢運転者への対応

都市部の交通環境改善と並んで、今後のクルマ社会でもうひとつ大切なのが、高齢者対策である。日本は世界的に見ても高齢者の比率が高い国で、2003年に発表された65歳以上の人口は、全人口の20％近くにまでなっている。しかも、自宅からそのまま目的地まで移動できる自動車は、高齢者向きの乗り物であるといえる。とりわけ行動的な高齢者が増えてきた昨今は、その行動力を支えるために、自動車は不可欠な存在になっている。

日本の自動車メーカーは、新たな需要を取り込み、収益を上げたいがために、若者の嗜好に迎合した自動車づくりをすることが多い。ユーザーの平均年齢が上がることが悪であると見なしている節さえある。おかげで、高齢者の嗜好に合った自動車はほとんどないというのが現状である。

そんな中、トヨタは2003年に発表した「ラウム」【図15】以降、ユニバーサルデザインを積極的に導入して注目を集めている。多くの人が使いやすく、しかも心地よさを感じるというデザインコンセプトは、これまで多く見られた若者迎合型の自動車づくりとは一線を画した動きとして、評価すべきであろう。

しかし、はっきりと高齢者向けであると謳った自動車は、まだ登場していない。ラウムも、高めの天井やスライド式ドアなど、高齢者の利用を考慮した部分はあるものの、いずれも助手席や後席への出入りを考えたものであり、高齢者自身が運転するという場面はあまり想定されていないようである。

ユーザー層が限定されることで売り上げが落ちることを恐れているのかもしれないが、高齢者ドライバーが増えている現実を考えると、もっと真剣に取り組むべき分野に思われる。メーターやスイッチの表示、アクセルやステアリングの反応などに独自の味つけを施した、真の高齢者向け自動車が登場することを望みたい。

コミュニティバス用車両の開発

カーシェアリングが、都市部の新しい交通機関として期待されているのに対し、郊外や地方で自家用車に代わる移動手段として注目されているのがコミュニティバスである。

行政が地域サービスの一環として運行するもので、今までの路線バスよりも小型の車体を用い、駅、役所、病院など地域生活に不可欠な場所を巡回することで、住民の利便に応えている。料金もほとんどの地域で100円と通常の路線バスより安く、「100円バス」という愛称でも親しまれている。

コミュニティバスに使われる車両で特徴的なのは、ヨーロッパ製がけっこう多いことである。

図16　三菱ふそうトラック・バス　エアロミディME
図17　日野自動車ノンステップ・ミニバス　ポンチョ
図18　愛知万博で導入されるトヨタIMTSバス。専用道では自動運転を行う

自動車メーカーアンケート

トヨタ自動車

デザインの視点から、いくつかの事例を紹介したい。

1. 短期的視点

近年、環境・安全・ユニバーサルデザイン（UD）などの社会的な課題にどう答えていくかが、重要になってきた。こうした課題に対し、問題解決するだけではなく、エコロジーと楽しさ、わかり易さ・使い易さと感動など、一見相反することを両立させることで、新たな価値創造を行うことを目指している。
たとえば、ラウムのデザイン開発では、使いやすい・わかりやすいというだけでなく、心地よい・うれしいという感性レベルまで高めたUDの実現を目指した。また、プリウスでは、使いやすさの向上や環境への負荷を減らすだけではなく、更に楽しさ・感動を追及し、エコとファンの両立を目指した。

2. 中期的視点

IT技術の高度化により、クルマの可能性は、単独の移動体から、人の移動に関するシステムの一環としてのクルマという新たな広がりをもたらした。
2005年に開催される愛知万博にむけて博覧会協会と開発を進めている、未来型交通システムIMTS（Intelligent Multimode Transit System）は、一般道ではバスとして、専用道では無人自動運転、隊列走行を可能にする。インフラも含めた交通システムとしての開発が必須であり、机上のプランだけではなく、こうした機会を通じ、実証を重ねることが重要と考える。

3. 長期的視点

水素等代替エネルギーによるパワートレーンの変革は、クルマの作り方、使い方、人・社会とのかかわり方が、大きく変わる可能性を持っている。
先の第37回東京モーターショーでは、燃料電池車のコンセプトカーFINE-Nを発表した。ホイルインモーターとプラットフォームに組み込んだパワーユニットにより、空間のほとんどすべてを人のために使うことが可能となった。人間を中心としたデザイン開発の可能性が広がっている。また、燃料電池は、有害な排気ガスを出さないシステムでもあり、屋内での使用性、走ること以外の動力源としての可能性など、従来のクルマとはまったく異なる使い方、社会とクルマのかかわり方を可能とする。
燃料電池車は、動力源の革新であるだけではなく、デザインの視点からも、大きな変革の可能性を秘めた絶好の機会であると捉え、人とクルマの新たな関係を、モーターショー等を通じ提案をしたいと考える。

ダイハツ工業

私たちダイハツには「コンパクト」なクルマの可能性を追求してきた長い伝統があります。そして今、私たちを取り巻く道路事情やこれからの高齢化社会、エネルギーや地球環境の問題、アジア諸国をはじめとする世界のモータリゼーションの新しい流れなどを考えると、「コンパクト」こそ今後のクルマ社会の発展に欠かせない最も重要な視点であり、コンセプトであると考えます。

1. 短期的視点

私たちは、デザインポリシーとして、お客様のニーズや望みを、そして私たちの文化やビジョンを反映するべきだと考えています。それは、お客様に一目でそのクルマの使われ方が伝わり、新しいライフスタイルの予見やブランドメッセージを外形、室内のスタイリングで表現することと言えます。一方、軽自動車は日本の風土に必然として生まれたサイズと考えています。その日本オリジナルであることに誇りを持って、スモールメリットにこだわりデザインポリシーを象徴的に表現したクルマとして、軽自動車のオープン2シーターの「コペン」や、新ジャンルワゴンの「タント」を発表して参りました。

2. 中期的視点

環境や資源問題、社会の仕組みやお客様の価値観など、クルマを取り巻く環境も大きく変化しようとしており、そのためには、従来の枠を取り払い、スタイリングに止まらずパッケージングも含めて明快なメッセージを盛り込み、コンパクトカーの未来像として新たな生活や使われ方を提案する必要があります。
私たちは、その例として第37回東京モーターショーに、街乗りに適したアンダー軽サイズの「ai」や、4人乗りながらCd値0.19を達成した「UFE-II」などを、コンセプトカーとして提案しています。

3. 長期的視点

今後のあり方を考えると、社会構造の変化の中で、使われ方だけではなくクルマの保有形態も大きく変わる可能性があります。例えば、基点移動は大型大量輸送機関が担い、駅までの通勤や、スーパーまでの買い物など短距離移動は、コミュニティで共同保有された「コンパクトカー」を使用するなど、社会的インフラを伴った新たなライフスタイルが考えられます。その時には、「コンパクトカー」こそ、個人の欲求を満足させつつ、公共の使命を果たすことが出来るのではないでしょうか。
私たちは、新たな社会ニーズに合わせてデザインは何ができるのか、今後も「コンパクトカー」の世界にこだわって提案し続けていきたいと考えています。

たとえば金沢市の「ふらっとバス」はフォルクスワーゲンのシャシーを使ったオーストリア・クセニッツ社製、大阪市の「赤バス」はルノーのシャシーをベースとしたスウェーデン・オムニノーバ社製である。

日本の小型バスが大型バスの縮小版にすぎなかったのに対し、ヨーロッパでは高齢者や身障者が積極的に自動車からの乗り換えを図れるように、前輪駆動のトラックをベースとした低床型の車両を早くから用意してきた。バリアフリーに対する認識度の違いが、このような結果を生んだと言えるだろう。

ただし2002年には三菱ふそうトラック・バス（当時は三菱自動車）から「エアロミディME」【図16】、日野自動車から「ポンチョ」【図17】と、国産車でも小型ノンステップバスが登場した。このうち日野ポンチョは、フランス・プジョーのシャシーを使っており、成り立ちはクセニッツ社製やオムニノーバ社製に近い。今後はコミュニティバスの発展にともない、純国産の小型ノンステップバスが増えていくものと思われる。

バスと鉄道の利点を兼ねるIMTS

バスといえば、2005年に愛知県で開催される「愛・地球博」で、トヨタは以前から研究を進めてきたIMTS（インテリジェント・マルチモード・トランジット・システム）でコントロールするバスを、会場内での利用者輸送のために導入することを予定している【図18】。

専用道では無人で自動運転を行い、数台のバスが隊列走行を行うこともできる。速度調節は地上にある信号設備、ステアリング操作は専用道に埋め込まれた磁気マーカーによって行い、車間距離は車両間で交わす通信で調節する。そして一般道では普通のバスと同じように、有人運転で単独走行を行う。

IMTSは、バスが持つ路線設定の柔軟性、ローコストと、鉄道の利点である大量輸送、定時運行、高速走行を合わせ持つシステムと言える。これまでは鉄道とバスで分かれていた路線をひとつにまとめることも可能で、駅などで鉄道からバスへ乗り換える必要がなくなるというメリットが生まれる。

IMTSの技術は、バス以外にも応用することができる。たとえばマイクロカーでは、3人以上のグループが複数の車両で移動するときにも運転者がひとりですむ。トラックでは、幹線道路に信号設備を設置することで、運転手を少なくすることができる。もちろん、交通事故の減少にも寄与するだろう。現在建設中の第二東名高速道路では、このIMTSを導入するという考えもあるという。

課題はハードウェア以外にもある

今後は、燃料電池自動車に代表される地球環境対応型テクノロジーをさらに進化させていくのはもちろん、カーシェアリングやIMTSでは都市や道路の設計とセットで開発を進めていくことになり、これまで以上に行政や他業種との関係を密にしていかなければならないだろう。ここで問題となるのは、こうした環境が整備されることで、販売台数の減少が避けられなくなることである。ユーザーが自動車を「買う」から「使う」生活にスイッチしたときに、メーカーはどのようにして収益を出していくのか。技術開発以上に、こちらのほうが課題になっていくだろう。

3章
クルマ社会の成熟

犬養智子=編

　高齢社会では、移動の問題は、シニア市民の基本的人権として認識されなければならない。自由で快適な移動が、だれにでも、いつでも、どこででも出来ることが、個人の「自由で自立した生活」を確保するための基本だからだ。移動が不自由だと、ヒト、ことにシニア市民は、生活の快適さを奪われ、精神と身体の活性化を妨げられ、健康や寿命にも影響する。生活必需品の買い物さえ困難になる。シニアを活気づけ、活力ある生活をより長く持てるようにするには、移動の自由の確保を、他力本願ではなく市民力で達成することが必要だ。

　個人が持つ自由な移動手段の筆頭は、クルマである。この章では環境へのクルマの負荷も念頭に置きつつ、筆者たちは、シニアの移動の自由の確保に心を砕く。都市と田舎ではライフスタイルや社会のインフラが違うから、対策は同じではないが、共通するのは、シニアドライバーへの理解と安全確保、公共交通や道路の整備や面的なつながりの確保、まちが市民に提供するモビリティ手段、クルマに代わる個人の快適な移動具の開発、ヒトを幸福にするまちの設計まで、さまざまな技術革新や工夫を、批判を含め、見ることになる。

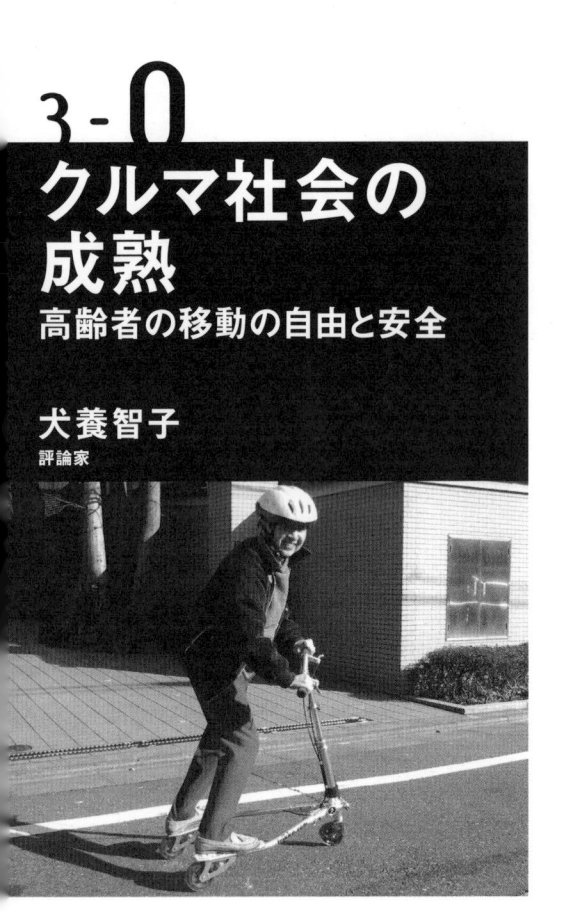

3-0
クルマ社会の成熟
高齢者の移動の自由と安全

犬養智子
評論家

日本中がグレイに色変わりする21世紀

21世紀は日本中が、なかでも首都圏が"グレイ社会"になる。高齢者[*1]の増加と若年層の減少により、日本は中位推定でも2015年に老年人口が26%に、2050年には36%になると予想される。2025年には70歳以上人口は総人口の23%に、80歳以上は10%になる（国立社会保障・人口問題研究所、2002年）。さらに高齢化は、これまでは3大都市圏で低く、地方で高かったのが様変わりし、3大都市圏、特に首都圏でより早く進む予想だ。

高齢者の1人暮らしも増加中で、シニアの単独世帯は、高齢者人口中、男性が8%、女性が18%（2000年）、男女総計で11%弱だ。先進国ではさらに高く、米、独、スウェーデンなど41～46%（高齢社会白書、内閣府、2002年）。日本でもこの割合は上がると予想していい。したがって、シニアの交通問題、ことに移動の自由・快適と安全性の問題は、都市圏、地方共に根本的な対策が急ぎ必要なことがわかる。その内容は地域の特性に応じて考えられるべきだ。

シニアのエンパワーメント

ただ長生きするのでなく、健康で活力ある人生を送れる期間を長くすることに、高齢社会の意味がある。アクティヴ・シニアは20世紀末の常識だったが、さらにシニアの自立と尊厳のために、社会的にエンパワーメントを進めることが21世紀の課題となる。シニアのモビリティ・ニーズは高く、クルマでの移動は一層増加し、ほかの代替交通手段へのニーズも高まるだろう。また、障害が出たときにシニアが自立を持ち続けられるように、社会がサポートすることも必要で、そのためのシステムづくりが緊急課題だ。

ヒトの生活の〈いれもの〉である街は、シニアの多様で自立した質の高い快適生活を可能にするつくりでなければならないが、日本の都市はヒトに親切にできていない。都市のリ・デザイニング、「人々の幸福のための都市の再計画」をし、これを「ヒトのための幸福原理」と呼ぼう。バリアフリーやユニバーサルデザインの必要は認知されたが、現実の対応は遅い。駅のエレベーター設置率は、全国平均で、JR3%、私鉄11%、地下鉄38%と低い（科学技術政策研究所、REPORT NO.62 1999）[*2]。緑が少ない、

歩道が不備、しかも都市の再開発計画は、観光開発、ビジネス開発に偏って、「幸福原理」にそむいているのが実状だ。

移動の自由は基本的人権

　移動の自由は、言論の自由と同じに、基本的人権のひとつだが、その認識が日本では薄い。加えてシニアへの正しい認識を欠く人も多い。高齢者は社会的弱者、財政上の負担、保護し制限をもうけて当然、といった考えが行政にあるとしたら問題だ。WHO（世界保健機関）は「高齢者に関する神話の打破」を提唱している。シニアの運転については、日本の役人は高齢者弱者説にたって、管理・制限を望んでいるように見える。上級官僚には車が付き、セルフドライバーが少ないから、シニアの運転への理解を欠くのかもしれない。高齢者の運転免許返上に積極的なのも日本の特徴。先進国ではシニアの運転は当然だから運転制限は論外、生活の質を保つために、事故を起こさないよう、積極的な調査や安全対策をとるのと対照的だ。

　人々の固定したシニア観を変えることも必要だ。統計上は65歳以上が高齢者だが、実際には75歳以上と考える人が2.5人に1人（「何歳からを高齢者と考えるか」の調査［内閣府、1997年／当時総務庁］）。大方の白書の高齢者についての統計が「65歳以上」で終わり、よくて「75歳以上」どまりなのも改め「85歳以上」を設けないとデータとして役に立たない。シニアへのネガティヴな観念の背景には、シニアについてのメディア・リテラシーの低さもある。新聞、テレビに現れるシニア像はもう実在しない、長い白いひげのおじいさん、髷に結った和服のおばあさんで、差別的でマイナス効果だ。

シニアはどんな移動生活をしているか

　内閣府や厚生労働省の高齢者についての白書は「新しい高齢者像」を出そうと試みているが、主な内容は人口、所得、住居、介護（保険）、病気、死亡率など。シニアの運転の項目を、やっと「高齢社会白書」（内閣府、2002、2003年）にひとつ見つけた。「高齢者の住宅と生活環境に関する意識調査」（内閣府、2001年／面接聞き取り調査）がそれ【図1】。高齢者の外出で、「自分でクルマを運転する人の運転頻度」は「ほとんど毎日」65％、「週に2、3回」25％、両方含めると9割のシニアが頻繁に運転している。また、住むまちの規模が小さくなるほど、運転頻度は高く、大都市ほど低い。町村は「ほとんど毎日」が7割、中都市は6割、大都市は5割強。使いよい代替交通手段がなければクルマに頼るからだ。町村は「クルマ・いのち」である。

　状況は、世帯の形態によって変わる（複数回答）。単独世帯だと「自分で運転」のシニアはたった12％で、バスが35％、71％は徒歩、自転車が20％と、1人暮らしはアシに大幅に頼ることがわかる。夫婦2人世帯では「自分で運転」が増えて40％近くなり、徒歩が61％に減るのは、夫の免許に頼るからか。運転する同居者がいないシニア（主に女性）は不便が多いはず。同じ調査でシニアに「不便な点」を訊くと、「交

WHOによる「高齢者に関する神話打破」6項目を、意識切り替えのために以下のように読み替える

(1) 高齢者はほとんどが先進国に住んでいる ▶ 世界中に存在する
(2) 高齢者はみな同じだ ▶ 多種多様だ
(3) 男女とも同じようにトシをとる ▶ 個人差が大きい
(4) 高齢者は虚弱だ ▶ つよい
(5) 高齢者は何も貢献できることはない ▶ 役に立つことがいろいろある
(6) 高齢者は社会に対する経済的な負担である ▶ 新しい社会システム、新しい需要の開発

図1　自分で自動車を運転する高齢者の運転頻度

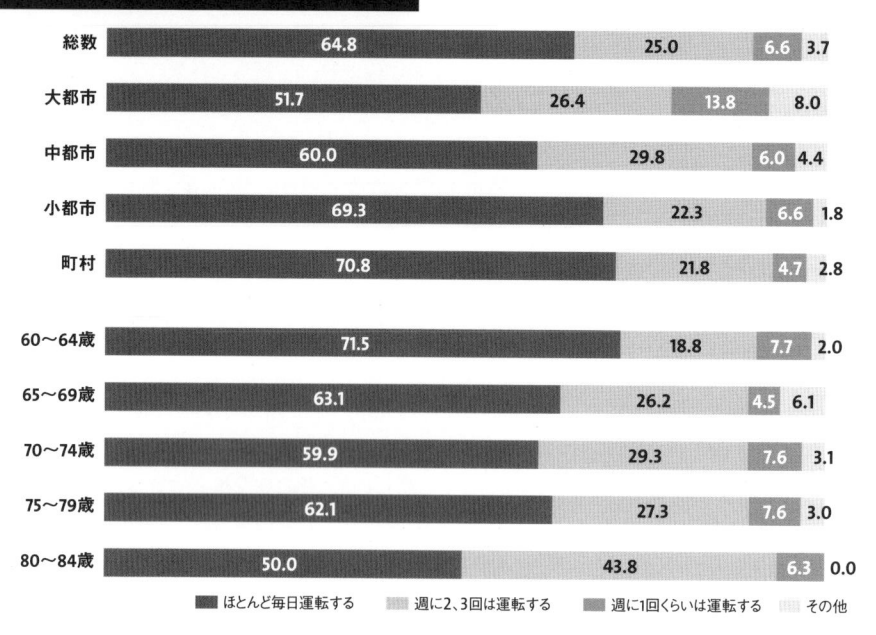

	ほとんど毎日運転する	週に2、3回は運転する	週に1回くらいは運転する	その他
総数	64.8	25.0	6.6	3.7
大都市	51.7	26.4	13.8	8.0
中都市	60.0	29.8	6.0	4.4
小都市	69.3	22.3	6.6	1.8
町村	70.8	21.8	4.7	2.8
60〜64歳	71.5	18.8	7.7	2.0
65〜69歳	63.1	26.2	4.5	6.1
70〜74歳	59.9	29.3	7.6	3.1
75〜79歳	62.1	27.3	7.6	3.0
80〜84歳	50.0	43.8	6.3	0.0

出典：「高齢者の住宅と生活環境に関する意識調査」（内閣府、2001年）、高齢社会白書（内閣府、2002、2003年）
調査対象は全国60歳以上の男女で、大都市とは東京都区部と指定都市、中都市とは人口10万人以上の市（大都市を除く）、小都市とは人口10万未満の市を指す。その他とは「月に数回しか運転しない」「年に数回しか運転しない」および「無回答」の計

通機関が使いにくい」10%、「交通事故に遭いそうで心配」8%、「近隣道路が整備されていない」7%、「日常の買い物に不便」「通院に不便」ともに12%の回答がある[*3]。

運転するヒト7,700万人

日本人の免許証保有者は2003年末で総数77,467,729人。運転免許適齢人口の約71%。シニアの免許証保有者（免許人口）は年々増加、1992〜2000年の11年間に6%弱から11%へとほぼ倍増した。老年人口も総人口の13%から19%に増加。免許人口では、65歳以上と若者（24歳以下）が、ほぼ同数の826万人になったのが2002年末。2003年末には65歳以上（879万人）が若者（799万人）を上回った。100歳以上で登録上、運転免許証を持つ人は2002年末に6人、実際には3人で、最高齢は毎日ラドン温泉にクルマで行くという宮崎市の103歳だった。2003年末には100歳以上は全国で実質4人、最高齢は104歳だ。95〜99歳560人、90〜94歳11,617人、85〜89歳9万9600人、80〜84歳44万5000人、75〜79歳139万人、70〜74歳279万人（警察庁、2004年4月）。

日本の免許証保有者率は、運転免許適齢人口（1億844万人）当たりでみると71%。女性の免許保有が全年齢に少ない。60〜64歳でも女性は男性の半分、年齢が上がるほど男女差は開き、男性の1/3から1/5。75歳以上は男性が45%なのに、女性は3%だ【図2】。ここにシニア女性の移動の自由と安全の問題があ

3-0. クルマ社会の成熟

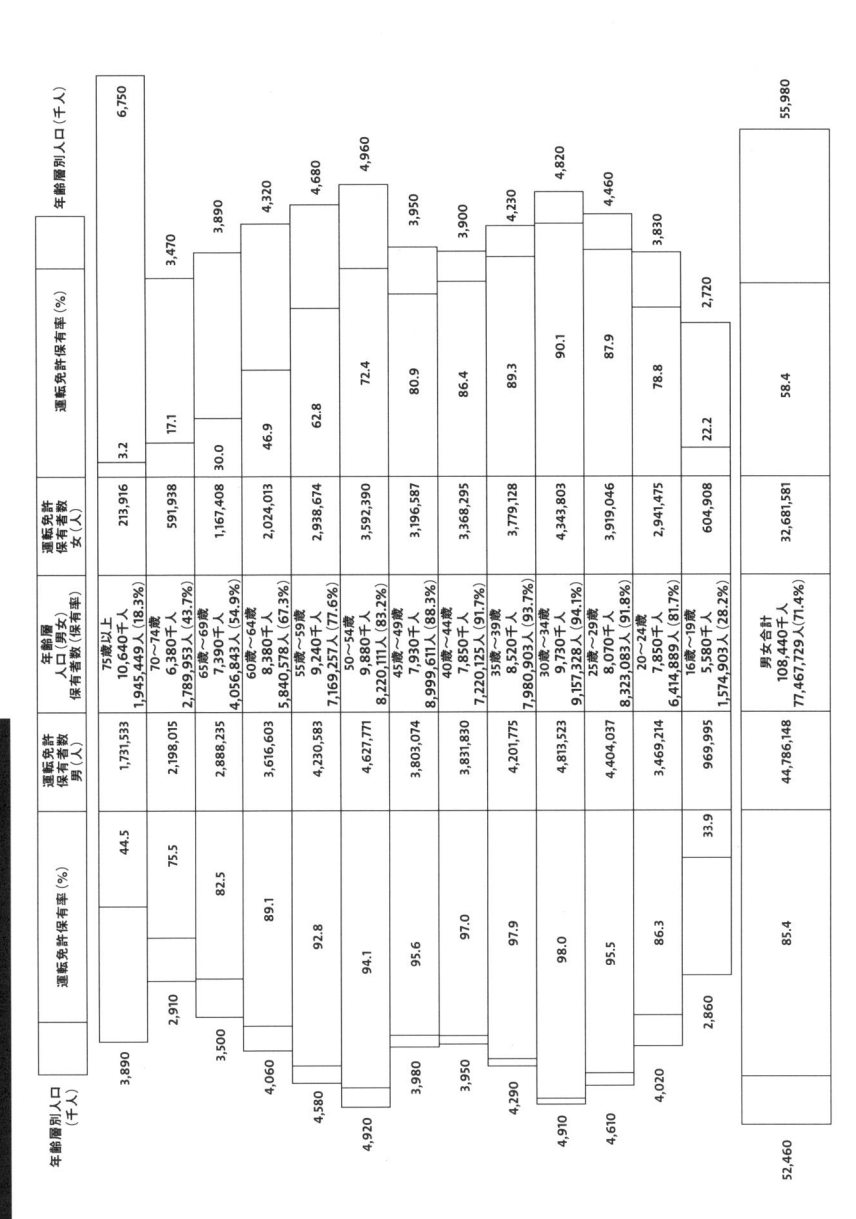

図2 男女別運転免許保有者数と年齢層別保有率（2003年末現在）

年齢層別人口(千人)	運転免許保有率(%)	運転免許保有者数 男(人)	年齢層 人口(千人)/保有者数(保有率)	運転免許保有者数 女(人)	運転免許保有率(%)	年齢層別人口(千人)
3,890	44.5	1,731,533	75歳以上 10,640千人 1,945,449人(18.3%)	213,916	3.2	6,750
2,910	75.5	2,198,015	70〜74歳 6,380千人 2,789,953人(43.7%)	591,938	17.1	3,470
3,500	82.5	2,888,235	65歳〜69歳 7,390千人 4,056,843人(54.9%)	1,167,408	30.0	3,890
4,060	89.1	3,616,603	60歳〜64歳 8,380千人 5,840,578人(67.3%)	2,024,013	46.9	4,320
4,580	92.8	4,230,583	55歳〜59歳 9,240千人 7,169,257人(77.6%)	2,938,674	62.8	4,680
4,920	94.1	4,627,771	50歳〜54歳 9,880千人 8,220,111人(83.2%)	3,592,390	72.4	4,960
3,980	95.6	3,803,074	45歳〜49歳 7,930千人 8,999,611人(88.3%)	3,196,587	80.9	3,950
3,950	97.0	3,831,830	40歳〜44歳 7,850千人 7,850千人	3,368,295	86.4	3,900
4,290	97.9	4,201,775	35歳〜39歳 8,520千人 7,220,125人(91.7%)	3,779,128	89.3	4,230
4,910	98.0	4,813,523	30歳〜34歳 9,730千人 7,980,903人(93.7%)	4,343,803	90.1	4,820
4,610	95.5	4,404,037	25歳〜29歳 9,157,328人(94.1%) 8,070千人	3,919,046	87.9	4,460
4,020	86.3	3,469,214	20〜24歳 7,850千人 8,323,083人(91.8%)	2,941,475	78.8	3,830
2,860	33.9	969,995	16歳〜19歳 5,580千人 6,414,889人(81.7%) 1,574,903人(28.2%)	604,908	22.2	2,720
52,460	85.4	44,786,148	男女合計 108,440千人 77,467,729人(71.4%)	32,681,581	58.4	55,980

警察庁／人口については、総務省統計局「人口推計月報」2003年12月1日現在の概算値を使用した。ただし、単位未満は四捨五入しているので、合計の数字と内訳が一致しないこともある。

図3　高齢者の免許保有者数と事故件数

	1993年	(構成率)	2003年	(構成率)
運転免許保有者				
人口	1,690万人	(13.5%)	2,431万人	(19.0%)
免許人口	353万人	(5.5%)	879万人	(11.3%)
保有割合	4.8人に1人		2.8人に1人	
原付以上第1当事者				
事故全体	32,365件	(4.7%)	89,117件	(9.9%)
死亡事故	736件	(7.9%)	1,017件	(14.9%)
事故死者数	2,998人	(27.4%)	3,109人	(40.4%)
負傷者数	67,699人	(7.7%)	125,012人	(10.6%)

警察庁、2004年

る。高齢女性は歩行中の事故が多く、交通弱者になりやすい。

シニアの交通事故は増えたか?

　警察庁によると、シニアの交通事故が増えているという。仮にそうでも、だからシニアの運転を制限するというのは短絡的すぎる。免許証と移動の自由は、基本的人権だからだ。2002の高齢者の原付以上(1当/第1当事者)の死亡事故は全体死亡事故の15%、負傷者は10%。警察庁では「シニアの免許人口の構成率11%を考えると、シニアが特に多いとはいえないが、ペーパードライバーが多いと推測すると、高齢運転者対策が必要だ」と言う。だがペーパードライバーか実ドライバーかの調査は、警察庁にもない【図3】。

ITARDAの調査

　(財)交通事故総合分析センター(ITARDA)は、交通事故の調査・分析で最も信頼される機関。高齢者交通事故の分析をここの資料で見よう。「イタルダ・インフォメーション」NO.24 2000によると、高齢者の交通事故増加はシニアの人口増と、免許人口(自動車、自動二輪、原付)増に起因すると考えられること、高齢者の免許人口当たり死者数は、若者とほぼ同じであると指摘されている。状態別致死率では、若者は自動車乗車中が高く、シニアは歩行中が非常に高い【図4】。

　警察庁によると、各地でシニアのアシになっている時速6キロ以下の免許証不要の小型スクーターは、事故の場合、電動車イスの分類になる。[*4]

　人口規模別(市町村別)では、人口規模が大きいほど、歩行中の死者数の割合が高い。状態別では、自動車乗車中の死者数は、人口規模が小さいほど高い。人口1万人以下の市区町村では、人口50万人以上に比べて8倍以上だ。

　イタルダの「第5回交通事故調査・分析研究発表会」(2000年)の高岸一博氏報告はより詳しい分析で、これによると、1991〜2000までの10年間で高齢者の運転中死者は1.6倍、負傷者は2.1倍(小数点2位以下は四捨五入)

になっている。一方、全年齢ではそれぞれ0.9倍と1.2倍だから、シニアの事故数の増加は高く見える。しかし高齢者の人口はこの10年間で連続して1.4倍増加し、また運転免許保有者も10年間で2.3倍増加。つまり運転するシニアの実数が増えているから、免許証保有者の人口当たりで見ないと事故が増えたとは言えない。むしろ高齢者の自動車等（自動二輪、原付を含む）運転中の死者数は、10年間で0.7倍、同じく負傷者数は10年間で0.9倍に減少している。世間でいうほどシニアの運転について騒ぐ必要はないことがわかる。ただ後期高齢者[*5]では、免許保有者当たりの死亡と負傷者が、全年齢と比較すると多少高い【図5、6】。

注目していいのは、危険認知速度ではシニアと他の年齢層では大きな違いはないという指摘だ。高齢者と他の年齢層とはほぼ同じ状況で事故に遭っていて、追突が半数（最多）、次に出会い頭である（イタルダ・インフォメーションNo.41 2003）。

シニアの運転についての世論調査

内閣府（以前は総務庁）の「交通安全に関する世論調査」は、1990年に始まり数年おきに続けられてきたが、「高齢者の交通事故の防止」が主な目標のようだ。調査結果が発表されるとメディアは他の項目はあっても、「高齢者の事故増加」と「運転免許を制限すべきか」の問題提起型の記事をのせる。結果的にシニアの運転制限への世論操作になっている。実際この世論調査の経年変化を見ると「高齢者の運転免許取得の制限、検査の強化」というやや差別的な設問で、1990年の27％から2003年の40％（20歳以上の答え）へと「制限すべき」の答えが増加している。「すべき」の答えは50歳以下に多く、70歳以上に少ない。科学的根

図4　年齢層別状態別死者数（1998年）

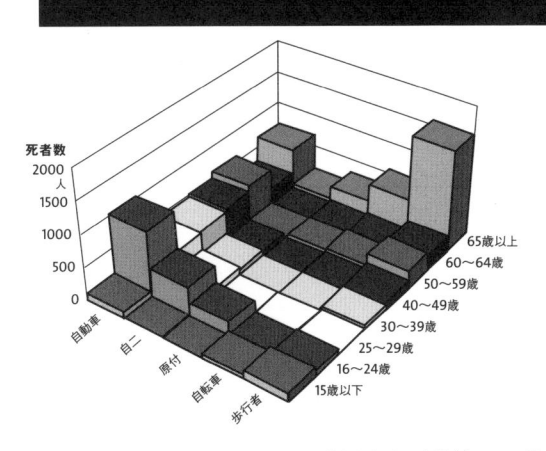

出典：イタルダ・インフォメーション、NO.24「高齢者交通事故」（ITARDA発行、2000年）

拠を示さない質問と安易に「制限すべき」と答えるところに、日本人の人権意識の薄さと官コントロールへの不感症、シニアドライバーへの無理解が見られる。

トシをとると「反射神経がにぶる、認識力が落ちる」と、加齢による身体的影響を怖れて運転を自己規制する人が、日本ではかなり多い。トシとっても運転は個人の権利であり、自由な移動は生活に欠かせない、との認識で運転をする人は欧米、ことにアメリカで多く、運転免許は人権問題として捉えられ、論議される。アメリカ政府が民間に依頼して行ったシニアドライバーの調査（ペーパードライバーを除く）では、85歳過ぎて運転する人は、男性が1977年に29％だったのが、1995年に62％。女性はたった4％から23％へと増加。65歳以下では男女差は余りない。さまざまな調査研究が、シニアの交通安全を最重要課題としている。「シニアの早すぎる運転控えの原因は何か」の調査もあり、積極的・実際的で、制限好きの日本と対照的だ。[*6]

クルマ社会の歴史の違いも影響する。先進国では、クルマの運転を市民がするようになっ

て4世代から5世代目になりつつあるが、日本は一般に戦後スタートだからせいぜい2世代。私の場合は明治生まれの父から数えて私のコドモで3世代だ。クルマ社会の成熟が待たれる。

免許証の制限はノー

世論調査が10年以上かけて免許証制限を論じたのが、返上への地ならしとして成功した。道交法改正で申請取消しは1998年に始まり、約2,600人が返上。年々増え、2002年には8,073人だった申請取消しが、2003年には10,632人になり、65歳以上が9,825人で9割以上。65〜69歳は500人足らずだが、75歳以上は6,665人も取消し、6割以上を占めた。70歳以上の免許更新には、改正道交法で講習が義務づけられているが、その他に任意のシニア運転講習制度が警察庁の指導で各地で行われている。

アメリカは、世間の体制に順応しやすい日本と違って、個人の独立と自由を最大の価値とする国だから、加齢による運転制限には人権侵害と反発する。目が悪くて運転免許がない老人が古い芝刈り機を運転し、時速8キロでアイオワからウィスコンシンまで500キロ以上の道を6週間以上かけて自力で移動した実話が映画になったのも、自由独立の国の気概だ（Straight Story, David Lynch監督 1999）。

2003年7月にサンタモニカで起きた交通事故では、10人が死亡、45人が負傷。ラッセル・ウェラー86歳が、ブレーキ操作を誤りアクセルを踏んだ結果だ。アメリカでも85歳以上老人が起こす交通事故は、ティーンエイジャーの事故と同様の脅威となっているという。この事故

図5　人口当りの死者数・負傷者数等
図6　自動車等運転中の死者数・負傷者数等

	高齢者データ			全年齢データ			後期高齢者データ		
	1991年	2000年	2000年/1991年	1991年	2000年	2000年/1991年	1991年	2000年	2000年/1991年
人口	15,582	22,001	1.41	124,043	126,925	1.02	6,244	8,998	1.44
死者数	2,834	3,166	1.12	11,105	9,066	0.82	1,501	1,698	1.13
負傷者数	56,468	110,672	1.96	810,245	1,155,697	1.43	18,403	33,684	1.83
人口10万人当り死者数	18.18	14.39	0.79	8.95	7.14	0.80	24.04	18.87	0.78
人口千人当り負傷者数	3.62	5.03	1.39	6.53	9.11	1.40	2.95	3.74	1.27

	高齢者データ			全年齢データ			後期高齢者データ		
	1991年	2000年	2000年/1991年	1991年	2000年	2000年/1991年	1991年	2000年	2000年/1991年
運転免許保有者	3,156	7,200	2.28	62,554	74,686	1.19	506	1,351	2.67
自動車等運転中死者数（原付以上-第1当事者）	420	675	1.61	4,178	3,540	0.85	141	258	1.83
自動車運転中等負傷者数（原付以上-第1当事者）	6,594	13,655	2.07	96,693	114,613	1.19	1,786	4,087	2.29
免許保有者1万人当り自動車等運転中死者数	1.33	0.94	0.71	0.67	0.47	0.70	2.79	3.53	1.27
免許保有者千人当り自動車運転中等負傷者数	2.90	1.90	0.91	1.55	1.53	0.99	3.53	5.66	1.60

出典：高岸一博「高齢者の交通事故発生状況の分析」（ITARDA、第5回交通事故調査・分析研究発表会資料、2002年9月）

のあと、シニアにはロードテストを受けさせよ、の議論が出たが、シニア市民団体はただちにシニアへの差別だと非難した。これからどう発展するのか、興味深い。アメリカのいくつかの州では、近年、高齢者の免許更新に何らかの制限を設けるところも出ているそうだが、制限といっても、更新を郵便で受け付けない、視力その他の検査を数年ごとにやるなどで、これなら日本の免許更新の現行法のほうがきびしいくらいだ。

21世紀の大テーマは、シニア市民が生涯を健康で、自立し自由に生きられることだ。それには自由な移動手段が欠かせないから、各地で技術革新や市民のサポートが展開している。中でも地球環境への配慮から、クルマに替わる個人の便利・快適・安全な移動手段へのニーズが高まりつつある。鋼鉄の箱にはいらずにヒトが移動する道具（human transporter）の開発に、人々の知恵を集める時代がきている。

世界に目を移すと、human transporterとして個人の自由な移動具の発明・開発が目立つ。アメリカのSegwayHT（セグウェイ）は、バッテリー使用のハイテックな1人用移動具。人力のみで移動する軽量なTrikke5や6や8（トライク）は1人用・近隣の移動向きだ。

セグウェイは平行した二輪上のコントロール・ボードにヒトが立って操作する。時速20km、航続距離25km、重量38kg、約5千ドル。ボストンでは警官がパトロールに使用。

トライクは逆Y字型の小さな「三輪スクーター」で、200ドルと安く、片手で持てる。バッテリーなし、人間の体重移動で前進する。巡航スピードは時速15〜20km前後、坂は斜度15度まで登れるという。私はシニアの移動具になると考え、Trikke5をアメリカから取り寄せて乗ってみた【写真p.120】。東京の住宅地は歩道がなく、路面も凸凹なのが難だ。

セグウェイは、アメリカ以外にフランス、イタリー、韓国などで一般道や歩道を気軽に走っているという。これでヨーロッパを旅した人もいる。クルマ減らしに役立つディーン・カメン氏の画期的な発明で、壮年向き。日本の問題は監督官庁が保守的で規制好きなこと。セグウェイで街を走ると警官に取り締まられる。これでは新しい技術は育たない。アメリカではシニアの日常の外出にゴルフカートが重宝がられた結果改造車も造られ、最高時速40km、安全装置をつけたものを連邦政府も低速車として認めたという（JAF MATE 2004年6月号）。さらに調べたら、シニアと子供（通学用）に普及したため、州によっては免許証が必要になった。これからどう発展するか興味ふかい。

新しい技術に役所が積極的な姿勢を示すのがアメリカのいいところだ。クルマの排ガスを減らすのは世界的な課題。すこしでも可能性のあるものはトライするのがかしこい。新しいことを嫌い、失敗を怖れるのは、役人といわず日本人のマイナス体質。それを改めて、勇気をもってチャレンジし、希望への前進をしたい。

*1　ここでは高齢者（65歳以上）をシニアと言うことが多い。資料の引用はそのまま高齢者を使う
*2　「2010年代の国民生活ニーズとこれに関する科学技術」
*3　パーセンテージの数字は、表ではそのまま、文中では四捨五入して入れた。ITARDAの引用のみ、0.0の単位を入れた。
*4　免許のいらない、時速6キロ以下のスクーターは、警察庁によると、電動車椅子カテゴリーに入る（免許証不要、高さ109cm、全長120cm、幅70km以下）。島根県石見町で採用されている例がある。
*5　前期高齢者：65〜74歳、後期高齢者：75歳以上
*6　Projecting Fatalities in Crashes Involving Older Drivers, 2000-2025, Oct. 2000. Older Driver Research Projects Sponsored by General Motrtors Corp. Oct. 2000

参考文献
『日本には歩道がないんだ！』（千葉・市川バリアフリー調査団報告書、2002年）
『高齢者の転倒転落に占める履き物と自転車の原因等』（東京都生活局、2002年）

3-1
超高齢社会の活性化とモビリティ

溝端光雄
東京都老人総合研究所介護、
生活基盤研究グループ副参事研究員、
茨城大学工学部都市システム学科非常勤講師、
都立保健科学大学看護学科非常勤講師

超高齢社会の活性化とモビリティ

最初に、なぜ高齢者にとって活動的な生活が必要であるのかについて述べる。それは、誰もがPPK[*1]（ピンピンコロリ）を望むからであり、欧米や日本などの高齢先進国で実施された長期縦断研究[注1]において、【図1】[*2]に示すように「社会的ネット指標（活動性）が密な人ほど死亡率が低い」という知見が実証されているからである。

Productive Agingという用語も、後者の知見に根ざしたものである。WHOの統計でも、すでに数年前からわが国の平均寿命や健康寿命は世界一を記録し、在宅で自立生活を送る元気高齢者が増え続けているのである。2000年から施行された介護保険で「要支援」や「要介護」と認定された高齢者の割合は、65歳以上人口の約12.4％（2003年上半期の全国値）[*3]、約1/8である。つまり、8人の高齢者のうちの7人は在宅で自立した生活をしているのである。

こうした中で「将来の高齢者がいかなる生活を送るか」を予想することは、世代の違いや心身機能の多様性を考えれば容易でないが、昨今の元気高齢者が志向するいくつかの新しい動きからその未来像を窺うことは可能ではないだろうか。

例えば、現時点で最も大きな高齢者市場は旅行関係の分野とされており、十分な自由時間を持つ元気高齢者の増大を考えると、旅行やドライブといった非日常的な活動が増えるだけでなく、生き甲斐や生活の張りをもたらす日常的な活動も顕在化すると察せられる。高齢者向けのリクルート市場が形成され、年金受給を後回しにして働ける間は働くという元気高齢者が増えたり、地縁や価値観等に基づく高齢者対象の仲間づくりや伴侶探しが活発化したり、老化予防の健康づくりやフィットネスクラブでの体づくり、グランパ・グランマと孫が楽しく買物したり、年配者向けとは思えないお洒落な商品やサービスを購入して生活をエンジョイしたり、さらには施設ケアを受けながら在宅で暮らしたりと、いわば超高齢期になっても可能な限り地域で活き活きと暮らす熟年生活の形態が実現すると思われる。

次に、活き活きとした熟年生活を可能にする条件として何が重要であるかについて述べる。当然ながら、病気で寝たきりとなれば活動できないので、「適切な食生活と運動を日常生活に

取り入れて高齢期特有の生活習慣病を予防すること」がひとつの条件である。これらは、本来、保健・医療面の制度に基づいて個人が選択する対応である。一方、生物学的な老化現象は、個人差が大きいものの、誰もが経験する変化であるので、「加齢に伴う多少の障害や病気を補償できる街づくりやモノづくりを展開して活動的な在宅生活を支援すること」がもうひとつの条件である。いわば、これらは、老化に伴う不具合を支援する社会的な対応である。気兼ねや不安などの精神的負担や過度な介護負担を感じないで済むような交通システムづくり、自宅でも移動先でも支障なく活動できる建築環境づくり、さらには加齢の変化に配慮したモノづくりは、高いモビリティとQOLを高齢者に保証し、彼らの活動性を高めることにつながる。結果として、高齢者全体の死亡率が【図1】に示したように下がり、一層の健康長寿が実現されよう。

無論、それらに関わる行政や民間の投資は、高齢者絡みの医療費や介護費の節約に寄与するであろうし、その過程で考案される優れたアイデアや多様な商品が日本や世界の高齢国

図1　米国における社会的ネット指標と死亡率（出典Berkman L.F. & Breslow L. 1989）

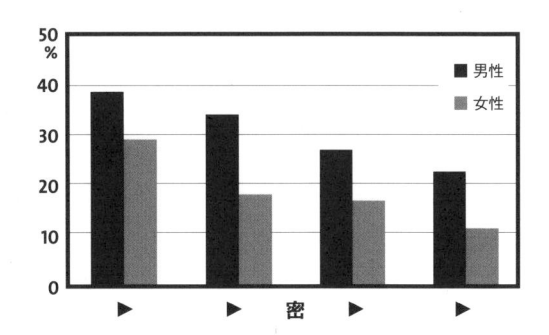

へ普及することにより回収できる面もあろう。私たちが20世紀から受け継いだ最大の社会問題は、医療面の進歩に伴う超高齢社会づくりと、化石燃料に過度に依存しない地域社会づくりであると思われる。

21世紀の交通システム像と高まるクルマの役割

世界の高齢化は、保健知識の普及により乳幼児や高齢者の死亡率が低減する中で、今後

図2　J型電動車いすが運転席となる車

図3　ふたり乗りのHybrid車
図4　ひとり乗りのEV車
図5　電動の原付
図6　ハンドル型電動車いす

とも一層の進展をみせると予想される。そのため、「足腰や眼などの機能が老化しても元気に活動することがPPKにつながる」という観点から「人にやさしい交通システム」が必要不可欠とされよう。同時に、地球環境と共生できるかたちでの持続的な経済成長という観点から「環境にやさしい交通システム」の構築が求められよう。以前から指摘されてきた排ガスというクルマの陰の問題は、すでに市販されているハイブリッド車だけでなく、リチウム電池や燃料電池などを使った新しい動力方式のクルマの開発と普及により大きく改善されよう。

　それゆえ、都市の規模や形態に応じて、人にやさしく効率的な交通システムを構築するという視点が極めて重要視されると考えられる。以下では、大都市とそうでない小都市に分けて、明日の交通システム像を模索する。

　まず、東京などの大都市圏では、膨大な移動需要の全てをクルマだけに分担させることは都市空間の有限性という点から困難であり、人と環境にやさしいクルマと公共交通に役割分担させることが基本となろう。

　このうち、前者のクルマとは、道路を走る新しい私的交通手段の総称で、歩行機能や認知判断機能の衰えを支援できるインテリジェントな普通自動車（例えば、電動車いす自体が運転席となる車【図2】[4]）とともに、1〜2人乗りのハイブリッド車や電気自動車（EV）（例えば、ハイブリッド小型車【図3】[5]、1人乗りEVの試作車【図4】[6]、電動の原付【図5】[7]や自転車、さらには時速6km/h以下に制限されたハンドル型（H型）電動車いす【図6】などを指している。今後は、これらのクルマが、利用者の心身機能や使用目的などに応じて選択利用されよう。

　一方、後者の公共交通は、高齢者や障害者に配慮したユニバーサルなデザイン要素で構成された鉄道やバス【図7〜9】[8]に加えて、

路面電車の復活といえるLRT[注2]——例えば、ドイツ製の車両を使った広島の郊外型市内電車【図10】[*9]や、短いバス停間隔と分かりやすい料金制度を有し、車いすも乗降できるコミュニティバス（CB）——例えば渋谷のハチ公バス【図11】、さらには小型の箱バン車などを使った介護タクシーや移送サービスを組み合わせて、全体としてシームレスな公共交通サービスを提供するシステムを指している。

移動の距離と需要量という観点からみて、1〜2人乗りの小型車は今までの普通乗用車と2輪車の中間ニーズに応ずる胎動期の移動手段であり、H型電動車いすは自転車と徒歩の中間ニーズ、LRTは既存の鉄道とバスの中間ニーズ、そしてCBは従前のバスと歩行の中間ニーズに対応する成長期の新しい手段である。

これらは、いずれも、従前のわが国では無視、または軽視されてきた選択肢（Neglected Options）であり、今後はこれらの手段が現存のシステムに埋め込まれるかたちで利用されると考えられる。フランスのように公共交通を公共財と見なして税金で整備することが可能になれば、先述したクルマと公共交通をバランス良く組み合わせる対応が容易となろうが、公共という意識が薄かったわが国では私企業である公共交通事業者への補助が難しい面があった。

しかし、2001年から施行された交通バリアフリー法は、駅を中心とした数kmというエリア内で公共交通利用時の移動の円滑化を財政的に支援しながら進める制度で、該当駅を抱える自治体と関係事業者、および利用者である市民が参加するかたちで関連事業の全国展開が図られている。とはいえ、この法制度による改善は、主要な鉄道駅とその周辺が対象とされていることもあり、規模の大きい都市部での事業

図7　幅広の改札口
図8　使いやすい自動券売機
図9　車いすの車内スペース

展開に止まる可能性が高いと考えられる。

また、歩行機能の一層の衰えが顕著となる後期高齢者の増大する移動ニーズを考えれば、乗り換え等に伴う心身への負担を軽減した現在改善中の新しい公共交通手段（例えば、CBなど）でも対応が難しいと思われ、NPO団体や介護支援事業者が運行している現在の移送サービスや介護タクシー、さらには車いす乗

図10　広電の超低床LRT

車が困難な今のタクシーにいたっては、ますますそのニーズに対応することは容易でないと推察される。

ところで、先掲の【図6】に掲げたH型電動車いすは、速度以外の利便性が車に近く、後期高齢層を中心に、その利用が増加している。インテリジェントなクルマも、カーナビやETC等の開発と普及が進み、出発地から目的地までに存在する運転者にとっての多様な負担が大きく軽減され始めている。

それゆえに、こうした手段が、少子化に伴う同居志向の影響などもあって、一般市民は元より、高齢者や障害者にやさしい手段として受け入れられると推察される。超高齢者の移動手段を巡る現状を見守り、使い易く安全な交通システムを育てるという姿勢が極めて重要である。むろん、都心部では小型のクルマや電動車いすの共同利用（タウンモビリティ等を指す）が、参加する市民の合意とそれに基づく適正な活用が実現されるという前提付きで実現するかも知れないが、先の条件を都市レベルで周知し守ることの難しさからみて、やはりそれらは都市の一部地区に限られよう。

なお、工業製品や市民の生活用品等を輸送する都市の物流については、本書の内容を超える問題であり、ここではトラック輸送に依存する実態とその改善に関して市民の目線で再検討すべき課題であることだけ述べておく。

次に、地方の小都市や中山間地域では、市民は所有する農地や山林の近くに分散的に住み、役場等が低平地に集合しているという低密度な生活形態が一般的である。このため、こうした地域では、そもそも鉄道やバスが事業として成立する基盤がないし、それらが運行していないという現実もあって、クルマに依存した生活形態が定着している。したがって、そのような地域では、市町村合併という昨今の動きとも絡んで、超高齢化時代に向けた地域の足の確保について行政と市民がともに考える姿勢と取り組みが必要となろう。その際には、やはり高いコミュニティ意識を活かして、電動車いすを含めた広義のクルマを地域の相互扶助の枠組みの中で活用する方法とか、行政運行か行政補助という形でのCBなど、弾力的に地域の移動手段を確保する道を模索すべきであろう。

加齢に伴う機能減退を補償するクルマの活用

老化を考慮した広義のクルマづくりや道づくりのポイントについて述べる。通常の自動車やバイク、さらには自転車や電動車いすなどは、基本的には利用者自身の能力に応じて安全運転を行うべき移動手段である。走行速度が高い前者の2手段は道路交通の安全確保という面から免許制であり、速度が低い残りの手段は免許が不要である。例えば、電動車いすは、バッテリー駆動という点では自動車であるが、最高速度が総理府令で6km/h以下に制限されており、道路交通法上では歩行者扱いである。

人口の超高齢化は、運転免許保有世代の

高齢化、すなわち広義のクルマである自動車やバイク、さらには電動車いすを運転する超高齢ドライバーの増大を意味している。加齢に伴う機能減退は、個人差が大きく、多様な機能の衰えとなって表れるため、道路交通の安全を阻害する面と運転継続を促進する面の両面から捉える必要がある。安全面は事故率という統計指標で評価され、運転継続の意志は利用者の意向から理解されよう。

まず、事故率については、年齢階層別に自動車の事故件数を集計し、当該年齢層の単位期間当たりの走行距離と免許保有者数で除して評価すると、その率が最も小さい壮年ドライバーに比して高齢ドライバーの事故率は高くなることが分かる【図12】[10]。しかも、70歳以上の後期高齢層に相当する年齢層になると、その事故率は倍以上になることが分かっている。ただ、この結果は、あくまで年齢階層別に算出した統計数値であり、個々の高齢ドライバーが危険であることを意味するものではないことを記しておく。

ところで、眼の生理学からいえば、老眼は一般に40歳過ぎから始まるとされているが、先の事故率は、40歳以降の年齢層からの上昇はみられず、後期高齢層に相当する年齢層になってから高くなっている。一方、動体視力の衰えや軽度認知障害などの発現率は、後期高齢層になってから上昇し始めることが眼科や精神医学の分野の文献で明らかにされているので、この知見と先の事故率が上昇する年齢層とが概ね一致しているといえる。

また、高齢ドライバーとそれ以外のドライバーに分けて集計した道路交通事故の法令違反（発生原因）を比べた結果をみれば、高齢者

図11　渋谷のハチ公バス

の方が「うっかり」とか「安全不確認」などの項目の割合が高くなっており、その結果は前記の動体視力や認知判断機能の減退傾向と符合している。さらに、高速道路で発生した逆走事故の原因を年齢層別に集計した結果でも「何らかの疾患(痴呆等)」という項目に高齢者が集中していることが分かる【図13】*11。現行の高齢者講習は機能の衰えを更新時に自覚してもらう参加体験型で行われているが、今後の高齢ドライバーの急増と彼らの事故の趨勢によっては納得して免許を断念してもらう仕組みを加えるべきであろう。

2003年の年頭の総理談話として発表された「今後10年間に交通事故死者を半減させる」というチャレンジ目標を達成するためには、高齢者の死者数を減らすことが大切なポイントのひとつである。とりわけ、免許断念の仕組みを検討する調査研究を早急に開始すべきである。その鍵は「病的な老化に起因する運転能力の低下に応じて運転免許の制限や取り消し」が可能かどうかである。

この点は、2001年6月の道交法の改正で「痴呆等による取り消し条項」(第103条第1項)が追加されたという点ではすでに法制度的な問題ではなく、その検査法と転換指導という具体的な仕組みづくりの問題と言える。義務化された高齢者講習を担っている全国の教習所において、今一歩の取り組みが必要ではないだろうか。

すなわち、運転適性等のデータを長期追跡型で蓄積し、それに基づいて個々人の運転能力の衰えを明らかにするという調査研究に加えて、自動車からの転換を促す上で役立つ指導(電動車いす等の乗車指導)やデータ提供(移送サービス情報の提供など)を行う仕組みを検討し、教習所が地域住民のモビリティ総合相談センターとして脱皮することを構想することも一案ではないかと思われる。

次に、利用者の意向について述べる。高齢ドライバーの運転継続意志は根強いようである。それは、現在の65歳以上の自動車運転免許の保有者数が全国で900万人弱であり、そのうち2002年6月から2003年6月までの返上者数がわずか7000人強(0.1%未満)に過ぎないからである。

都老研等で老若の現役ドライバーを対象に視機能の計測実験を行った際に、高齢の被験者に車の利用目的を訊ねたところ、「自分も家内も足が悪いが、車が使えるから仕事にも病院にも買物にも出かけられる」という日常的な目的での利用が最も多く、それに次いで非日常的な娯楽等での利用が多い。「千葉県柏市から北海道一週のドライブ旅行に家内と出かけて、毎日、明るいうちにホテルに入るようにしていました。高速でも一般道でも速度を抑えて運転しながら無事に帰宅したけれど、本当に運転が大丈夫かと言われると良く分かりません。でも、3年後には高齢者講習を受けてドライブ旅行に出かけたい」と答える人が存在する。いわば、不安と期待が交錯するなかで運転している高齢ドライバーが少なくないようである。

峠道に設置済みの緩速車線を一般の幹線道路に設けることなどは高齢ドライバーの低速運転志向に適したハード面の道づくりのひとつ

図14　H型電動車いす利用者の免許保有状況

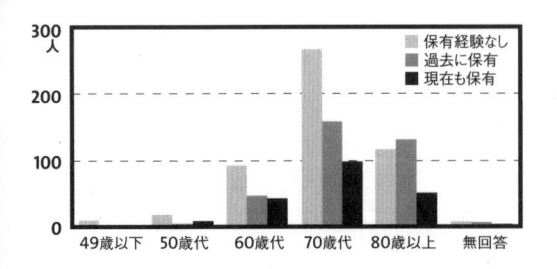

であるが、「いつも夜間外出はしない」と回答する一方で、「夜間に車で外出した際に、相手のヘッドライトに幻惑された」と回答する高齢者が多いことを考えれば、自信と過信が紙一重であることを十分に理解する必要もあると言えよう。

ハンドル型電動車いすの利用者は、70歳以上の後期高齢者が多く、「痛みを感じることなく坂道が登れるし、気兼ねしないで自分で買物できる」、「鍬や肥料を積んで農作業に出かけられる」など、その利便性を高く評価している。一方、その事故事例をみれば「交差点の車用の右折車線で信号待ちしていて車と接触した」という、いわば車を運転していた時と同じ行動を行って事故に遭遇するケースが認められる。歩行者扱いで歩道通行という原則が守られていない。乗り方指導の面では交通ルールの徹底が、車両のデザイン面では視認性の向上が求められる。

また、「この前まで車に乗っていたけれど、不安なので電動車いすに乗り換えました。充電代を含めた維持費が安くて良い」という声がある。普通乗用車から電動車いすに乗り換えた利用者は、全国の電動車いす利用者をほぼランダムに選んで調査した結果[12]では半数近くに達することが分かっている【図14】。この事実は、自動車から電動車いすへの転換が進んでいることを示唆している。

これらの対象者に今の電動車いすを利用した時の不満を訊ねると、段差除去や駐車場所の確保などの「道路や住宅の不備」と「走行速度の向上」を指摘する意見が少なくない。前者は当然の不満であり、後者は買って乗ってはみたものの、今少し速い車両が欲しいという希望である。前述した1〜2人乗りの小型車は、こうしたニーズに応えるもので、一定の元気高齢者に普及すると期待される。

2001年に日本デザイン機構の「シニアの移

図12　年齢階層別に算出したドライバーの事故率（溝端、1997）

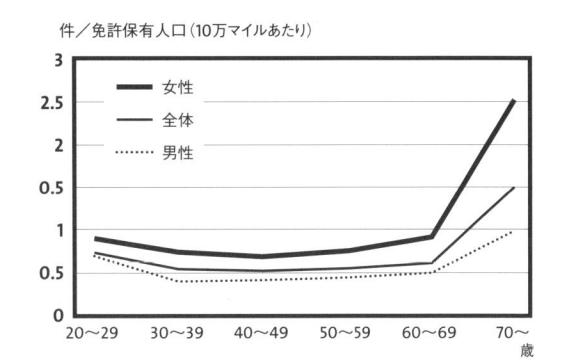

図13　年齢階層別にみた高速道路での逆走事故の原因（平成9〜12年で発生した逆走事故で原因が特定できた67件）

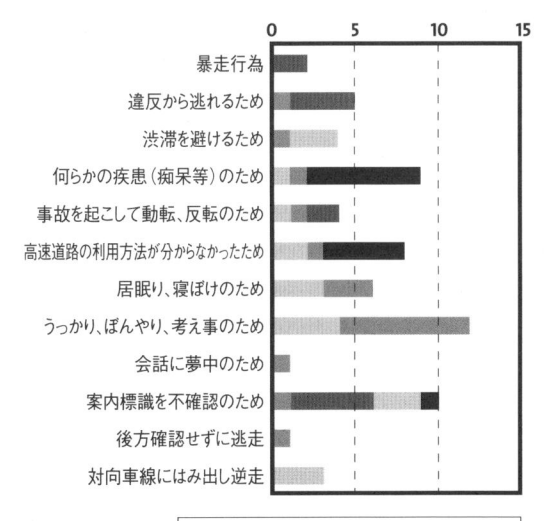

動の自由」をテーマとしたクルマ社会のシンポジウムで、次のような一幕があった。「クルマは自由・快適・パワーの魅力ゆえに〈魔法の絨毯〉と呼ばれてきた市民の足だが、環境保護の21世紀にはどうバランスをとるかが問題」と犬養智子さんが問題提起すると、榮久庵憲司さんも「クルマはシニアにとって魔法の絨毯たりうるか」と設問した。私は「クルマは高齢者にとっての魔法の絨毯になりうる」と思う。その根拠のひとつはクルマには公共交通では得られない高い利便性があるからである。買物袋などの重い荷物を運ぶ場合や足腰の関節の軟骨がすり減って歩くと痛みを感じる場合などを考えれば、高齢者にとってクルマは最もやさしい移動手段となる。ラメのドレスを着てダンスに出かける時にも、車なら周囲を気にせずに外出できるのである。

もうひとつは、音声案内付きのカーナビや走行中の運転支援装置など、昨今の車両技術が目覚ましい進歩を遂げているからである。最新のカーナビには、設定した目的地までのルートを走り始めて、途中で曲がる交差点を間違えても直ちに修正して音声で案内する機能とか、道路と平面交差する踏切に近づくと「前方に踏切があります」と音声で知らせる機能、さらには後退時や縦列駐車時に車内のナビ画面に後方を映し出しハンドル操作を支援する機能などを搭載済みである。

これらの機能は、高齢ドライバーが不得手とされる重複した運転タスクの負担を軽減し、不注意やうっかりミスの防止に効果があり、一般ドライバー以上に有効である。さらに、今後の高齢ドライバー向けのナビ開発では、一時停止標識がある交差点に近づいた時の報知機能とか、青矢での右折表示が可能な交差点を優先利用して右折させる経路案内機能などを備えたナビの実用化が望まれよう。

また、追従走行中の運転支援装置も、以前は前方車に接近したら警報を出すだけであったものが、今では前方車の速度に応じて自車の加減速を制御できるようになってきており、この支援装置も「うっかり」ミスの減少につながる。夜間に室内のリアビューミラーから反射する幻惑光を減らす機能、ヘッドライトの照射方向をウィンカーに合わせて曲がる側にシフトさせる機能、あるいは前方視界を赤外線で確保するナイトビジョン機能なども、高齢者にやさしい支援技術である。多少のコスト負担は必要であるが、さりげなく支える安全志向の自動車の登場は高齢者にはありがたい動きである。

さらに、自動車用に開発されたナビ技術は電動車いすにも搭載され始めている。「もうすぐ右折し、道なりに2kmです」や「もうすぐ踏み切りです」などの音声案内に加えて、朝乗り込めば「今日は○月○日、○曜日です」、目的地に着けば「目的地の周辺です、音声案内を終了します、お疲れ様でした」などと音声で知らせてくれる機能は、余計なお世話と思われる反面、助かる場合もある小さな支援に当たると考えられる。

今や、こうした近未来のクルマを使うべきでない高齢者が存在するとしたら、彼らは認知判断面の衰えが進んで適切な判断が難しくなった高齢者ではないだろうか。

*1 水野肇、青山英康共著：『PPKのすすめ』紀伊國屋書店、1998.
*2 Berkman.L.F. & Breslow.L著、森本兼曩監訳『生活習慣と健康』（HBJ出版、1989年）、pp99-137
*3 国保中央会 http://www.kokuho.or.jp/shiryou/index.htm#kaigo
*4 TOYOTA Welcab http://www.toyota.co.jp/Showroom/All_toyota_lineup/estimat/
*5 SUZUKI Twin Hybrid http://www.suzuki.co.jp/dom4/lineup/twin/index.html
*6 ARACO COMS http://www.araco.co.jp/annai/business_intro/newfields/index.html
*7 YAMAHA Passola http://www.yamaha-

motor.jp/passol/
*8 西武鉄道 http://www.seibu-group.co.jp/railways/
*9 広島電鉄 http://www.hiroden.co.jp/
*10 Yasuo Mori, Mitsuo Mizohata：Characteristics of Older Road Users and their Effect on Road Safety, Accid. Anal. & Prev.,Vol.27, No.3, pp.391-404, 1995.
*11 ITARDA Information http://www.itarda.or.jp/info36/info36_1.html
*12 溝端光雄、北川博巳「ハンドル型電動車いすの普及と高齢者のモビリティ確保に関する研究」都市計画論文集、No.38-2, pp.41-51, 2003.

注1 長期縦断研究とは、特定の地域を対象に、行政が行う住民の健康診査に合わせて、被験者を追跡する形で血圧などの医学変数だけでなく、家族特性や習慣などの生活変数を長期間（10年以上）にわたって毎年調査する方法論のことである。個人を特定化して先の変数が毎年計測されるので、真の老化が分かると言われている。これに対して、通常の調査の多くは、断面調査と呼ばれるもので、特定の地域の被験者について、調べたい変数を単年度だけ調べるものである。この場合、得られたデータを60歳群と70歳群で集計して比較した結果は、今の60歳代と10年前に60歳代であった階層の比較となり、生まれた時代の影響等が加味されており、10年間の真の老化を捉えるものではないとされている。

注2 LRTとは、Light Rail Transit の略語で、いわゆる都心部を走る路面電車（1両編成）と郊外から都心駅に入る都市近郊電車（5～15両）の中間に位置する中量系の軌道システムを指している。騒音が少なく、静かで速い、低床式で乗り降りがし易く、環境問題や交通渋滞・駐車場不足の解消に有効と言われている都市交通手段のひとつである。

3-2
クルマ社会とタウンモビリティ

白石正明
国際プロダクティブ・エージング研究所代表、
NPO法人ユニバーサル社会工学研究会理事長

21世紀に間違いなく起きる世界的な変化がある。それは「大衆長寿時代」の到来。

人類にとって永年の夢であった長寿はいま我々の手中にある。しかし、我々は素直に喜んでいないように見える。むしろ不安と恐れを抱いている。それはなぜか？　長寿はクルマ社会にどのようなインパクトを与えるのか、そもそも「モビリティ」とは何か？

人間にとって生得の「モビリティ」は高齢化諸問題解決の武器として豊かな世紀をつくり出してゆく可能性をもつ。とくに「タウンモビリティ」は具体的かつ効果的対策のひとつとして、個人のQOL（生活の質）向上、エンパワーメントだけでなくまちづくりや医療費節減などその波及効果は広く深い。「和魂洋才」、イギリスの智恵に日本人の「こころ」を注ぎ込んで本来の価値を磨きだし、高齢化先進国としての使命を果たす時が来ている。

百歳時代の光と陰

「2050年、日本人の平均寿命は90歳」との記事がマスコミに出た（日本経済新聞2000年6月15日付）。つまり、この年生まれたゼロ歳児の人生が平均90年。百歳者が多数いることは言うまでもない。百歳者比率で沖縄が世界最高である[*1]のはよく知られているが、最近は百歳者についての話題が多い。とくにアメリカでは組織的な研究や発表が盛んになってきている。いつの世にも、いずれの国にも長寿者はいた。多くは遺伝的資質に恵まれていたと考えられるが、これから迎える超高齢社会は「大衆長寿時代」。我々のような普通の人々が80年を超える人生を生きるのである。すでに「古稀」は死語に等しい。さらにこの先「百歳時代」が幕を開けようとしている。世界一の高齢国として日本はどう挑戦すべきか？

まずこれはあまりにも急激な高齢化によるものであろうが、「介護」や「ボケ」への懸念が先行し過ぎている。ある意味では止むを得ないところもある。「見えないもの」への不安であって、人類史上初の「大衆長寿社会」がいかなるものかは誰も知らない。いわば未知の国への旅に当たってガイドブックがないのであるから、不安もいっそう募ってくる。しかし、高齢化＝介護という先入観が支配的で、「光」部分への認識とバランスを失している。

これでは活力ある社会はできない。この悪循環を断ち切って、豊かな「大衆長寿社会」のビジョンを確立しなくてはならない。ビジョンは「百

歳者が活き活きと生きる社会」。その実現は新世界への初めての移住者たちの使命である。

モビリティとは？

もともと「動物」である人間にとって、モビリティは呼吸と同様に基本的な生存機能のひとつである。約500万年前にチンパンジーと共通の祖先から進化したという人類の歴史は、2本足での生活と共に始まった。立ち上がったことで視界が広がり大脳が発達する。両手の使用とあいまってその相乗効果が増大する。長い進化の過程を通して「歩行」は我々のDNAに刷り込まれてきたのではなかろうか。人間のもうひとつの特徴は「群れて生きる」こと。ひとりでは生きられない。この2点は百歳人生のQOLに重大な影響を及ぼすことをまず強調しておきたい。

我が国の1947(昭和22)年の平均寿命は男性が50.06年、女性が53.96年であったが、2001(平成13)年には男性78.07年、女性84.93年と大幅に伸展した。2050年には男性80.95年、女性89.22年に達すると見込まれているが、アメリカの研究機関の推計はこれを上回っている。いずれにせよ、一世紀にわたる人生がぐっと現実味を帯びてきているのは間違いない。

百歳を念頭において個人と社会を見直すと、人生にもビジネスにも新たな視点が生まれる。

ところで『ガリバー旅行記』には"不死の国"への旅の章があり、不死ではあっても「不老」ではないことの問題点が浮き彫りにされている。百歳人生でも身体機能の変化は避け得ない。とくに現代のクルマ社会ではそのインパクトは高齢者のQOLの維持を危うくする。

第一点はクルマの運転を諦めざるを得ない日が必ず来ること。理由は様々だが最大のショックは免許証の更改不可という事態。「明日からどうしたらいいか途方に暮れる人が多い」と、アメリカ交通省関連の担当者はいう。対策探しは続いているが妙案はなく「チェックリスト方式で、あらかじめ心の準備をしてもらうぐらい」という現状らしい。

第二は代替策で「公共交通」と「クルマ以外のモビリティ手段」を用いた場合の諸問題である。「公共交通」はバスや電車に代表されるが、その利用場所までのアクセスと車両自体のデザインがまずモビリティを左右する。加えて運行の時間や頻度の問題があり、好きなときにどこへでも、という自由自在のモビリティは望むべくもない。とくに地方では、一日数便という運行は珍しくない。町や病院へ行くのは一日仕事というのはよくある。個人のモビリティとして最高の手段であるクルマを失ったときのQOLは、地方ではより深刻である。

自転車や車椅子という手段が残されているものの、行動半径、快適性、安全性、スピード、さらには荷物の搬送などいずれの点でもクルマとは比較にならない。スイスでは郵便車をバス

図1　究極の個人のモビリティとQOL。「スフィンクスの謎」

図2　石見町の高齢者の活動範囲（電動スクーター利用者／非利用者）

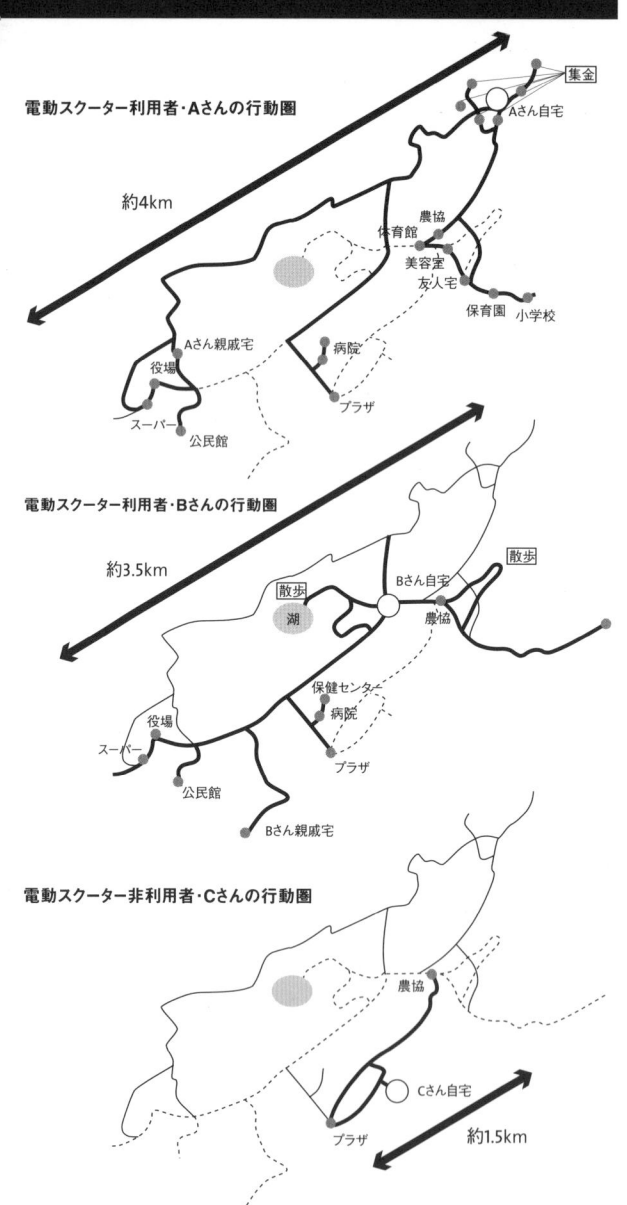

電動スクーター利用者・Aさんの行動圏　約4km
（集金、Aさん自宅、農協、体育館、美容室、友人宅、保育園、小学校、Aさん親戚宅、病院、役場、スーパー、公民館、プラザ）

電動スクーター利用者・Bさんの行動圏　約3.5km
（散歩、湖、Bさん自宅、散歩、農協、保健センター、病院、役場、スーパー、公民館、プラザ、Bさん親戚宅）

電動スクーター非利用者・Cさんの行動圏　約1.5km
（農協、Cさん自宅、プラザ）

代わりにするという思い切った対策がとられているというが、利用可能な地域資源の活用のヒントになるかもしれない。

究極の「個人のモビリティ」とQOL

　究極かつ基本のモビリティは「歩行」となる。公共交通や他の移送手段との組み合わせでQOLの維持は可能だろう。ただここでもいつかは「スフィンクスの謎」に直面する。曰く「朝は4本足、昼は2本足、夕方3本足、なあに？」。答えは人間で、3本足は杖をついている人【図1】。

　それが「老」の語源ともなっているが、杖に頼る生活はQOLを様々に制約する。例えば歩行距離。杖の利用者が休まずに歩き続けられる距離は50m（英国の調査[*2]）。歩行速度は0.4～0.9m/sec（日本の調査[*3]）であるが、健常者の1.0～1.7m/sec（に、高齢者の0.8～1.3m/sec（に比べ大幅に減少する。時間と距離の双方で日常の生活行動に大きな変化が出てくるのは明らかである。

　今後の高齢化進展に備え「歩行」能力維持は、個人はもちろん社会全体としても優先課題である。同時に、個人のQOLが社会全体のQOLを構成することが認識されねばならない、個人と全体は不可分なのだから。次に欧米ではBest Practiceといわれるが、広く智恵を求めること。例として島根県石見町とイギリスのショップモビリティをご紹介したい。

1……島根県石見町

　石見町では隣の桜江町に倣って1994年から電動スクーターの導入を助成してきた。その結果、人口6800人で高齢化率30%を超え

図3　「桜江町・石見町／電動スクーター助成事業利用者アンケート調査」、『タウンモビリティと賑わいまちづくり』pp.131〜133、学芸出版社（1999年2月）

1　生活に必要な利用先 (数字は人数)
買い物　**107**　　　　　　　　　　　　通院　**74**
農協（預貯金、買い物）　**97**　　　　　床屋・美容院　**43**

2　外出の回数の増加
必要なものや欲しいものを自分の手で選ぶ機会が増えた　**54**　　　よく病院に行くようになった　**37**
公共交通機関を利用して町外（遠く）まで行く機会が増えた　**51**

3　社会参加の機会の増加
地域の行事（講演会・イベント等）　**50**　　　ボランティア活動（草刈り等）　**24**
寄合、公民会での会合　**45**　　　　　　　　ゲートボール　**23**
勉強する機会の増加　**37**

4　人付き合いの維持
知り合いや友達が増え、人とよく話をするようになった　**46**　　途絶えかけていた人付き合いが復活した　**18**

5　労働の機会の増加
野良仕事や家業の手助けができる　**46**　　高齢者になっても働き続けることができるようになった　**18**

6　健康上の効果
体力的負担が少なくなった　**75**　　　　　　　よく眠れるようになった　**30**
運転に神経を使うので、以前より頭を使うようになった　**62**　　よく歩くようになった　**22**
用事が早く済むので、自由な時間が持てるようになった　**51**　　体力に自信が持てるようになった　**20**
町の様子が分かるようになった　**30**　　　　　肌のつややや顔色がよくなった　**17**
ご飯がおいしくなった　**48**　　　　　　　　　物覚えがよくなった　**10**
日焼けをするようになった　**46**

7　精神上の変化および効果
送り迎えの人に気兼ねをしなくてよくなった　**73**　　年寄りの気持ちをまちづくりに活かして欲しいと思うようになった　**37**
心に張り合いが出るようになった　**56**　　　　ふさぎ込むことが少なくなった　**32**
前よりも気持ちが明るくなった　**47**　　　　　持病で悩むことが少なくなった　**22**
余生が楽しくなった　**39**

るこの中山間地の町に200台ともいわれるスクーターが走りまわっている。その様子はNHKテレビなどを通じ全国に知られているが、1997年京都府立大環境デザイン学科水野研究室は「モビリティが個人と社会のQOLを高める」ことを綿密な調査によって明らかにした。

電動スクーターを日常利用している人と利用していない人の行動半径および社会との接触行動には飛躍的な格差がある。例えば利用者の行動圏は約3.5〜4kmに対し歩行の人は約1.5km。訪問先数は歩行がわずか2ヵ所に対し、利用者は約10倍という大きな開きである。ちなみに「社会との接触が豊かな人ほど元気で長生き」であることは、内外の各種の調査

で明らかにされている。

本調査は利用者本人と家族、町民を対象とし調査票と面接を併用しているが、一般常識とされてきたことが異なることをも実証している。典型例は「スクーターに乗ると足が弱くなる」というのはまったく逆で「よく歩くようになった」のである。人間の「こころ」、「生活」を知ることが基本であることを気付かせるとともに、百歳時代への明るい展望を開く価値ある調査である【図2、3】。

2……イギリスのショップモビリティ

モビリティに制約がある人々のニーズに応え自立を促進するだけでなく、まちの賑わいづくり、観光振興、医療費節減、介護疲れ対策、ボランティア活動など多彩な機能と大きな可能性を持つこのプログラムは、1979年にミルトン・キーンズ（英国）で第一号が誕生。現在、英国約300ヵ所のほかオーストラリア（9ヵ所）、日本（30ヵ所、名称はタウンモビリティ）に広がったこのサービスは、まちの中心部の拠点で電動スクーター、車椅子などの機器を無料または低料金で貸し出すモビリティ支援プログラムである。

特徴は市民、まち・商店街、行政の連携にある。多くはチャリティ（日本はNPO法人）として組織されており、行政がスタート時の資金と責任者の人件費、まち・商店街はパーキングや事務所スペースの無料提供、市民はボランティアや募金で協力というパターンが多い。

拠点はパーキングが平均10台以上、電動スクーターは三輪・四輪合わせて10〜20台、車椅子は20〜30台ぐらい。中には電動スクーターだけでも70台以上がフル活動というショップモビリティもあり、生活への浸透ぶりが窺われる【図4〜6】。

こうした地域あげての支援と活用があるのはなぜか？　1995年に出版された調査報告（AA＝Automobile Association[*4]）は、利用者の購買額は47ポンド（9,500円）で平均以上と発表している。ロンドン市内のあるショップモビリティの調査では、82ポンド（17,000円）以上という高額である（2002年）。利用者の協力でレシートを集計しているので精度は高い。しかも、一緒に来た家族の分や映画館など文化施設は対象外なので、ひとり毎回100ポンド以上支出している可能性は高い。好きなものを探す楽しさと好奇心、店の人との会話、自分で選んで決める満足感など人間と生活を正しく理解していれば何の不思議もない。まちの賑わいへの貢献度はきわめて高いのだから「わが商店街へどうぞ」と誘致競争が起きるのも当然のこと。

図4　レディッチ・ショップモビリティの駐車場は27台駐車可能（英国最大の駐車場のひとつ）

「和魂洋才」を世界へ

今後ますます増加する高齢者人口に注目しないまちや商店街は生き延びない。なぜなら次のふたつは確実に起きる変化であり、これらの視点はまちの未来に大きな意味を持つからだ。

1……高齢化に伴い自動車運転、歩行機能の両面でモビリティの低下は避けられない

例えばタクシーで街へ来たとしよう。用件は1件だけとしてもあちこち行きたいのが人情。この街中の移動はタクシーでは無理。歩くスピードの移動にスクーターが最適なのはいうまでもない。まちにできるだけ長く留まりあちこち行ってもらう。滞留と回遊がまちの賑わいの基本。その上、スクーターであれば重い荷物も安全に運べる。

2……定年退職、死別、離別、子どもの結婚などにより人間関係が希薄化する

したがって身近な商店街は飛躍的に生活に密着した存在となる、すべての人が老いるのだから。細り行く人間関係の修復は難しいが、ショップモビリティは新しいつながりをつくり出す機能を持つ。それはサロンであり、会員システム。いつも用意されているクッキーや飲み物が会員同士、ボランティアやスタッフとの会話の機会をつくる。旅行、クリスマス、母の日などのイベントや募金活動は仲間意識を育む。この「ふれあい」の機能こそショップモビリティ発展の隠れた原動力なのだ。

図5　レディッチ・ショップモビリティにて。まだほしいものがあるのだけれどと一思案中

図6　バートン・ショップモビリティにて。ショップによっては大型のスクーターも用意してあり、荷物を気にせずショッピングを楽しめる。
図7　楽々園（広島）。日本の常設第一号。
図8　ショッピングセンターの駐車場入口にある楽々園
図9　住民ボランティア。主役は熊谷憲二さん（中央）

　残念ながら日本のタウンモビリティはこの認識が十分でない。反面、これからが楽しみと言えるだろう。「和魂洋才」、日本人の智恵とこころを注ぎ込んでこのプログラムの真の輝きを磨きだすときが来ている。すでに秋田で「ホスピタルモビリティ」がスタートしている。病院の長期入院者を電動スクーターで街へ連れ出し、癒しとともに回復を早める狙いである。もちろん、世界初の快挙。公園やダムに特化した「パークモビリティ」も日本の成果であって、日本人の適応力、創造力は素晴らしい。世界一の高齢国という絶好の実験場を活かすことで未来への大きな貢献ができる。

　ショップモビリティのメリットはもうひとつ環境面にある。動力源はバッテリーだからクリーン。1回の充電で20〜30km走る。充電は家庭用電源からで、料金は約10円強という低コスト。歩道が狭く、街中の歩行者空間化が進んでいない日本では、個人所有スクーターがどっと繰り出してきたらどんなことになるか？　カーシェアリングならぬ「スクーターシェアリング」はショップモビリティの多彩な智恵のひとつである。

　英国のショップモビリティは社会に溶け込んだ存在となっているためか、またそれぞれが一国一城の主のせいか情報交流に欠けている。オーストラリアはショッピングセンターが運営している。こうした環境から新しい発想は生まれてこない。日本の第一号（広島）は市民の発想と努力により発足し、市民のボランティアによる運営である【図7〜9】。地域活動の成果として、すでに歩道の電柱3本の移設が実現している。広島以外でも取り組みの主体、発想、運営などは様々で、まさに見本市の感がある。現代は「複数解」の時代であることを考えれば、この卓越した多目的プログラムの国際的普及促進に日本が大きな貢献を果たすことができるのは疑いない。

高齢化は世界共通の(ユニバーサルな)問題でありかつ「複合現象」である。身体機能だけではなく生活全体と人間とは何か、人間のこころとは何かを理解することなしに具体的・効果的な対策は生み出せない。「ショップモビリティ＝タウンモビリティ」はユニークな成功例で「こころのユニバーサルデザイン」として世界に広まると確信する。

*1　沖縄34人(10万人当り)
米国5〜10人(同上)
Bradley J. Willcox, MD, D. Craig Willcox, PhD, Makoto Suzuki, MD"The Okinawa Program" Three Rivers Press p.5(2001年1月)
*2 "Shop mobility in York"p.18, York City Council (1996年1月)
*3 「道路の移動円滑化整備ガイドライン」p.81(財)国土技術研究センター(2003年1月)
*4　AA＝Automobile Association 「Shop mobility ~ Good for people and towns」P. i AA Group Public Policy(1995年7月)
URL：Shopmobility(英国)
www.justmobility.co.uk/shop
タウンモビリティ
www.jice.or.jp/jishujigyo/townmobility/town.html
タウンモビリティ通信
www.ecoh.co.jp/npouser/info/townmobility.html

3-3
移動をつなぐデザイン

萩野美有紀
工業デザイナー、消費生活アドバイザー、アール・イー・アイ取締役

ライフステージとモビリティ

　人はライフステージの時々によって、利用可能なそして最適なモビリティ手段が変化する。生れた時はおんぶやだっこやベビーカーで運ばれ、歩けるようになるとともに、乗物を操る。公共交通の利用もある。選択は身体状況や個人の好みのほかに運転免許の有無や、居住地の地形、公共交通機関の運行状況などの周辺環境に左右される。残念ながら現在はまだあらゆるライフステージで最適な選択が可能なほどの充分なモビリティ手段は揃っていない。

　私は東京在住で運転暦25年。年間走行距離は300km程度。普段は自転車と電車を使っている。この私が非常に頻繁に運転した時期がある。それは2児が乳幼児だった育児専業の3年間だ。自宅から最寄り駅まで2km弱、バスはその間の1km分しか運行しておらず、駅はエレベータもエスカレータもない3階建て。このような移動環境の中では、子どもふたりとベビーカーとこまごまとした荷物を持ってドア・ツー・ドアに移動できる自家用車はデイリーユースだった。しかしそれは、後部座席で泣きわめく子どもをあやすこともできずにひたすら目的地を目指してつっぱしり、渋滞に巻き込まれ、駐車場探しに苦労し、というあまり楽しくない場面であったように思う。病院通いでも行楽でも行き帰りの面倒が先立つ思いであった。

　このような経験を通じて、移動のわずかなストレスはリフレッシュ効果を促進するが、移動だけで疲れ果てたら、外出は辛苦でしかないことを実感した。さらにはベビーカーくらいなら多少の段差はひとりで持ち上げどうにかなるが、これが自分自身が移動困難であれば諦めるしかない場面も多いだろうと寂しくも感じた。この時期、生活全般において、多数派である心身壮健者にはあらゆるものが必要以上に便利になっているのに、少数派には最低限の便利さもない、非情でアンバランスな状況であることを思い知り、バリアフリーに目覚めたのである。そして当時気ままに出かけられなかったからこそ、非日常の空間に出かけることのリフレッシュ効果の大きさに気づくことができた。外出は当日だけではなく日々の暮らしに張り合いをもたらしてくれる。海外旅行のこのような効果は容易に想像ができるが、実は遠近は問題ではない。自宅に閉じこもって暮している人にとっては、映画館で大画面を楽しむことや、ショッピングに出かけることは大きな気分転換なのである。

移動の確保から移動の楽しみへ

　一昔前は、バリアフリーとは他人の助けを借りてでも、まずは何とかバリアを克服できることであった。1981年からはじまった「国際障害者年」では障害者の社会への完全参加と平等を総合テーマにかかげた運動が展開され、2000年交通バリアフリー法、2003年改正ハートビル法の施行へと続き、現在は自立を前提として、できないことを可能にするための整備が求められている。

　ただし頑張ればできることは頑張らねばならない。つまり「最低限の移動の確保」レベルである。これからは、身体の弱い部分を意識することなく、特段の努力や我慢をしないで移動できることが当然になってくるのではないだろうか。移動は人間を運搬するような行為ではなく人のアクティビティであり、「誰彼分け隔てなく移動を楽しめる」べきなのである。

　このような要望の変化は社会通念の成熟のあらわれであるが、他方高齢者が多数派となり心身壮健者を凌駕するからでもある。心身壮健の意味合いも変わりつつある。壮健の程度とは青年期の身体能力を頂点とした絶対値ではなく、各年代なりの相対的な度合いであり、老いることが若さを失うことと同義ではないとの共通認識が定着してきている。

　運転や駐車の煩わしさを感じず自家用車で移動できれば楽しい時間となる。そのためには24時間専属運転手を雇う方法もあるし究極の自動制御ビークルの登場も良い。また電車を利用するのなら、細い道まで網羅したバスに乗って駅に行きエレベータでホームにあがり、着席乗車できることでも良い。住む地域によって状況は多様であるし方法は種々ある。要は子どもがいるのだからとか、年をとったのだからしようがないと自分の身体状況で諦めたり我慢したりせず、納得できる費用や時間で随意に行動できることである。

キーワードはつながっていること

　あれから十数年が過ぎ、最寄り駅にはエレベータとエスカレータが設置された。鉄道駅をはじめとして全国各地の交通施設は、急ピッチに整備が進んできている。新しい建築物も同様であり、トイレを代表例に設備水準は格段に高くなっている。環境が整いはじめた結果、まちには多彩な身体状況の人が出かけてくるようになった。スーパーマーケットで車いす使用者同士がすれ違うシーンも出てきたし、花柄の杖をついて着飾った老婦人が連れ立って遊びに行く姿も珍しくなくなった。

　このような状況がありふれた光景になることにより、特別視が減りさらにモラルも向上しているようである。白杖使用の視覚障害者によると、最近は外出時に必ず言ってよいほど周囲の人からの「声がけ」があるそうである。少々不思議なことに地方より東京で声がかかるそうで、これは単に人通りの多さだけでなく慣れによるものではないだろうか。

　徐々にバリアの少ない場所が増えてきている。今後は整備地点密度が高まり、面へと拡がっていく。その時重要なキーワードはつながっていることである。地点と地点、線と線の結節点がきちんとなめらかにつながっていなければならない。しかし現実にはその結節点は敷地や権利や管理の境界つまり分断線上にあり、途切れがちである。結節点で利用者は放り出され、結果弱い部分を多く持つものほど、つまずいたり途方に暮れてしまうのである。

　人の一連の行動の中で、ものの形がつながっていること、そして情報がつながっていることが「誰彼分け隔てなく移動を楽しむ」ために

必要な条件のひとつである。実際はどのように実現されていくのか。サイン設計者として関わった2例をあげる。

ものの形がつながっていること

埼玉県から東京都を縦断し神奈川県へ到達する総延長45kmの地下鉄路線がある。1991年営団地下鉄(現東京メトロ)南北線の一部区間が開業し、2000年全線開業、2001年3月から埼玉高速鉄道線、東急目黒線、都営三田線に繋がり4線が相互直通乗入れしている。南北線はホームドアが設置されており、合わせて他の3線もホームゲートが設置された。

複数の鉄道会社が乗り入れる場合、各々の車両の扉位置が異なることが多く、ホームドアの設置はなかなか困難であるが、4社とも扉が同位置の車両を導入することにより解決している。また4社共通して全編成の2号車と5号車に車いす乗車スペースを設けている。この結果ホーム上で車いす乗車位置の表示が可能となり、車いす使用者をはじめベビーカーを押している人なども電車到着前に適切な場所で待機することができる。4社の協調によってつながりが実現し、優れた安全性と使い勝手が提供されたのである【図1〜3】。

図1 埼玉高速鉄道線車両。相互直通乗入れをしている3線ともに、2号車と5号車に車いす乗車スペースがある
図2 埼玉高速鉄道線鳩ヶ谷駅。ホームのエレベータからホームゲートを見る。2号車と5号車の両方に車いす乗車スペースがあることを案内しているので、乗客は降車駅のエレベータに近いといった都合の良い方の車両を選択することができる
図3 埼玉高速鉄道線鳩ヶ谷駅。車いす乗車口のサイン。
(写真提供:アール・イー・アイ)

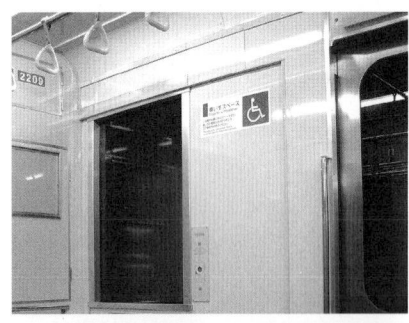

ワンマン運転という人員削減の補償としてホームドアが採用されたわけだが、利用者にとっては2人乗務に優る福利恩恵の一面である。また当初、東急電鉄では偶数号車は携帯電話電源オフ、奇数号車ではマナーモードをルールにしていたが、他社の車両はこのようなルールがないために利用者はほとんど認識せず守っていなかった。形がつながっているのに運用が途切れてしまった例である。しかし2003年秋から首都圏の鉄道では、優先席付近は電源オフ、それ以外はマナーモードが共通ルールとなり、次第に守られるようになってきている。

情報がつながっていること

JR岐阜駅に隣接する「ぱるるプラザGIFU（岐阜郵便貯金地域文化活動支援施設）」の事例である。駅周辺の再開発地域では岐阜市が歩行施設整備を進めており、音声案内装置をバス停やタクシー乗り場に設けている。ぱるるプラザGIFUは設計時点で岐阜市から玄関4ヵ所に音声案内装置を設けるように指導要請されていた。歩行者にとって、市が設置する音声案内と当該施設の音声案内は一連の移動行動に関わるものであり、設置者が単一であろうと複数であろうと、一貫性がなければならない。

そこでこのふたつをつなぐために、市が設置する装置の案内内容監修担当者にも参加してもらい、敷地境界付近の設置位置の方向を揃えるとともに、チャイム音や用語表現等を統一し、さらには建物内に設置するほかの音声案内も表現内容を揃えるとともに同一アナウンサーを起用し、一貫した流れを生み出した。

またこの施設では音声案内装置を福祉設備ではなく、視・聴・触サイン全体計画に統合した。複数の感覚を総合的に計画することで、より多くの人にわかりやすいサインとなることを目指した。五感を繋ぐサインである【図4～6】。

人は案内表示だけに従って移動しているわけではない。人の流れや賑わい、他者の行動、場の雰囲気、気配などの五感からの断片的な情報を無意識のうちに組み合わせ判断している。案内誘導もそのような人の振るまいを理解する必要がある。最近話題の多い歩行者ITSはこのような感性をあまり踏まえていないのではないか。「画面に従ってお進みください」というような視覚のみ、聴覚のみにひたすら指示を出すといった単一感覚機能型で、人の振るまいとの馴染みが悪いように思う。

対話と調整の労力

車いす乗車位置やサインの事例はでき上がってしまえば些細なことであるが、実現には対話と調整の労力が不可欠である。そのような行為を評価し費用をかけることが常識になれば、つなぐという隣他への働きかけも重要視されてくるであろう。

大掛かりなことは事例としての見栄えも良い

図4　ぱるるプラザGIFU（岐阜郵便貯金地域文化活動支援施設）。2階は駅前周辺施設とデッキでつながっている（写真提供：アール・イー・アイ）。

図5　入口脇の黒い窓があるポールが、施設側で設置した音声案内装置。施設の全玄関4ヵ所に設置している。手前に見えるデッキ上の十数ヵ所には、岐阜市設置の音声案内装置が設置されている（写真提供：アール・イー・アイ）。

しアピールも強い。関係者の達成感もつくる費用も大きい。しかし費用の高低が効果の高低ではない。視覚障害者から、「音声案内もありがたいけれど、トイレのペーパーホルダーの上に棚があるのはとてもありがたい」という言葉を聞いた時、費用から見ると4ケタも違うものが横並びに評価されたことに驚いたが、生活者の日常はまさにこれである。このような声を汲み上げる手法の開発が必要なのである。

　当事者参加は緒についたばかりであり、参加の事実だけで免罪符になっている場合もある。また声の大きさで勝負をしているかのように一方的に要望を述べるような場面もある。お客様ではなく共働者として参加することが必要である。

誰彼分け隔てなく移動を楽しめるために

　これまでのバリアフリーは得てして「加える」というやりかたであった。「加える」という解決は容易である。これから求められるのは足し算だけではなく緻密な引き算や思いきった割り算をすることであり、それによって長持ちするデザインになる。プロダクトの世界ではデザインを深めることは常識的なことだが、まちづくりの分野ではまだまだである。なぜか。家電に代表されるコンシューマー商品は購入する意志決定を利用者自身が行い、シェアや売上が評価となるのに対し、まちづくりは意志決定者が不明確なのである。

図6 1階北側玄関から館内を見たようす。正面の壁に館内施設音声案内サインがある。来館者には玄関の音声案内で、「誘導ブロックをたどった正面の壁に館内施設案内がある」ことを伝えている（写真提供：アール・イー・アイ）。

　自分の財布からの直接の支出にはシビアなのに、一旦税金や料金として支払ったお金の使い道には無頓着な人が多い。さらに「福祉の」と冠がつくと、自分には良否は判断できないけれど、弱者にはこれが良いのね、と他人事になり、やさしいまちという曖昧な言葉に惑わされてしまうのである。

　望ましいのは、地域住民各人が30年先の自分、そして100年先の子孫の姿を思い、自分事としてシビアな眼で意志決定に参加していくことである。そのためには個人の意見を大声で上手に言う発声訓練も必要であろう。

　そして誰彼分け隔てなく移動を楽しめるモビリティを生み出すために、作り手は俯瞰の視点と地上1m余りの移動する視点を交互に用い、対話と調整といった地道な労力もかけながら、まちとものをつくっていかなければならない。

3-4
いなかのモビリティ

竹田津実
獣医師

ルネッサンスを……

 ひと口にいなかと言っても、私のふる里である九州と現在住んでいる北海道の東部はまるで違う空間である。かつて九州人だった私にとって、北海道は外国である。現在はどうかと言えば、やはり日本のいなかではない。北ドイツかアメリカのいなかといった感が強い。いわば日本語の通じるという枕詞がつくが……。

 そんな地でのモビリティについて論ずるという与えられたテーマに対し、はたして正確な論となるのかいささか心もとないが私見を述べてみることにする。

 我が町は道東と呼ばれる北海道の東部にある。世界遺産に登録されそうな知床という一級の自然に隣接していながら我が国有数の穀倉地でもある。

 町内の経営耕地面積は10,500ha。その広大な耕地の中に430戸余の農家が点在する。市街地というのはそのほぼ中心地にあって、人口の約2/3がそこに集中する（市街地という表現を都市のそれと同一と思われても困る。当地の「市街地」は広い耕地の中にある一本の道路の両側に十数軒の小さな店が並ぶ。その後ろ側に住宅地が少し続く、いわば集落と考えてもらえればいい）。一番近い都市は網走市で人口50,000人余。距離にして30km余であり、これが西側・隣町となる。経済文化の中心地は北見市で人口10万人余。距離62kmである。

 広い耕地の中に点在する農家間の距離は正確な数値は不明だがこういう数字がある。いわゆる人口密度。これでこの地がモビリティという視点を通すといかなる地であるか想像いただけると思う。

 我が町の人口密度は20.9人/km²である。比較のために東京23区の平均の数字を入れると13,005人/km²、北海道の中心札幌は1,693人/km²となる。隣をイメージしてほしい。1km²に10,000人を超える人間の住む都市では隣は隣接という言葉そのもの、人と人とはまさに接している状態である。1,700人弱の札幌でも顔の見える距離。声の聞こえる間しかとれないほどの場であるはずである。

 ところが我が町ときたら21人/km²。一戸平均2.8人。1km²にわずか1.3戸しかないことになる。内農民は1/3戸しかないとなれば広い耕地に点在する農家間の距離は驚くほどのものとなる。単純に計算をしても2km²に一戸がポツンとあるということになるらしい。

 そんな中での生活である。隣といっても、はる

かといった話である。下手に道を尋ね「隣ですよ」と言われてその気になったが辿りつけなかった旅人を何人も知っている。

当然のことながらそこに住む人々にとってクルマは空気、水、食べ物に次いで重要なものとなる。かつてクルマの代わりに馬があったが、当時その重要性の位置づけは現在のクルマのそれと少しも変わらなかった。モビリティは今も昔も主要な関心事だと言える。

生活様式が多様化するのにともなって農家が所有するクルマの台数は増加した。3世代同居するのが当たり前の農家があってみれば3台や4台の乗用車があっても少しも不思議ではないし、それに農業という産業に必要な大小のトラック、加えて耕作用のトラクター等を加えるとクルマは驚くほどの台数となるのである。

広大な大地に農家が点在し、しかも一戸に多数のクルマがあるという現実は、農村社会がモビリティに関する小さな変化でも敏感に反応せざるを得ない環境の中にあることを示している。

加えてこの地は雪国である。一年の半分は雪や氷、強風と対峙する。自治体にとって除雪は必須の事業となる。しかし現実には広大な面に散在する各戸に対応するための作業がいかに過重なものかは想像してもらえれば理解されよう。しかも冬期の季節風はその作業をせせら笑うように除雪した道路に再び雪を運ぶのである。

いなかの人口は確実に減少している。我が町も例外ではなく毎年地元の高校の卒業生分減るといわれている。現実にここ数年の減少は年間100人を超えている。人口6,000人余の我が町があと20年もすると……と考えると、

図1　いなかは広い。とてつもなく広い。

図2 生産には全てにクルマが必要である

首長でなくても想像したくない世界が到来する。右肩上がりの時代に次々と新設した施設の維持、管理は人口減のいなかでどう処理しようと検討しているのかその中味をみると深刻な問題である。

モビリティをクルマに依存する度合いの高い現在社会において、このことは道路や橋の老朽化との戦いとなる。当然それにかかる費用はどうするのか。残った人が負担するとなればクルマに関係ない部分も加えると腰の抜けるような金額となるのである。やがて人々はそこから逃げ出すことを考えるという最悪のシナリオを垣間見ているというのが現在のいなかの現実なのである。

「さてどうしよう」と考えて私は小さな提案をしようと思う。

本格的な町づくりを試みてはいかがと。

いま流行の町村合併を提案しているのではない。広大な大地に点在する農家を一ヵ所に集めようというのである。我が町を例にとれば今ある市街地の周辺に用地を確保して、新築を考えている農家にその用地を使ってもらい、徐々に点在農家をなくしていくという作戦である。かつてのコミュニティとしての集落が消えていくというマイナス点もあるが、新しいコミュニティをつくるという新しい試みを始めるのだという視点を強調することが、その後のプラス面を考えると十分意味のあることだと思う。

第一に新しい人口の集中による市街地の活性化、点在する農家の生活上の移動距離の短縮、冬期間に必要とした除雪などの経費の縮減、あちこちにある農家のために建設された公共物維持管理の重圧からの解放など考えれば十指でも足りないくらいである。

しかも農民の生活上の移動距離の短縮は経済的なプラス面ばかりでなく文化、厚生環境面でも利するところが多いと考える。

北海道は歴史が浅い、各地で開基100周年だといって記念事業が行われているが、実質は70年余の歴史しか持たない町も多い。現に我が町でも戦後入植者が多い集落もある。ゆえにこの地に足をふみ入れて3代目という人が現在の中心となっている。たかだか70年。ここでルネッサンスを試みるに遅いとは思わないのである。

近代的センスで設計された用地に集約された新しい市街地から、農民はクルマで農地という職場に出勤する。農場の倉庫にはトラック、トラクターという必要なものが収納されている。それに乗り換えて彼らの仕事を始める。大都会のサラリーマンが郊外の住宅から電車にゆられて出勤するのと変わらないのである。

しかもいなかは職場までの時間はたかだか十数分というくらいのものである。

酪農家はそうはいくまいという人がいようが心配無用。IT技術というとんでもない文明の利器のために、牛舎の牛の様子を20kmも離れた家でみるなんてことは朝飯前のことである。

以上、少子高齢社会の鬼子的地域になりつつあるいなかの市街地を活性化し、農民ルネッサンスの芽をクルマ社会のモビリティというキーワードで考えてみた。

モビリティ社会と環境

「私は環境に対する負荷を小さくするためにいなかに住むことにした」という男に会って私は絶句した。確かにいなかには恒常的に環境を維持、管理しようとする能力を有する自然が多く存在する。農業、林業、漁業は自然を利用し、しかも自然を生産するという産業である。だが私というひとりの獣医師を例にとって論じても、その生活スタイルのとり方によってはいなかの方が自然の単なる消費者で終わるというのが現実である。彼のいう環境に対する負荷の多い人間ということになるのである。

モビリティというキーワードで論じてもいなかの生活者はガソリンを多く使う。前述したように公共交通は無きに等しい世界、しかも必要とする文化、厚生の施設ははるか彼方の都市にしかない。買い物ひとつとっても多くが遠い生産地からの移動があってようやく入手する。現実に我が町の住人が町内で購買する率を調査すると半分を切ることがわかった。数年前の調査で47.9%であったので現在はもっと低いはずである。あるという自然に接しようとしても、希望する地によってはこれもはるか彼方の地ということが多い。距離があるということはいかなる考え方を駆使しても結局はクルマに頼るということである。ゆえにいなかに住む者をガソリン等の過消費者ということができる。

加えて私の住む地北海道は寒冷地、それも半端なものではない。当然のことながら暖房のためのエネルギーの使用量は大きい。しかも生活基盤の構造上、都市のエネルギーの効率に比べてすこぶる悪い。環境に対する負荷を小とするにはいなかの生活はおすすめできないのが正直な話である。

過剰なエネルギーの消費が、今日の環境悪化の元凶のひとつであるのは事実である。事実は事実として受けとめて考えるしかないと思うがどうであろうか。

環境に負荷を与えるものを環境の消費者、負荷を与えないもしくは環境の改善・修復に寄与するものを環境の生産者と呼ぶとすれば、モビリティ社会においては単にいなかに住むということは環境の消費者にならざるを得ないという宿命を持つということになる。反対に生産者

となると第一に自然そのもの、次いで自然を保護し、再生、修復することに参加している人々ということになろう。

環境という世界では消費と生産は切り離すことができないのである。それは食物をみればわかる。消費者が生きていくには生産者がなければ成り立たない。環境も同じで現在さけばれている危機に対する答えは環境生産者の保護育成が必須の条件となる。消費者が単なる消費者で終わらないためには、生産のために必要なお金を負担することしか方法はないのではないかと考える。

環境税の必要を言う人が多くなったが、そろそろ本気にならないと間に合わないかもしれない。

近年ヨーロッパにおいてフードマイレージという概念が登場した。食物について生産過程における環境への負荷の有無だけではなく、消費地までの移動による負荷を加味した評価が必要となるというのである。遠い所で生産された食物は近くでのそれより同じ手法であるのなら環境への負荷は大きいといわれるのである。

モビリティにおける環境税はこの概念が参考になるように思えるがどうだろう。

こう書いてくるといなかに住むということがどんな意味をもつのか考えさせられる。

一方でいなかには環境の生産者になり得る場がいくらでもある。それはほんの少しの生活スタイルの手直しで解決できる。そういった意味では、いなかはモビリティ社会における現実的な教育現場になるともいえるのかもしれない。

図3　人の手による作業は本当に少ない

モビリティ社会におけるシニア

いなかは未来を先取りしている部分が多い。現在話題となっている少子高齢化は我が町ではとっくの昔からその時代を迎えているし、むしろあと30年もすれば卒業するだろう。卒業するだろうというのは死ぬべき人が死んで少子ではあるが年齢比としてはバランスのとれた時代を迎えるはずである。その時になって都市部は社会的には一番深刻な現実を迎えているかもしれない。しかし問題なのはいなかであっても都市であってもそれは安定期までの期間である。

前述のごとく我が町でも65歳以上の人が30％弱となっており、病気になると医療機関の充実した都市部へ通う人が多い。その率は50％をはるかに超えている（我が町では55％、東側の隣町では73％）。しかも購買率がこれも50％を切っている現実は、高齢者に対するモビリティ社会の責任について思い切った配慮がすぐに必要である。

この世は若者や健常者のみで運営されていると思うのは幻想で、それがたとえ負の影を背負っていても高齢者が社会活動の多くの部分を占めている。

以上のことを考えるといなかにおいては物理的な年齢のみで運転を制限したりするとその代替を用意しないかぎり、都市部への移転か、それが不可能ならば厳寒のこの地では死を強制することになる。そろそろ高齢者を視点にしたモビリティ社会をデザインしなくては間に合わないと思うがどうだろう。

我が町の現実はやがて都市の現実になることをつけ加えておきたい。

3-5 遊歩者の視点

楠本正幸
建築家、NTT都市開発一級建築士事務所部長

都市と遊歩者

ヴァルター・ベンヤミン（Walter Benjamin）は、その著述集『パッサージュ論』の中で、「遊歩者」についてこう語っている。

「遊歩者（flaneur）というタイプを作ったのはパリである。……パリを遊歩者の約束の地にしたのは、あるいは……全くの生活だけから作られた風景にしたのは、よそ者ではなく彼ら自身、つまり、パリの人々なのだからである。風景——実際、パリは遊歩者にとって風景になるのだ。……遊歩者にとってパリは風景として開かれてくるのだが、また、彼を部屋として包み込むのだ」
（今村仁司、三島憲一他訳、岩波書店）

「遊歩者」とは、単に都市の歩行者ではなく、都市に棲み、日々の生活の中で都市を巡り、そこで都市を感じ、都市を思考し、そして自らに同化していく存在であると言える。都市と「彼」との関係は、観察者とその対象という一義的なものではなく、より多義的でインタラクティヴで、かつ相互補完的なものであり、「彼」にとってこの都市が唯一無二のものであるのと同様に、都市にとっても「彼」の存在はかけがえのないものなのである。

都市の本質は「記憶の蓄積」である。すなわち、都市の都市である所以はその物理的存在にではなく、むしろ都市に棲みまた訪れる人々の、生活の中で日々抱くイメージ、また重ねる数々の想いにある。そして、この都市を想い、物語る主体こそ「遊歩者」であり、その意味において「遊歩者」が都市の主役であり創造者そのものなのである。

パリの遊歩空間

ここで、ベンヤミンが「遊歩者」の街と語ったパリの都市空間について眺めてみよう。

パリはセーヌ川の両岸に発達した都市で、その中州であるシテ島にガロア人が住みついたのがその起源とされる。その後ローマ人が植民都市化し、その格子状街路の主軸、すなわちセーヌと直行する南北軸とセーヌに沿って延びる東西軸がパリの街路構成の下敷きになっている。また、都市域が拡大する過程で同心円状に建設と撤去を繰り返した、一連の城壁や堀も、現在の都市構造に大きな影響を残している【図1、2】。

そのパリ都心部の中で、遊歩空間として典

3-5. 遊歩者の視点　159

図1　中世のパリ(13世紀頃)。左下の市域外にサンジェルマン・デ・プレ修道院が見える
図2　パリの都市構造。直行する都市軸と同心円状の城壁の重なり
図3　パレロワイヤルの中庭
図5　オペラ通り

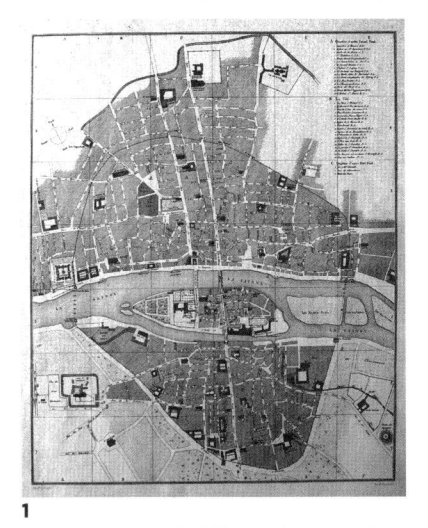

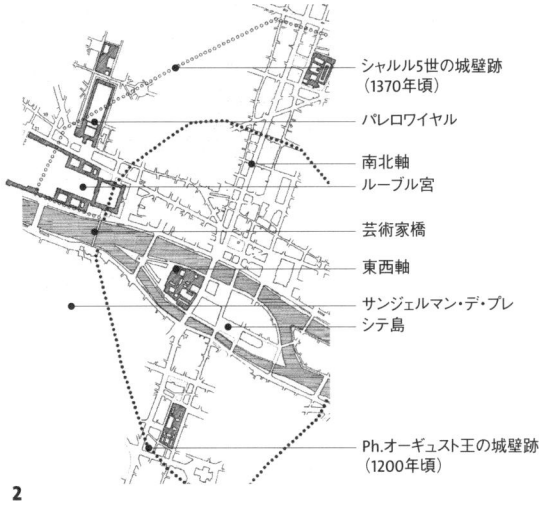

シャルル5世の城壁跡（1370年頃）
パレロワイヤル
南北軸
ルーブル宮
芸術家橋
東西軸
サンジェルマン・デ・プレ
シテ島
Ph.オーギュスト王の城壁跡（1200年頃）

型的なふたつの界隈を紹介したい。

　まず、パレロワイヤル周辺である。パレロワイヤルはその名の通りかつて国王が居住していた宮殿であったが、所有者が変遷する中で幾たびかの増改築を経て、中央に広大なオープンスペースを内包した官庁、劇場、商店、住宅等の複合建築となっている【図3】。この中庭空間はかつての所有者である宰相リシュリューが、パリ市拡大に伴って得られた土地につくった私的庭園がその起源となっており、ちょうど現在の中庭の中央を斜めに城壁が横切っていた

ことになる【図4】。つまり、この中庭は中世のパリ市内である都心部と、当時の市外であり現在は庶民的な商業・住宅街となっているエリアとにまたがって位置しており、かつての城壁の痕跡によって分けられているこのふたつの領域をつなぐ貴重な回遊空間として機能しているのである。

　さらに周辺には、19世紀のオペラ座の建設とともに通されたモニュメンタルな表通りであるオペラ通り【図5】や、同時代に新しい商業空間として流行したパッサージュ群【図6】も点在

図4　パレロワイヤルとその周辺の歴史的変遷

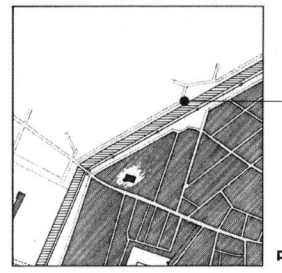

- シャルル5世の城壁跡

中世

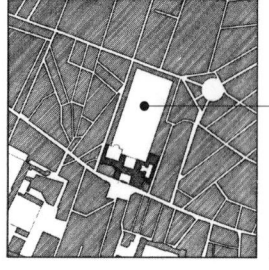

- 当初の中庭。周辺街路に城壁の痕跡が残る

18世紀

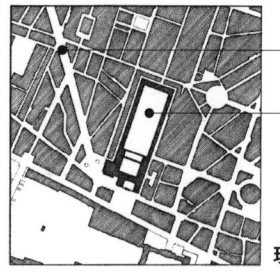

- オペラ通り
- 建物によって二重に囲われた現在の中庭

現在

図7　サンジェルマン・デ・プレ教会周辺の地図。かつての修道院の城壁や堀の痕跡が現在も見られる。

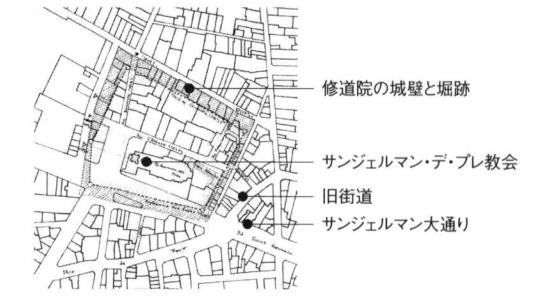

- 修道院の城壁と堀跡
- サンジェルマン・デ・プレ教会
- 旧街道
- サンジェルマン大通り

し、パレロワイヤルとの相乗効果により選択性のある変化に富んだ魅力的な遊歩空間が展開している。

次はサンジェルマン・デ・プレ周辺である。パリに現存する最古の教会堂であるサン・ジェルマン・デ・プレ教会は、もともとパリ市外に位置する修道院に属していた。周囲を城壁と堀で囲まれ、あたかもひとつの小都市のような姿を呈していたのであるが、その後拡大したパリ市に取り込まれ、徐々に市街化された。城壁や堀も撤去され、その跡にも建物が建てられているが【図7、8】、現在においても街路や区画形状にかつての修道院の領域性が明確に残されており、今でもそのエリアの内部に足を踏み入れると外部の喧噪とは全く別の静かで落ち着いた空間が保たれている【図9】。

一方、当時四周を建物に囲まれていた教会の正面広場は、19世紀にセーヌ県知事オスマンによって開通されたサンジェルマン大通りによりその一辺を完全に街に開放され、都市軸の焦点として一気に賑わいの中心となっている【図10】。近傍には、昔からの街道沿いのマーケット【図11】や、レストラン街の他、カルチェ・ラタンのその名の通り多くの学校が点在し、セーヌ右岸とはまた異なったカジュアルでかつアカデミックな界隈性を持つ遊歩空間となっている。

これらふたつの界隈は、セーヌを挟んで対岸に位置しており、19世紀初めに完成した、美しい歩行者専用の芸術家橋【図12】により結ばれている。街を歩いていて実際に水を感じるのはこの橋を渡るときだけであるが、その前後のそれぞれ個性的な都市空間との対比があまりに印象的なため、このセーヌ河畔がパリの街に欠くことのできない風景として深く心に刻みこまれるのである。また、緑の量も決して多いとはいえないが、パレロワイヤルの並木や、サン・ジェル

マン・デ・プレ教会の裏にある小広場の樹木などの都市空間への効果的な組み込まれ方により、水や緑に彩られたパリという都市像がつくられるのである【図13】。

このように、パリの街を遊歩して感じるのは、絵葉書的に美しい都市風景よりむしろ、歩きながら体感する豊かで変化に富んだ都市のイメージである。言い換えるならば、遊歩者の視点で構成された都市だからこそ、様々な空間要素や風景、そしてそこに重なる遊歩者自らの記憶とが相乗効果を発揮し、他にはないオリジナルな魅力をつくり出すのである。

クルマとの関係においても特に歩行者と自動車が明確に分離されているわけでもなく、狭い道路が縦列駐車によってさらに狭くなった脇を車が走り抜けたりと、確かに安全性や快適性には問題がないわけではないが、決して街を遊歩する楽しさを損なってはいない。むしろ都市の中での人とクルマの関係として、厳密な歩車分離とはまた異なった、よりルーズでかつ親密なひとつのあり方を示唆しているともいえよう。

街づくりのための3つの切り口

上述のような魅力的な都市空間の創造のためには、「遊歩」というコンセプトと実際の形態

図6　パレロワイヤル近くのパッサージュ
図8　かつてサンジェルマン・デ・プレ修道院の堀だった区画に建てられた細長い建物。手前はサンジェルマン大通り
図9　サンジェルマン・デ・プレ教会の裏にある小空間。昔の修道院の名残が残されている
図10　サンジェルマン大通り越しに見るサンジェルマン・デ・プレ教会の正面広場
図11　サンジェルマン・デ・プレ教会近くのマーケット通り（旧街道）

図12 芸術家橋。対岸はルーブル宮
図13 上空よりパリ中心街を見る。中央にそびえるのがサンジェルマン・デ・プレ教会の尖塔

あるいは空間とをつなげてくれるようなキーワードが必要となってくる。次にあげる3つの言葉は、そういった具体的デザインのための「街」を語る切り口である。

1……回遊性＝「ぬけ」

回遊性とは、単純に一回りできるという物理的周回性だけをいうのではなく、空間のシークエンスや抑揚、そして映画や舞台のようなダイナミックな場面展開を意味している。そこには、「ぬけ」という言葉で表現できるように、常に次の新しい展開が待っているという安心感と期待感が存在し、人々の自然な流動を促すのである。「この先は行き止まりで、来た道を戻る羽目になるかもしれない」という懸念を持つと人は先へ進むことをためらう傾向があるが、空間の「ぬけ」を認識することにより、自由に安心して遊歩空間を楽しむことができるのである。

ここで、ポイントになるのはスケールの問題である。一般に人がストレスなく歩ける距離は約500〜600mといわれる。しかし、このスケールの都市空間では展開性に乏しく決して魅力的な回遊空間にはなり得ない。これは、地方都市のこぢんまりまとまった中心街によく見られる状況で、日常通る道や立ち寄る場所がいつも変わらず、必ず誰か知った人に会ってしまうというレベルの、選択性の乏しいスケールである。遊歩空間としては少なくともその2倍、すなわち

3-5. 遊歩者の視点

図14　パリのシャンゼリゼ。豊かな緑と沿道のカフェやショップ、そして広い幅員と緩やかな勾配が心地よいそぞろ歩きを誘う
図15　バルセロナのランブラス通り。車道は中央の広い歩行者道の両側にとられている
図16　けやき並木が美しい表参道
図17　渋谷駅前の交差点。片道2〜3車線の幹線道路の交差点にもかかわらず、スクランブル横断歩道により大量の歩行者流量を確保している
図18　クルマ中心に計画された典型的な近代都市クアラルンプール。横断歩道のない広い車道を人々が決死の覚悟で渡る
図19　セーヌ河畔の並木のある遊歩道

1,000〜1,200m位のスケールをもつ都市空間が機能的にも環境的にも快適に整備される必要がある。スケールが2倍になれば、人それぞれが時と場合によって選択できる回遊路のパターンが無数に発生し、その結果はるかに多様で豊かな表情をもつ遊歩空間が生まれるのである。

ちなみに、賑わい空間として有名な世界のショッピングストリート、例えばパリのオペラ通りやシャンゼリゼ【図14】を始め、バルセロナのランブラス通り【図15】やコペンハーゲンのストロイエ、東京では表参道【図16】や銀座通りなど、どれもほぼ1,000〜1,200mの長さをもっている。このエリア内は必ずしも歩行者専用空間で

図20　サンアントニオの運河沿いの商業空間。水位コントロールによる親水性の高い遊歩空間の実現
図21　バルセロナのゴシック街区。中世そのままのヒューマンスケールの街

ある必要はなく、パリのように歩車共存でも充分成立するが、当然のことながら通過交通のための道路は迂回させるなり地下を通すなりして、回遊エリアを横切ることはできるだけ避けるべきである。

2……積層性＝「かさね」

積層性とは、空間あるいは領域の「かさね」である。多層に重ねられた都市空間の持つ街としてのダイナミズムや豊富な選択性ももちろん都市の魅力の大きな要素であるが、ひとつの「場」に様々な領域性や意味性が重ねられたとき、そこには多様な人々の街行動が積層し、その結果本来の意味での賑わいが発生するのである。パレロワイヤルの中庭で見られるような居住者や観光客等の様々な人々が時空を共有して憩う様がまさにその都市の賑わいの情景に他ならない。

クルマとの共存という課題に対しては、立体的な都市空間利用は一般に効果的な解決方法を与えてくれる。都心部の地下空間を利用した駐車場やアクセス道などはその典型であるし、道路と歩行者動線との立体交差は安全性の面でも、交通処理の観点からも有効な手法となる。しかしながら、歩行者が街を回遊するのはあくまでも地上レベルが基本だということを忘れてはならない。横断歩道橋や地下歩道などは道路横断の選択肢を増やす意味はあっても、決して地上の横断歩道の代替にはなり得ないのである【図17、18】。

やむを得ず道路との立体交差を選択する場合は、地上との空間の連続性、そして視認性を最大限確保し、できるだけ自然に抵抗感なく人が異なるレベル間を移動できるようにすることが肝要である。そういった意味で都市における川や運河沿いのウォーターフロント空間は、都市交通処理の問題とダイナミックで魅力的な都市回遊空間の実現を両立させることのできる貴重なスペースであり、例えばパリのセーヌ川沿いは歩行者プロムナードや通過交通を処理する自動車専用道として活用されている【図19】。また、サンアントニオのリバーウォークでは運河沿いに戦略的に開発された商業集積が、周辺のクルマ優先の殺伐とした都市空間から完全に隔離された、快適で安全な賑わい空間を実現している【図20】。

3……物語性＝「いわれ」

物語性は、「記憶の蓄積」という都市の本質の具体的現れであり、街のアイデンティティを生み出す源となる。人は、その場所、空間に自分と街とをつなぐ「物語」を見いだしたとき、自分がその街の一部だと認識するのである。その想いが他に代え難いという街への愛着となり、その集積が都市の独自性をつくり、そして都市をより魅力的にしていくのだろう。そしてその根底には、その場の持つ力、すなわち気候風土や地形あるいは歴史等々によって醸成された場所性が存在することは言うまでもない。そういった都市の「いわれ」を幾重にも積み重ねることにより、都市の時間的、空間的連続性が人それぞれに多様な形で認識され、人々と街との距離をより親密にすることが可能となるのである。

魅力的な、そして想い出に残る街とは、いつ訪れても暖かく迎えてくれるような懐かしさと、つねに新しい発見や感動を与えてくれるという意外性とを併せ持っている。そういった街づくりを目指すとき、重要なポイントとなるのは、空間の奥行きであり表と裏の二面性である。例えば、回遊を誘う遊歩空間は単に幅の広く見通しの良いメインストリートだけでは成立しない。つねにそれと平行に、あるいはその近傍に歩行者専用のアーケードやヨーロッパの都市の歴史的街区のようなヒューマンな街路空間が必ず控えている。

そういった表と裏との組み合わせによって生み出される無数の選択肢の中から、遊歩者それぞれが自らの都市のイメージを紡ぎ出し、その結果多様で重層的な、そして独自の都市の物語が創出されるのである。パリのオペラ通りに対するパッサージュ、あるいはバルセロナのランプラス通りとゴシック街区【図21】などがその代表的事例である。

次世代のクルマ社会における都市像

近代都市の多くは、特に20世紀の急激なモータリゼーションの進行により、本来持つべき人間的なスケール感や領域感を失ってしまっている。都市内の移動をクルマに頼りすぎたため、我々は効率性や利便性と引き替えに、都市の空間的シークエンス、あるいはディテールを体感する機会を喪失してしまったのだ。そうした身体感覚のテクスチャーやニュアンスが「記憶」に関わる重要な要素であるのに、クルマ社会は都市の人間的領域感を道路で分断・孤立させ、空間をパッチワーク化してしまったのである。

一方、現実の都市機能はクルマなしでは考えられないし、またクルマの利用者も都市の遊歩者であるということも紛れもない事実である。従って、単純な歩車分離やパーク・アンド・ライド等の手法だけでは根本的な解決にはならない。都市生活を営む人々にとっては、人とクルマは決して互いに相容れない存在ではなく、むしろその境界は曖昧なはずである。

次世代の都市像を語る上では、この断片化された都市空間の再構成をはかること、そしてその中で人とクルマとの新しい関係を見つめ直すことが不可欠なのである。そこには、都市交通や公共駐車場の整備、あるいはカーシェアリング等の新しい手法の研究も当然含まれるし、また一方で、店先に自由にクルマを停められる路上駐車の再評価などもありうるであろう。繰り返しになるが、都市の主役はあくまでも「遊歩者」である。つねにその「遊歩者の視点」で都市を見つめ続けること、それが、街づくりに携わる我々の責務であり、永遠の課題だということを改めて強調したい。

Interview
道路だけじゃないでしょ

大宅映子
ジャーナリスト、道路関係4公団民営化推進委員会委員

佐野寛=聞き手

道路問題の経過

——クルマ問題には「クルマの問題」と「クルマ社会の問題」がありますが、クルマ社会の中の大問題である道路問題からお聞かせいただきたいと思います。

　昔、みんな雨露しのぐ家もなかった時代に、お金はないけど社会資本が要るといって住宅公団が公団住宅を建てた時には、みんな嬉しかったわけよ。ところがどんどん豊かになって、みんな自分たちが好きなものを選べるようになっているのに、まだ、借金したお金で、遠くて高くて狭いところにつくり続けている。道路も同じです。同じようにして国中に高速道路網をつくり続けている。例えば、北海道では渋滞もない一般道路と並んで、高コストの高速道路があるけれど、誰も利用していない。

　例えば四国には、3つも橋が架かっちゃった。そこに橋を3つ架けたからって四国が元気になるわけがない。多分、有力な政治家が運動したのでしょう。その収入が約800億円、利息だけで1300億円ですから、未来永劫、利息も払えない。それで、税金を投入したわけです。でも、誰も責任をとっていない。

　これからつくろうとしている高速道路って、採算合わないところばっかりなわけですよ。道路はネットワークですから、必要なところもある。しかし、国民に約束したからと、今までどおりにつくれというのは無理でしょう。国民というのは今生きている人たちだけではなくて、これから生まれてくる人たちも国民です。その人たちに全部借金を押しつけていいんですか？

利用者の側に立たない道路づくり

――地方で片道一車線の道をつくると一銭も補助金が出ませんが、立派な道路をつくると国が6割出してくれるといった話などがあるといいますが。

　この問題は、中央集権の問題だけど、だいたい、道路が使う側に立ったつくり方をしないという問題でもあるわけです。例えば、行政上、甲州街道は三宅坂が起点だからだと思うけど、八王子から乗ったとすると、案内表示板に上りの行き先は「三宅坂」と書いてある。わかりやすくまず「新宿」と書いて欲しいのに、道路を管理している人達からすると、甲州街道の行き先は三宅坂なんですね。だから管理者にはわかるけど、利用者にはわからない案内表示板になっちゃう。首都高速の渋滞情報なんかも、それが私の行くところかどうか、全然わからない。

　例えばアメリカなんかだったら、掲示板にたくさん書いてある行き先が、進むごとにひとつずつ消えていくわけですよ。だから自分が降りるところはあと3つ先だってことがすぐわかるのね。

景観に対する見識

　もうひとつ、そういう案内表示板のほかにも、余計な絵看板があるでしょう。あれが私の一番嫌いなものなんです。「なんとか町、なんとか市」という文字の横に幼稚園児が描いたような絵が描いてある。そんな絵看板が、日本中にあります。ここから行政区間としてなんとか町になるっていったってね、運転している側にとっては何にも必要な情報じゃないわけ。降りるところの情報が一番大事なんであって、利用者のことを考えて

いない例です。

　それから私、ガードレールが大嫌いです。ニュージーランドに行った折、ガードレールとか電線がないとこんなに心地がいいものかと、つくづく思った。電線は地下に埋設しているし、看板もない。レンタカーの看板すらないんですよ。観光で生きるって決めたから、看板出させないんです。景色を乱すものは全部規制される。

　日本でも銀座にはガードレールがないでしょう。ものすごく抵抗してやめさせたんだそうです。そういう見識っていうのは必要です。そんなガードレールをとっただけで、街は、ずいぶん心地よくなると思います。もちろん、それで歩行者が守られるということはわかります。だからもしかしたら街のデザインの問題なのかも知れないけど、でも、何でもかんでも保護すればいいってものではないと思う。

個人が責任をとる「デザイン」

　この頃、トラックが時速何km以上出せないようにするという話が出てますが、私は違うと思う。ぶつからないように自動的に止まるようにするなども、要するに人間はアホだという前提でするんでしょう。でも気をつけないと、人間が依存症になってダメになりますよ。誰かが手を差し伸べないといけないというのは間違いだと思う。基本的には全部個人の責任なんですよ。個人の判断力とか決定権とか責任感とかっていうのを、いろんな法律なり物理的なことで保護します、守ってあげますという方向は、間違いだと思う。

　——ユニバーサルデザインの考えに問題ありということですか。

　そうではなく、自己決定権の問題なの。ユニバーサルデザインをいうなら、ガードレールだらけの街ではなく、ガードレールのいらない街をデザインすることが、本当のユニバーサルデザインでしょう。

　日本のガードレールって、歩行者を守るというより、歩行者にクルマの邪魔をさせな

いようにするものだと思う。だからデザインの問題かも知れないといったのですが、要するにガードレールをつくる時にも、歩行者を物理的に保護するだけでなく、心地よく歩きたいといった歩行者の気持ちも考えてつくるべきなんです。

クルマという「自由」な空間

　そもそも、クルマは私にとっては自己決定権のひとつなんですよ。自分で行きたいところに行く自由そのものなんです。私にとっては自由というのが一番の価値であって、それを手放す気は一切ない。

　クルマは、動けばいい。私にとっては足なんです。だから、擦っていようがちょっとぶつかっていようが、動くことに支障がなければそのままでいいと思います。人間には動きたいという願望があるわけだから。「ホモ・モーベンス」ですよね。

　しかもクルマはバスや新幹線とは違って、ひとりとか数人で世界がつくれるわけです。その自分のプライベート空間そのままで移動ができるということが一番大きいと、私は思うんです。

　もちろん自己決定権を持つ資格というものはあります。自分の自由を守ろうと思えば、他人の自由も尊重しなければならない。それが公徳心ということだけど、日本人の公徳心はすっかり退化しちゃった。今は、あまりにも個人の「私の勝手でしょ」過ぎる。町並みは「俺の土地にどんなものをつくろうと俺の勝手だ」といって、自分の家を何色に塗ろうが、ペンシルビルだろうが構わないって有様でしょう。

　でも公共の場所では、お互いの自由を守り合うために、互いに譲り合うことが前提で、そのためのルールをちゃんとつくる必要があるわけです。本当は、私たちが投票で選んだ議員さんが長い目で見たりいろんなことしてそういうことをやらなきゃいけないわけだけど、みんな次の選挙のことしか考えてなくて、日本国全体のことを考えていない。それで、全部官僚に投げちゃっているわけです。

　私が基本的におかしいと思うのは、日本人の富の分配権を官僚が持っていること。決定権を握っているのは彼等なんですよ。議員さんならいいの、私たちが選挙したんだか

らね。日本が貧しい時代はね、官僚が、全体を底上げするために、カネを同じようなかたちでばらまくことが正しかった。だけど、ここまで豊かになって、1人ひとりが豊かさを選べるようになっているんだから、これ以上の便利さは要らないとか、決定権は1人ひとりに戻すべきですよ。それをまだあの人たちは自分たちがやらなきゃいけないと思っている。でも国民は、分かっていないの、認識していないのよ。

自己決定力を身につける

——**教育の問題でもありますね。**

　そう。今の教育は、子供を人間として成長させない。いつまでも保護の必要な子供のままでいさせる。それに今の子供たちは、リアルな生活体験が欠如しているでしょう。全部疑似体験で終わっていて、迷子にもならなけりゃ、恐い目にも遭わない。親に乗せられてクルマで移動しているだけ。地方では、小学校の送り迎えを全部お母さんがやっているんですよ。

　そのお母さんだって、赤ちゃんを抱いたこともなくて、自分の産んだ赤ちゃんが初めてだっこする赤ちゃんだったりする。そんなことしてたらまともな母さんになれるわけない。それでも、昔なら自然にできた体験を、結婚する年までせずに生きてこられちゃう

わけです。だとしたら、親の側が、意図的に意識してなにか体験させる、読ませる、ちょっと一歩引いて、自分で作業させる、考えさせる。自己決定力を身につけさせるためにはそれしかないと思う。

　親というのは壁にならないといけないのよ。何してもいいよっていったら、どこにもぶつからないまま大人になるわけ。いろんな壁にぶつかって、いろんなことを体験しながら、判断力とか危険回避力とかっていうのが育つんです。

　クルマでも、ぶつかったらすぐクルマの方が柔らかくてへっこむようになっておりますから大丈夫ですっていったら、どんどんぶつかっちゃう。ボタンを押して「今日はここから霞ヶ関の○○に行きたいです」とクルマに入れると、何もしないで行けちゃうみたいな話になると、私の大好きな自己決定権がなくなる。「あ、ちょっとやめた、渋谷に行きたい」って言っても、「ダメです。1回霞ヶ関に行ってからじゃないと渋谷には戻れない」なんてことにもなる。

　本当に人間らしく生きようと思ったらやっぱり、決定権は自分にある、人間にある、というようにしておかないと絶対ダメなのよ。こういう危ないことがある、こういう危ない人がいる、だからそれを排除しましょうっていう思想は、やがて突き詰めていくとものすごく危険だと思います。

　　　　　　　　　　　　　　　　　　　（2003年7月15日　於：大宅映子事務所）

Interview
つまずきは新幹線に貨車をつけなかったことから始まっていた

小池千枝
文化服装学院名誉学院長

南條あゆみ=聞き手
日本デザイン機構

車輪がついているものは全部が「クルマ」

　今は、普通の乗用車だけを格好いいなどと言ってもてはやしているような時代。でも、そういうデザインの時代じゃないと思います。私は、ガソリンで動くものだけがクルマとは考えません。車輪がついているものは全部が「クルマ」だと思っています。障害者の人が車椅子を使っていますが、それも大切なクルマ。でもそのクルマでトイレに入れない、電車にも乗れないというのを見て、デザイナーたちが放っておいていいのですか、と思う。

　ガソリンで動く自動車にしても、走れる道をつくることが自動車の問題です。自動車というものは道路があって機能するもの。安全な道路があり、スムーズに動いてはじめてクルマと言えるんです。確かにクルマというのは便利だし、高齢者にとってはクルマがないとどこにも行けない。

　今は本当にトラックが怖い。みんな贅沢になって北海道のものも沖縄のものも明日食べたい、さらに外国のものまで早く取り寄せたがる、それで一所懸命にトラックで運んでいますから、過労で居眠り運転をして追突事故をおこすのは当たり前だと思う。それよりも新幹線で夜の時間に走らせるとか、せめて貨物自動車を走らせる時間帯を制限するとか規制するべきです。事故をおこしてもぶつけた方が大したことなく、ぶつけられた方の運が悪かったというふうに片づけている法律もおかしい。規制はつくるけれど罰がない。そのルールをもっと厳しくするべきだし、そこを本気になって考えていくことがクルマ社会のデザインの本来じゃないかなと思う。

　例えば、狭い日本と言うけれど、もっと狭いシンガポールへ行ってみると、歩道、バス、貨物と、完全に車線がわかれている。だからほとんど事故がない。一方通行で曲がりく

ねっていますけど、死者を出すよりもその方がいい。ドイツに行ってもシンガポールに行っても自動車の正面衝突事故を見たことなんてないです。こんな事故は日本だけかな。こうした問題もよその国ではどうなのか調べて欲しい。いかに日本が無惨で、自動車事故で何人が死んでいるか。そういうデータを出したら自動車は危険な武器だと思うでしょう。そういうデータをさらって、本当に人間が正しく生きるためにはこれからどうしようかということを考えることが大事です。

　自動車を表舞台に登場させた条件がものすごく悪かった。というのは、新幹線をつくっていながら高速道路を並行してつくっていった。二重の手間です。新幹線ができた時に貨車を付けていれば、環境の問題もクルマの問題も起きなかったんです。新幹線はクルマより速いからところどころの駅に貨物を置いて、そこへ電気自動車で取りに行けば、渋滞や排気ガスはでないですむ。それも全然考えていない。

　確かに新幹線を最初につくった時は、とにかく大阪などにも早く行けるようになった。でも、今は違う。何が変わったかって通信が全部変わっちゃった。今は出掛けて行かなくてもほとんどの用事は間に合うでしょう。交通行政のトップに、この時代、ものと人とどっちを運ぶことを考えていますかと聞くと、まだ人だって言っている。ものを運んでいることの中にある問題を把握していない。今からでも貨車を付けることはできると思って「汐留の貨車置き場を潰しちゃだめよ」と言ったら、「いいこと言いますね」と言ってくれた人がいたのに、あの土地を売ってしまった。

　乗り物も東京駅に全部集中したのがまずかった。フランスに行くと、それぞれ地方に行く線路が別の拠点から出ているでしょう。そのことにしても、日本はいつ地震がくるかわからないからこわい。

評論できる教育が必要

　それからこの問題は教育の問題でもあると思う。私はファッションデザインの分野で教育をしていますが、今は着る時代じゃなくて食べる時代に入ったようです。食べることで最高の贅沢している。北海道で一番おいしいもの、沖縄で一番おいしいもの、それが確かに明日届く。でもそれがいいことなのかな。自分たちの生活のなかで守らなきゃならないものが一番なおざりなんじゃないかと思う。身体にいいのはパンよりも米の方だけど、それがパンを多く食すようになった。栄養になるのならいろいろ食べるのはいいけど、それが行き過ぎていないかどうか身近な生活から見直すことです。

　もう少しの不自由を忍ぼうと思えば忍べる。不自由を忍ばないでみんなボタンひとつという時代はおかしい。ハイテックというのがくせ者。何でもできてしまうということは本来の人間じゃない。不便があって人間だし、不便があって思いやりがうまれるんです。便利さとか効率が行き過ぎている科学も改革が必要で、本当に私は科学革命を起こすべきだと思う。100年前にもどれって。今からでは遅いかもしれないけど、今からでも救える道というものをみんなで考えたい。ちょっと不便を忍ぶ、ちょっと我慢するというくらいの生活というものを。

　新しいもの、外国から入ってくるものを食べるのが格好いいのではない。知らないうちに食べているけど、何が入っているかわからない。それがようやくわかってきた。そういうサブカルチャーからやっていけば、生きていく楽しみが出るんじゃないかな。

　身近な生活から考えるには本を読むのが一番いい。クルマの問題を考えている本が700円くらいで売っているんです。だけど、今の若者も本を読まなくなってきている。それから本についての評論がない。大学教授でもつまらないことを書いている人と、いいことを書いている人がいますよね。こういう人がこういうことを言っていて、いいことを言っていたら、こういう人はこういうことを言っているよって。そういうものを拾っていけばいい。

　でも、今は考える力が少なくなっている。人の意見も聞かないし。話しかけてくる若者が少ない。笑いもしないし、話しかけもしないから本当に教える甲斐がないことが多い。だけど、ちょっと「綺麗ね」と褒めるとニコッとしていい顔になる。だから、子どもの育て方、相手の育て方が本当に大事。例えば、私は一冊のファッションブックを見るときもひとりだけで見ないでと言うの。誰かが買ってきたらわっと寄って、ページを開ける毎に「この色、美しいね」と誰かが言う。そうすればあの人はこう見ている、この人はこう見ているのかとその人の良さが判る。フランスでは学生同士でやっています。多く

の学生がファッション感覚を自分で育てる。

人間本来の心を育てないといけない

　自分の説を言うのなら人の説にも耳を傾けられるのが人間です。野獣は生きるために弱者は喰っても同族は襲っていないのに、今は日本人同士、人間同士が戦っている。原点に戻って、我々の豊かな人間性を持つような方向を本気になって考える。本来の人間性を持っている人に訴えれば今からでも救える。

　学校の成績表でオール5を取ってきたような子はあまり良くない。どこかで1を取っている子の方がずっと成功しています。だから、こういうアメリカ式の5段階の評価はやめなきゃいけない。私たちの時代は100点満点だった。下の方の人が70点。70点だけど、あなたちょっと頑張れば80点にいけるよと言う。80点にいければ90点にもいける。たとえ最下位でも70点の余裕があるから、あなたは0点に近いと言われないで済む。

　言葉には、態度で言う言葉と国語の言葉で言うのとふたつあるけど、今は、信頼感も愛情も言葉で言えなくなっている。コミュニケーションがみんな下手になっている。言葉は、一言でもいいことを言ってあげたらその人の心情に訴えるものなのに、それがなくなってしまった。だから、「あなたは1だ」というのは残酷。かといって「あなたはオール5」なんてぜんぜんよくない。日本は同じ数字でもぼかしたところがあってその曖昧さが良かった。それが救いだった。クラスのなかで100点満点で70点80点90点の人たちは仲間だなと思う。でも、先生に1をつけられる人というのは先生が持っていないいいものを持っている。先生には見えなかったとしても、1が本当は素晴らしいものかもしれない。だから1があって4があって5があってという人の方が才能があるし伸びる。先生のほうも、レポートだけを見ていて学生の顔をよく見ていない。人間本来の心を育ててやらないといけない。クルマの問題でもそう言えると思う。

　最近、どうも大学生が空しく迷っているようなので、大学生だけを集めてファッションコースをつくったら、経済や文科系の学生、なかには理工系という連中がきました。経済からきたのは「理論は大学で習ってきた。だけど、経済はつくられたものが流通するのだから、ものをつくることを知らないと。だからものをつくります」と。今の大学はものづくり、手を動かすことができなくなっています。だから、そういう意欲を持った人たちが、あらためて新しいデザインの途を開けばいいな、と思っています。

（2003年7月11日　於：帝国ホテル）

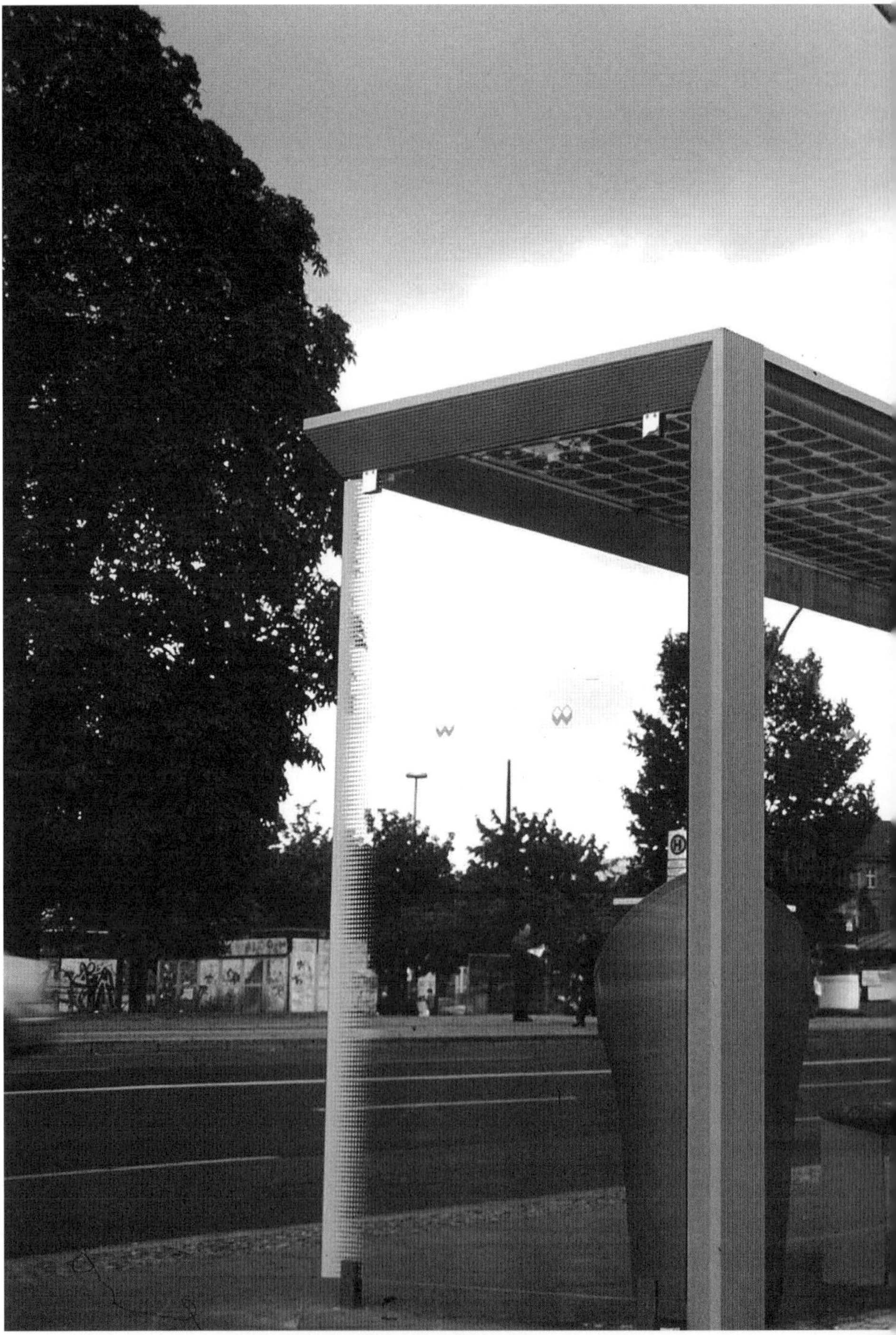

4章
クルマ社会の
リ・デザイン

水野誠一＝編

　クルマ社会において、単にクルマの形や性能をデザインするプロダクトデザインから、交通システムやクルマのライフサイクルなど環境システムそのものをデザインする「システムデザイン」、さらには「経済と環境」、「資源と環境」の二律背反を解消する「ソーシャルデザイン」へと次第に重点が移ってきている。
　資源の枯渇と、環境悪化が加速する21世紀における新しいクルマ社会デザインの前提として、「所有」から「使用」への価値観の転換が重要な意味を持ってくる。あるいは利用エネルギーの転換が迫られることになる。そこではクルマのみならず、交通システム全体を含む「社会と暮らし」そのもののデザインが必要とされてくる。そのためには、政治（行政）、経済（業界）、さらに社会（市民）が一体になって、従来の生産や消費社会の常識を否定することから始めなければならない。新たな時代に向けての果敢な提案とその実現が急務だからである。

4-0
クルマ社会の
ソーシャルデザイン

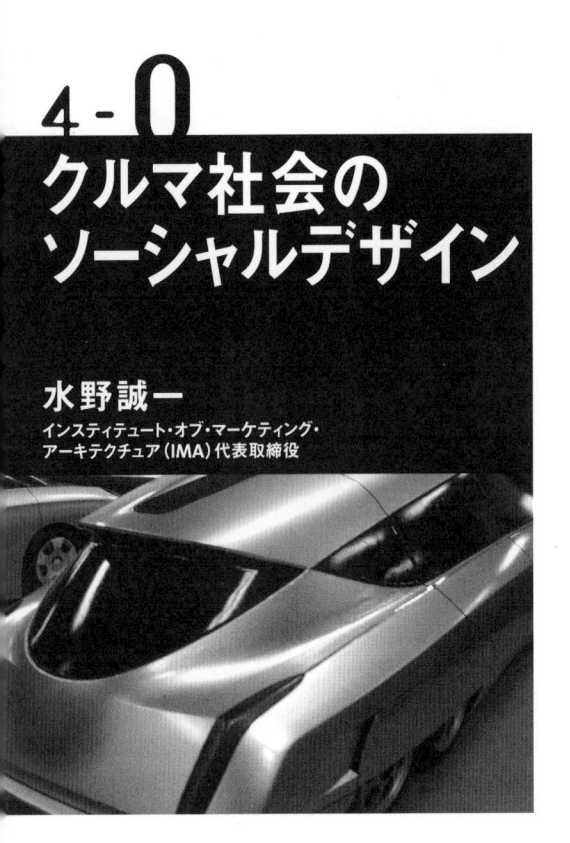

水野誠一
インスティテュート・オブ・マーケティング・
アーキテクチュア（IMA）代表取締役

「プロダクトデザイン」から
「ソーシャルデザイン」へ

 かつての近代化社会において、デザインという言葉から容易にイメージすることは、モノそのもののデザイン、すなわちプロダクトデザインであった。

 もっともそれはモノの形を決める意味でのデザインだけを指し示していないことは確かであり、デザインという言葉がマーケティングに基づく製品づくりを意味していたことは明らかだった。だがモノ自体の絶対価値、機能性や価格の合理性を問う「理性的価値」や、感覚的な意味での「感性的価値」の総和がその商品価値や価格を決めていた時代では、それで充分であった。

 20世紀の交通手段の発達史を振り返ってみてわかることは、その前半では科学技術の顕著な進化によるそれぞれの乗り物（ビークル）の発達に大きな意味があった。プロペラ飛行機はジェット化され、音速飛行を実現、さらに宇宙に行き帰りできるシャトルロケットにまで到達した。蒸気機関車はディーゼル化や電化された。次第に高速化された鉄道は、リニアモーターカーにまで到達しようとしている。

 自動車ではどうだろうか？ ガソリンを使った内燃機関の発達によって、絶対性能が増したことはもちろん、低公害エンジンの開発や安全性の向上など、その進化は著しい。

 だが20世紀の後半になると、ふたつの意識が高まってくる。ひとつは、ビークル単体の性能が増しても、それを支える交通システムやインフラの整備が追いつかねば、その性能が充分に発揮できないということだ。

 自動車で譬えれば、いくらクルマ自体の性能が増しても、道路網の整備が不充分ではその性能を活かせないし、鉄道において高速車両を開発するということは、それを走らせることができるレール、すなわち鉄道の軌道設計を含む総合的なシステムの開発にほかならない。これが整備されないままにビークルだけが過度に発達してしまうというアンバランスさと矛盾が、とりわけクルマ社会で大きな問題になっていることも事実だ。

 一言で言えば、モノやコトを総合的に考察する「システムの意識」である。

 もうひとつの意識は、その人類の発明に基づくモノやコトが機能することによって発生する、社会や環境に対する影響への関心である。

 例えば、クルマ社会の拡大が引き起こす、環

境問題、資源問題である。もはや新車をデザインする時に、単に形や性能や生産コストだけを考慮してデザインするのではなく、販売後の使用段階、廃棄段階、再生段階での環境負荷やコストまでを考えてデザインしていることは周知の事実である。

地球規模での近代化に基づく経済規模の爆発的な拡大が起こると、資源や環境問題への関心が急速に増してくることも事実だが、21世紀に入って経済の永続的な発展と、環境問題、資源問題の解決という一見コンフリクトが生ずるように見える状況をどう解決するかという課題がのしかかってきている。

これは一言で言えば、「社会・環境の意識」である。

このふたつの意識の高まりから考えても、次第にモノだけをデザインする行為の重要性は減少してくることになる。

またこうした背景のもとに、単なる「プロダクトデザイン」ではなく、また単なる「システムデザイン」でもない、もっと大きな社会というシステムに組み込まれた一部だという意識を持つ「ソーシャルデザイン」の重要性が認識されてくるのである。

ここでは、先に述べた「理性的価値」と「感性的価値」に加えて、それらのバランスに配慮し、さらに環境や社会に対する適性までを考慮する高度な知性を持つ「知性的価値」をも満足させるデザインが求められることになる。

「所有価値」から「使用価値」へ

「経済(エコノミー)」の発展と「環境(エコロジー)」への配慮という、一見矛盾しそうな課題の両立のためのヒントのひとつに「所有価値」から「使用価値」への価値観の転換がある。

すなわち、今までのようにクルマというハードウェアに絶対的な財産価値があって、それを所有することに最大の喜びがある限りにおいては、このエコノミーとエコロジーは「二者択一」あるいは「二律背反」の関係にある。絶えず所有するクルマは、より性能が高く、より新しい技術を実現しているものでなければ満足できないと消費者が考える以上、クルマを買い換え続けるということになる。それによって古いクルマは中古車市場から海外再販市場に転売され続け、発展途上国も含め地球上にクルマの数が無秩序に増え続け、環境負荷の増加に拍車をかけることになる。

また一方では、古いクルマがこれまた無秩序に廃棄されることになる。クルマでは資源のリサイクルが義務づけられることになったものの、逆にそのリサイクルのためのエネルギー消費と環境負荷は膨大なものになっている。ここでも、資源問題と環境問題の間で「二律背反」の関係が生じていることに気づかねばならない。

この問題を解決するために、「自動車というモノ(ハードウェア)の販売を止めて、すべての自動車メーカーは生産したクルマをレンタルないしは、リースの形態で顧客に提供してはどうか」という仮説を提案してみたい。

つまり自動車メーカーはクルマの生産はするものの、それを売るのではなく、クルマを使った移動というサービス(ソフト)を提供していく「サービスプロバイダー」になるのである。

この前提として、価値観の根本を「所有価値」から「使用価値」に大きく転換する必要がある【図1、2】。

では、これによってどんなメリットが生じるのか?

まず、自動車メーカーは今まで通りクルマを生産するが、その新車開発サイクルは長期化され、生産絶対台数は減少する。ただし、新しいリースシステムなどに基づく顧客管理が完璧

となり、需要予測が的確になることによって、生産の合理化が図れる。技術的に古くなったり、安全性に問題が出てくれば、メーカーはリース中のクルマを計画的に引き上げ、その部分を保守・改良していけばよい。今のクルマの基本的部分の耐用年数からいって、現在の買い換えサイクルではムダが多すぎることは確かだ。

また使える所（例えばボディやシャシー）を活かし、進化したサスペンションやエンジンを載せ替えるバージョンアップや、問題箇所だけを修復するレストレーションによって新車のように生まれ変わらせることも容易である。完全なつくり替えを極力抑えて、従来のクルマを活かしたつくり足し、部分的なつくり変えを目指す。これによって、少なくとも「環境負荷の減少」と「資源消費の減少」という両者は「二律背反」の関係ではなくなるはずだ。

顧客はどうだろうか？

顧客サイドもクルマを使用し、生活を楽しむという観点からは、選択肢がむしろ増える。従来優れたクルマを所有することによって満たされていた優越感は、これからは優れたクルマをリースする資力と有用に使いこなす能力があるということで満たされるはずだ。

それまでのクルマに飽きたり、ライフステージの上昇によってグレードアップを望むならば、逆にリースゆえに合理的に対応できることもある。ライフスタイルによって自由に複数のクルマを使い分ける必要があるならば、レンタルシステムと併用することも可能だ。

だが、経済力の差やライフスタイルの差によってあらゆるリースメニューが用意されなければならず、その意味では現在のシステムをさらに進化させる必要があろう。レンタルも現在のような不完全なレンタルシステムでは対応できない。一部の自動車メーカーが実験を始めたように、鉄道などのマストラフィックと完全にリンクした簡単な乗り換えと、自由な乗り捨てが可能で、しかもバラエティが豊富な新たな付加価値

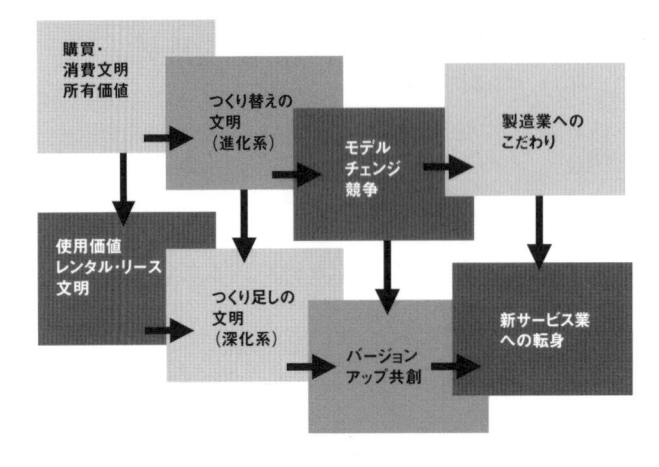

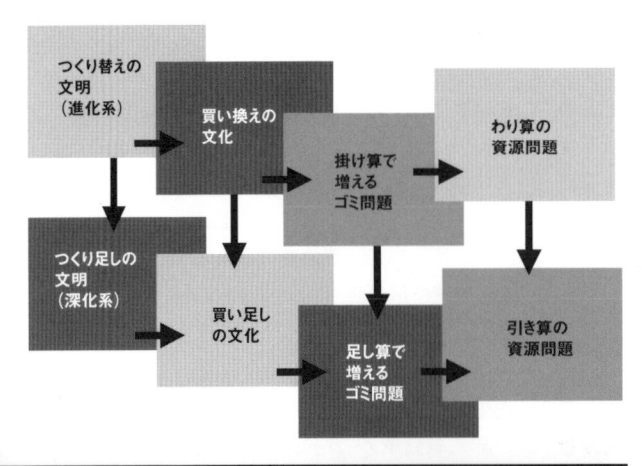

図1 ソーシャルデザインから生まれる新しい生産のパラダイム
図2 ソーシャルデザインから生まれる新しい生産のパラダイムとゴミ・資源問題の解消

を持ったレンタカーシステムが必要になる。

　だがどうしてもクルマを所有したいという欲求も当然あるだろう。特にクラシックカーのコレクターなどの所有欲求にはどう対処したらよいのか、という疑問だ。これは整理して考える必要がある。

　すなわちここでリースやレンタルシステムとして論じているのは、「文明」としてのクルマである。より快適で便利な移動手段になればよい、という機能性が第一に求められている。

　一方、クラシックカーなどは「文化」としてのクルマである。20世紀の科学技術という文明的進化の陰に、自動車文化という歴史が花開いたことも事実である。これらの古典文化を古くさいからといって打ち捨ててしまったら、21世紀の暮らしは無味乾燥なものになってしまう。

　むしろこういう文化財的なものこそ優遇的に保存のための所有を認めるべきなのだ。また技術開発のためには、レーシングカーのような一見ムダな開発行為も重要なことは明らかである。これらは分けて考える必要があろう。

　このパラダイムシフトの課題ひとつ取ってみても、それを実現するにはまだまだ解決しなければいけない問題が多い。またそのためには、ひとつの企業だけでは絶対にムリだが、同時に業界の中だけでこと足りるものでもない。まさにプロダクトデザインではなく、システムデザインであり、さらにはソーシャルデザインそのものであるからだ。

　政治（行政）、経済（業界）、社会（市民）などのあらゆるセクターが一体になって取り組まねばならない課題でもあろう。これらのセクター間にコンフリクトがひとつでもある限り、こういったパラダイムシフトのモデルは実現できない。

　ではどのセクターがこの鍵をにぎるのだろうか？

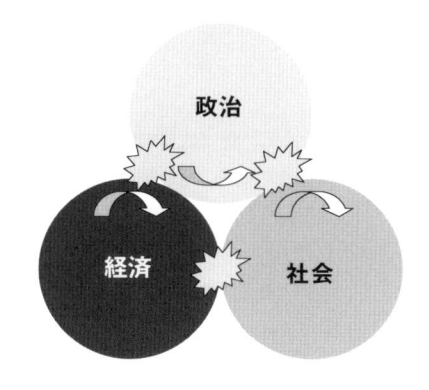

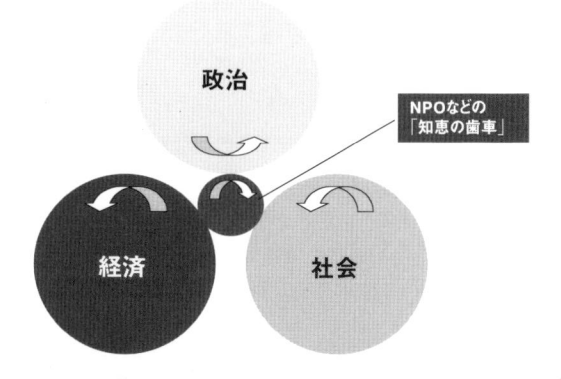

図3　政治・経済・社会のコンフリクト
図4　政治・経済・社会のコンフリクトの解消

　この関係を歯車に譬えたのが次の図である。ここでコンフリクトを解決する「知恵の歯車」こそが、ソーシャルデザインに裏づけされたNPOなど新たな媒介セクターということになる【図3, 4】。

　今までの環境問題への取り組みと進化を見ていくと、すべて行政上の環境規制の強化がきっかけになったものばかりである。低公害エンジンの開発に寄与したマスキー法然り、今回の燃料電池開発のきっかけになったカリフォルニア州の規制然りであろう。近年は何事でも規制緩和が叫ばれる時代ではあるが、こと環境

問題と資源問題においては、規制強化こそが時代のパラダイムを変える最大のチャンスになるはずだ。

それは、環境に対して重要であるのみならず、日本を環境先進国たらしめ、その先取した技術をもって「環境経済立国」とさせるためのチャンスでもあるのだ。

20世紀的な断片的「知識」の羅列ではなく、昨今の「危機」を「好機」として活かせるかどうかの「知恵」が問われている。

だが、この知識を越えた知恵の活用によるパラダイムシフトの可能性を考えるとなると、従来の行政や産業の「常識」というバリアが大きく立ちはだかってくることに気づく。すなわち、環境規制の目標値を定めるような規制でも、産業界からの猛反対が必ず生じる。だが市民社会の国際的な連携が新たな圧力セクターとして、こうした規制の実現の後押しをしていることも事実であり、その起動力の弾み車として、昨今のNPOやNGOの活躍への期待があるのだ。

「非常識」から「否常識」へ

クルマ社会でのもうひとつ大きなパラダイムシフトの例に、ガソリンエンジン車から、電気自動車への転換があろう。一般的には電気自動車化の実現にはまだまだ時間がかかると思われている。政府に納入された燃料電池車でも、一台1億円といった価格ばかりが話題になり、実用化はまだ先のような印象を持たれたかもしれない。

また、一方メーカーはエンジンとモーターを併せ持ったハイブリッド車の開発に力を入れていて、ここでも今はまだ電気自動車への過渡期であることを印象づけている。

だが、電気自動車の実用化はまだ先のことなのだろうか？

電気自動車は非力で遅いといった印象を持っている方がいるとしたらそれは間違いである。インタビューでもご登場願った慶應義塾大学の清水浩教授（2章5節参照）が開発し、311km/hのスピード記録を達成した8輪自動車が500馬力以上のパワーを誇っている事実からもわかる。電気自動車にトランスミッションがいらないのも、モーターでは微速運転から超高速運転まであらゆる回転域で充分なトルクがあるからだ。

また環境と資源双方に配慮されていることは、化石燃料から生じた運動エネルギーの効率比較で、化石燃料からつくった電気を運動に変換する効率の方が、化石燃料そのものを燃焼させるエンジン車に比べて数段高いことからも証明される。しかもエンジンと違ってシンプルな構造のために圧倒的に故障が少ないというメリットもある。

では、電池の性能はどうか？

現在使われているリチウムイオン電池の技術開発も進み、一充電で400km、充電回数も優に500回を超すものが登場してきた。また70％程度の充電には十数分の急速充電でこと足りるという。現在のリチウムイオン電池の一番のネックは価格の高さだが、量産によってコストダウンが期待できることは言うに及ばず、現在でもランニングコスト（電気料金）の安さと、電池交換までに20万km以上走れるという事実を考えると、決して高過ぎるとは言えまい。

このように、性能的に見ても、またエコノミーとエコロジーの両立を考えても大きな優位性を持つ電気自動車がなぜなかなか実用化されないのだろうか？

その意味では、複雑な構造と燃料たる水素確保のためのインフラ整備が大掛かりになる燃料電池車を待たずして、電気（池）自動車の実用化を先行させるべきだ、と言うのが前述の

清水浩教授や、自動車評論家で「日本EVクラブ[*1]」会長の館内端氏である。このクラブでは会員たちが古いクルマのエンジンの代わりに電池とモーターを入れ、車検を獲得して実用車として使用し、日本一周などの活発な啓蒙活動もしている。

館内氏は洋の東西を問わず自動車メーカーが電気自動車の開発に基本的に積極的でないのは、100年近くの間ガソリンエンジンの開発と改良に巨額の投資をしてきたゆえの20世紀の「常識」へのこだわりとしか考えられないと言う。

確かに自動車メーカーが製品として電気自動車を世に出すとなれば時間がかかるのもわかるし、街には急速充電のためのスタンドも充実させねばならない。だが、それ以前にこうした20世紀のエンジン技術に対するこだわりがバリアになっているとしたら、それは20世紀の古い常識にこだわる大罪としか思えない。「経済」と「環境」を両立させ、さらに「環境」と「資源」をも両立させなければいけない21世紀は、こうした「常識」も「非常識」も一旦リセットする「否常識」を持って、「21世紀の新たな常識」を探ることが重要なのではないだろうか。

こういう大きなパラダイムシフトは国家の強い意志なしにはなしえない。イニシャルコストの大きさが現時点で電気自動車の普及の足かせになっているのなら、CO_2の削減問題に頭を痛める政府が電気自動車に対してもっと大きなインセンティブを与えるべきであろう。さらに近年は、20世紀の常識にとらわれずに国や国際社会を動かす重要な弾み車の役割を、NGOやNPOが果たす時代でもある。官が重い腰を上げないのなら、民から先に声を上げる時でもあろう。本書の役割もそこにあると信じている。

清水教授の挑戦は高性能電気自動車の開発だけに終わらない。自動運転システムの開発など、電気を使ったビークルゆえに可能な画期的なモビリティの近未来構想を持っている。どこの自動車メーカーも未来の理想図としては描いているものだが、民間大学の一学者が、制約された条件の中でその実現に一番近いポジションを保っていることに驚きを禁じ得ない。

その中にこそ、新しいクルマ社会のソーシャルデザインのヒントが潜んでいるはずである。

*1　日本EVクラブ http://www.jevc.gr.jp/index.php

4-1
クルマ社会の問題とデザイン力

田中一雄
GK設計取締役環境設計部長

　自動車は、20世紀における人類最大の発明である。それは、人の行動様式を画期的に変化させ、生活を一変させた「夢の筋斗雲(きんとうん)」であった。しかし、それに伴ってさまざまな問題が発生し、いまだ答えを見出せずにいる。その解決策はいろいろと考えられるが、ここでは「魅力をつくるデザインの役割」という観点からクルマ社会の問題を問い直してみたい。

クルマ社会の問題と対策

　まず、前提となる今日のクルマ社会の問題は、大きく捉えると以下の3点がある。

　ひとつは、大気、振動、騒音、生態系の破壊、資源リサイクルなどの環境問題。2つ目は、中心市街地の機能麻痺や、都市のスプロール化の助長などの都市問題、そして3つ目に、事故などの安全問題である。

　これら3つの問題の解決策としては、次の4つの対策があるだろう。

1……自動車単体対策：
自動車自体のハード改革

　これは、自動車そのものの改善策であり、自動車の個人所有に基づく社会システムを肯定しつつ、車両技術によって問題を解決しようとするものである。例えば、環境問題に対する対策としての、ハイブリッド車や電気自動車、さらに燃料電池自動車の開発などがある。また、安全問題への対策としてはSSV(スーパーセーフティビークル)車の開発や、IMTSをはじめさまざまな自動運転車両の開発などである。

2……代替交通対策：
自動車の脱個人使用の推進

　これは、多様な問題を持つ自動車の使用を減らし、利用上の不便があろうとも問題のより少ない別の交通機関にシフトさせようとするものである。代表例としては鉄道やLRT、バスなどの公共交通機関の利用、コミュニティカーやカーシェアリングなどによる半公共交通機関の利用、自転車などの代替交通機関の利用などである。

3……社会制度対策：
自動車の利用制限

　この対策は、自動車自体に問題があるならば、その使用を制限しようとするものである。これは、従来型のクルマ社会と比較して、利用者の負担や不便を増大させるものとなる。例え

ば、公共交通を優先させるレーン規制やゾーン規制などの規制措置、ロードプライシングによる個人自動車の都心部進入の有料化、自動車所有に関する重税化、交通違反の罰金強化などである。

**4……都市構造対策:
都市インフラ等のハード改革**

都市構造の改革策は、代替交通対策や社会制度対策とも連携しつつ、環境、都市、安全という3つの問題を複合的に解決していこうとするものである。例えば、中心市街地の整備に伴う快適な歩行者環境の整備、駐車場整備、ユニバーサルデザインを重視した交通結節点整備、交通集中を避けるネットワークの再編、都市環状道路の整備、幹線道路の地下化や立体化、さらにITSの活用による多様な交通制御などである。

クルマ社会の問題に対する上記の4つの対策は、今後とも推進していく必要のあるものであるが、それぞれ達成度も異なり個々に課題も多い。

「自動車単体対策」は、各メーカーの努力により高度な解決策が示されつつある。もしこれが一般化すれば、環境問題などはかなりの部分が解決されるだろう。しかし、実験段階のものも多く、完全な無公害車や自動運転の安全自動車はいまだ研究室レベルである。

「代替交通対策」は、当面の対策として重要であり都市構造対策とも連携しつつ推進しなくてはならない。そのためには、パーソナルカーによるドア・ツー・ドアの移動の利便性を継承しつつ、利用者を自動車からシフトさせる魅力を形成し、歩いて暮らせる街を創造することが鍵となる。

「社会制度対策」は、ほかの各対策が高度に達成された場合には必要なくなるものかもしれない。しかし、当面はこの種の規制は今後増えていくことが予想され、市民の合意形成が重要となってくるだろう。

「都市構造対策」は、長い年月と大きな投資を必要とするものであり、今後とも必要性と緊急度を見極めながら進めていく必要がある。

これらの対策は、複合的に進められることにより、より高い効果を生むものであり、どれかひとつによってすべてが解決されるわけではない。さらに、これらの具体策を推進するうえでは、デザインが大きな役割を果たすことを忘れてはならない。

問題解決を推進するデザイン力

1……モチベーションを生み出すデザイン

地上で最も便利で魅力的な乗りもの、それは自動車であると言っても過言ではあるまい。しかしそのクルマ社会は、上記のような「環境・都市・安全」という問題を生み出してしまったことも事実である。そうした問題を解決するために、さまざまなクルマ社会の問題対策が講じられてきた。これらは、いわば「Solutionとしての技術力」によるものであると言えよう。しかし、明日をひらく問題解決のためには、「Dreamとしてのデザイン力」が必須である。もちろんSolutionもDreamも、ともにデザインの力であるが、ここで言うデザイン力は、あえて狭義のデザイン力、つまり人々に夢を与える「造形の力」に着目してみたい。

クルマ社会の問題を解決するためには、自動車そのものの改善を図っていくとともに、何らかのかたちで脱クルマ化を推進していかなくてはならない。そのためには、新たな解決策が、自動車に勝るとも劣らない魅力を持つことが是非

図1 地下が駐車場となっているLRTのステーション。美しいガラスのリングが街の新しいシンボルとなっている。(デザイン:ギー・クラボ／オム・デュ・フェール広場 ストラスブール、フランス)

とも必要である。そこに必要とされるものが「デザインによる脱クルマ化のモチベーション形成」なのである。

クルマとは、筋斗雲のごとく自由に人々を移動させる素晴らしい道具である。それゆえに、カーデザイナーは憧れの職業となり、数多くの傑作が生み出されてきた。そして、このことは今後も変わることなく続いていくだろう。先に述べた自動車単体対策技術の推進とともに、新しい種としてのクルマが、素晴らしいデザインをまとって誕生してくるに違いない。

しかし今、デザインの力を発揮すべきもうひとつの場は、都市構造の変革のための環境デザインや、代替交通のための新たなトランスポーテーションデザインである。このふたつは、人々を魅力的な公共交通機関で快適な歩行者環境へと誘い、新しいクルマ社会の風景を生み出す力となるのである。

クルマ社会の問題の解決のためには、従来型の個人所有の自動車のみによる社会に決別しなくてはならない。特に、自動車単体対策が進まない当面の間は、問題解決の推進力として、これらのデザインは重要性が高いと言えよう。

以下に、新しい公共交通機関整備や、都市整備におけるデザインの導入により、脱クルマ化のモチベーション形成に成功した事例を紹介しよう。これらは、いずれも優れたデザインを導入することによって、バスやLRT利用への動機づけを行い、乗りたい車両、行きたい街を成功させたものである。こうした事例に学ぶことで、デザインを活用した問題解決の糸口が得ら

2……デザインで勝利したストラスブール

ストラスブールのLRT事業は、LRT整備の教科書とも言われ、大成功した事例である。ここでは事業の詳細は述べないが、成功要因のひとつに大胆なデザインの採用があることは明らかである。この街では、車両、駅舎、設備などすべてに最先端のデザインが施され、風景は一変した。計画当初、LRT導入の是非が、市長選の争点となったことは有名である。しかし今では、元反対派の市民も喜んで快適な車両を利用している。

その車両デザインはコンペによって選定され、オランダ人のフィリップ・ニールマンが選ばれた。何より特徴的なのは、巨大なグラスエリアを持つエアロダイナミックなイメージのデザインである。3次曲面ガラスに包まれた先頭部分から、滑らかなフラッシュサーフェースのボディへと続く車体は実に美しい。そのメタリックグレーの車体が街を滑っていく様子は、見る者に静かな感動すら与えるものである。この車両は、駆動機構を巧みに連結部分に取り込むことによって、超低床のフルフラットフロアーを達成し、室内は実にルーミーである。

また、大型ドアがフルオープンするため乗降はとても快適であり、ユニバーサルデザインの視点からも理想的なものとなっている。走行中も超低床構造のおかげで、乗客の目線は、道を歩く歩行者の目線とさほど変化がない。そのため、低速走行するトランジットモール内では、大きな窓を通して街を散策する感覚で利用できるのである。まさに、水平移動エレベータのコンセプトのとおり、利用者は気楽に飛び乗り街を移動しているのだ。こんな車両ならば、だれもが一度は乗って見たいと思うだろう。そして、利用して見ると、その快適さに納得するに違いない。これこそ、脱クルマを成功させる「デザインによるモチベーション形成」の勝利と言えよう。

ストラスブールのLRTの素晴らしさは車両デザインだけではない。世界遺産に指定された歴史地区に近いオム・デュ・フェール広場は、地下に駐車場がつくられ、トランジットモールにつながる市の中心となっている。この場のトラムステーションは、ギー・クラボによってデザインされ、ガラスリングのシェルターが街をシンボライズしている。

その建設に際しては、周囲の歴史的建造物と微妙なプロポーションの調整が図られ、ブルーグリーンのガラスリングがまったく新しい景

図2 エアロダイナミックな車体のLRTは、超低床ボディーと大型のドアによって、乗り降りが大変容易である。利用し易く、都市の水平移動エレベータとして機能している。(デザイン：フィリップ・ニールマン／ストラスブール、フランス)

観を創造している。プラットホーム部分も円形状に形づくられ、広場の路面からは、ほとんど意識されないほどの勾配で車両のフロアとゼロレベルで接している。これは、広い敷地を利用した巧みなユニバーサルデザインであると言えよう。このような、美しく、使いやすい都市づくりは、街を再生し人々を集めるものとなっているのだ。

そのほか、鉄道中央駅ではトラムは地下化され、広大なガラスの広場の下に明るく快適な駅空間が形成されている。また、郊外部ではパーク・アンド・ライドの駅舎と駐車場広場全体が、気鋭の建築家ザハ・ハディドの手によって設計されている。さらに、各ステーションのシェルターや機器類は、N.フォスターやJ.M.ヴィルモットといった超一流のデザイナーが設計を手がけている。そしてまた、パブリックアートも積極的に導入され、駅舎や広場から切符にいたるまで幅広い個性化も図られている。

こうした大胆なデザイン戦略は、優れたLRT計画をより一層魅力的なものとし、結果的に集客力の向上に大きな力を発揮することとなった。

かつて、ストラスブールの道路は渋滞し中心部の広場は駐車場と化していた。しかし今、美しく生まれ変わった街の中に、クルマの姿は少ない。変わって、未来的なトラムとストリートファニチュアが街の主役となった。この成功を支える力となったのは、「デザイン」であると言っても過言ではあるまい。人の心を動かすもの、それが「Dreamとしてのデザイン」なのである【図1、2】。

3……バスストップのデザインが街を変える

トラムと並ぶ、脱自家用車の主役がバスである。欧州のバスは、ウィンドウの大きなスケルトンボディで、バスマニアならずとも心惹かれるものがある。しかし、優れたデザインは車両だけではない。バスストップのデザインもまた魅力的なものとなっているのである。今や欧州のバスストップはデザイン戦争状態であり、フォスター、スタルク、ポルシェ、ヴィルモット、ソットサス等々、超一流のデザイナー達が、腕をふるっ

図3　インターネット端末、LED文字情報装置、太陽電池ガラスルーフを備え、アルミ押出材を主構造とした高い品質のバスストップ。併設された広告板の収益を長期的かつ大量に運用するPFI事業（Wall社）により無償で設置管理されている。（デザイン：GK設計／ベルリン、ドイツ）
図4　ガラスとアルミの極めてシンプルなデザインが風景に溶け込んでいる。バスストップのデザインは都市風景の重要な要素となっている。（デザイン：GK設計／ベルリン、ドイツ）
図5　太陽電池を備えたバスストップは、電動レンタルスクーターのステーションとして計画されている。（デザイン：GK設計／ベルリン、ドイツ）

ている。そこには巧みな社会システムが働いているのである。

新しいバスストップ運用の社会システムは1964年、フランス人実業家ジャン・クロード・ドゥコーによってはじめられた。ドゥコーは、バスストップの設置から維持管理までの一切を広告収入によって賄うシステムを考案したのである。このことによって、交通事業者や自治体はまったく費用負担することなく、つねに高品質のバスストップを利用することができるようになった。

今日その対象は、バスストップのみならず、コイン式全自動トイレ、街路照明、サイン、ネットワーク型情報端末などストリートファニチュア全体へと広がりを見せている。こうした、優れたデザインのストリートファニチュアは、都市空間の魅力を高めるものである。そして、そのことが、歩行と公共交通によって成立する街を生み出し、都市間競争力を強化するものともなっている。ここにもデザインの力が生きているのである。

こうしたPFI事業としてのバスストップの一例として、ウォール社により運営されているベルリン市の事例を紹介したい。これは、GK設計によるデザインでありレッドドットデザイン賞、グッドデザイン賞などを受賞している。

構造は大断面のアルミ押出材を用いて、シンプルかつ高精度につくられている。内部にはインターネット端末やLED情報装置が供えられ、バスを待つ利用者に都市情報をはじめさまざまな情報提供がなされている。その電力は、半透明のガラスルーフに組み込まれたソーラーセルによって発電されている。さらに、このシェルターを活用し、レンタル電気スクーターのステーションとする計画もWWF（世界自然保護基金）の支援を受け進んでいるのだ。

このバスストップは、歴史と未来が混在するベルリンの再開発地区から設置が進み、市民に好評を博している。これもまた、「デザインの力」による公共交通利用促進と言えるだろう【図3～5】。

なお、この広告収入による運営システムは、日本でも2003（平成15）年1月31日の国土交通省通達で実施することが可能となった。しかし、優れたデザインを抜きにして、単なる交通事業者の赤字補填策となっては本末転倒である。常々、景観政策の遅れが指摘されるだけに、注意を要する問題である。

4……広がるオルタナティブ

自動車の代替交通機関として、自転車は究極のエコ交通であろう。この古典的交通機関にも「デザインの力」によるニューウェイブが生み出されている。

ベロタクシーは、ベルリンで生まれた人力タクシーである。乗客2人を乗せ、電力パワーアシストにより軽快に走る。2003年現在、欧州各都市に広まりつつあり、日本にも京都を第一歩として誕生した。その流麗な車体にラッピング広告をまとい街を走る姿は人目をひく。原理的にはアジアの輪タクに近いのだが、スタイリッシュなカウリングのデザインにより全く違った印象を与えている。

もうひとつ、アムステルダムのレンタル自転車システムもユニークな存在である。元来オランダは、その平坦な国土ゆえに自転車交通が盛んであり、自転車専用レーンも完備している。こうした背景を活かし、アムステルダムでは無人のレンタルステーション（デポ）の設置が行われている。さほど広くない市内に数十ヵ所のデポを設置し自由に自転車を使うことができる計画である。自転車のレンタルは、クレジットカードを用いてオートマティックにできる。その自転車のデザインもユニークなものであり、乗る楽しみを味わえるものとなっている。また意外にも、この特徴あるデザインには、盗難防止の意味もある

図6 無人管理のレンタサイクルステーション。市内随所に設置されており、登録すれば自由に乗り降りできる。(アムステルダム、オランダ)

のである【図6】。

ここに述べたいくつかの事例は、優れたデザイン戦略が公共交通機関の成功へと導いたものである。クルマ社会の課題を克服するためには、公共交通機関へのシフトを推進しなくてはならない。しかし、市民が便利で自由な車をすて、別の手段を選択していくためには、その動機づけが必要となる。その力となるものがデザインなのである。もちろん、利便性や効率性を生む「Solutionとしての技術力」が前提となることは確かである。しかし、そこに「Dreamとしてのデザイン力」がプラスされると、より大きな成果を生むこともまた事実なのである。

公共交通環境における デザイニングの課題

1……デザイナーの位置づけ

最後に、公共交通環境の形成にデザインを導入する場合の課題について整理しておきたい。

1981年、都バスの色彩変更に伴う「騒色公害問題」が発生した。東京都交通局は、色彩検討委員会を立ち上げたが、検討委員に景観デザインの観点を持たない前衛芸術家を起用し、委員会は混乱した状況となった。今日では行政側のデザイン意識も変化しているが、依然として、環境デザインと装飾、あるいは純粋芸術との混同や誤解が数多く発生しているのではないだろうか。

都市環境のデザインは、建築、土木、工作物、交通車両、そして人々のアクティビティなどの総合的関係によって成立するものである。また、公共交通機関のデザインにおいても、その機能を表現する記号性や、利用者に対するモチベーション形成など、関係性のデザインとしての総合的専門知見が必要とされるものである。

クルマ社会のデザインにおいては、インダストリアルデザインの対象としての車両単体デザインは発展しているが、都市デザインとインダストリアルデザインやグラフィックデザインが連携した総合的環境デザインの認識は浅い。今後は、こうしたデザイナーの、公共領域における位置づけの明確化が必要であろう。

2……公共事業におけるデザイナー選定

これまで述べてきたように、クルマ社会の課題に対する解決策として、代替交通機関の利用推進や、歩きやすい街づくりがある。そして、そのモチベーション形成にはデザインを活用することが大変重要である。その対象としては、LRTやバスなどの公共交通機関と、歩行者環境整備などである。これらの事業化には、公共機関が関与することが多い。しかし今日、日本の公共事業におけるデザインの関わり方に、理想的なものが確立しているとは言いがたい。

一般に、行政の業務概念にデザイナーという区分はない。デザイナーは、設計技術者とし

て扱われることが多く、それ以外は、まれに、学識経験者として行政機関の委員となる程度である。設計者となる場合は、労働量の計算による価格競争入札となり、金額のみでデザイン評価が判断されてしまう。そのため、知的芸術的な評価はないに等しい。また、学識経験者の場合は、委員会で意見を述べるに留まるため実質的なデザインはできない。

このような問題を回避する方法として、技術提案書によるプロポーザル方式などがあるが、手続きが複雑なため大規模で特殊な事業にしか用いられない傾向にある。しかも、デザイン的な評価は主観領域に属するものが多く、色、形、景観などの問題は、定量的評価が困難である。そのため、プロポーザル方式のデザイナー（設計者）選定に際しても、工学的評価が主体となり、造形性などは専ら実績として付加的に評価されているようである。

こうした課題に対して、芸術工学や感性工学などの領域では、主観に関わる造形評価を、工学的アプローチによって定量化し客観的に評価しようとする試みがある。しかし、これも現状では研究領域における基礎的評価の域にあると言わざるを得ないだろう。

以上のことから、日本の公共デザインレベルは向上しにくいものがある。しかし、市民に代替交通機関の利用意欲を喚起し、クルマ社会の問題を解決していくためには、インセンティブ形成力としてデザイナーの関与は必須である。そのためには、公的領域に関わるデザインやデザイナーの評価基準を柔軟に考えていく必要があるだろう。

ところが現状では、優れたデザイナーが依然として選定されにくい状況に留まっているのである。今後はこうした問題を改め、デザイナー選定の評価として、設計料の見積り金額のみによらない総合評価を幅広く進めていくことが必要なのである。また、評価システムの適正化を進めるとともに、デザイナー選定に際して総合的な知見を備えたデザイナー団体等を活用していくことも視野に入れていく必要があるだろう。

明日をひらくデザイン

これまで述べてきたように、多様なクルマ社会の問題を解決していく重要な方策として、魅力的な交通環境や交通機関を開発し、市民の目を自家用車から新たな乗り物へと移していく必要がある。このことは、決して個人所有の車の存在を否定するものではない。しかし今は、自動車の単体対策としての完全無公害化や安全自動化と、都市機能をマヒさせない構造変革が困難であるとするならば、代替交通機関の利用促進策が必須なのである。そのためには、優秀なデザイナーを都市や交通機関のデザインに登用し、オルタナティブな交通機関への利用モチベーションを形成していかなくてはならない。

欧州のLRT事業の成功を見るまでもなく、斬新で魅力的なデザインは、人の行動を変化させる。乗ってみたくなる未来的な車両、ハイセンスで快適な交通機関の施設、そして美しい歩行者空間、これらはみな人の意識を高揚させ、利用の動機づけとなるものである。もちろん、それらはみな機能的に優れ、アクセスが容易で、経済的にもメリットのあるものでなくてはならない。しかし、そうした与件がすべて満たされたとしても、デザインが悪くては成功しないのである。人のものごとに対する認識は、まず視覚的な印象から始まる。そして、最終的満足感もまた視覚認識によるものが大きい。言い換えれば、クルマ社会の問題解決を推進するためには、デザインに始まりデザインに終わると言っても過言ではないのである。

4-2 フランスのモビリティシナリオ

エリアンヌ・ドゥ・ヴァンドゥーブル
元フランス設備運輸・住宅省研究科学技術局未来研究センターレポーター

セルジュ・ヴァシテール
フランス設備運輸・住宅省研究科学技術局科学参事官、レンヌ建築大学教授

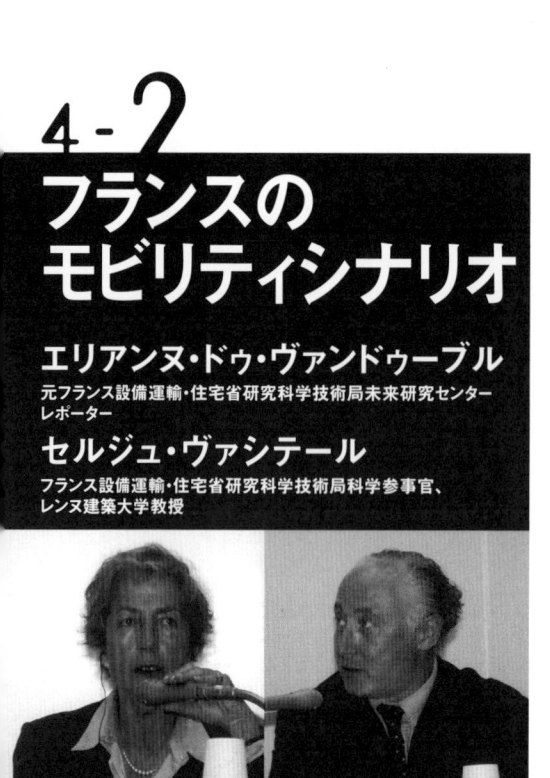

クルマ社会の未来予測 意見調査

エリアンヌ・ドゥ・ヴァンドゥーブル
Eliane de VENDEUVRE

　フランス設備運輸・住宅省研究科学技術局未来研究センターでは、2010年から2020年の自動車、環境と社会の展望について、専門家への未来予測意見調査を2002年に実施した。この調査は、未来研究センターに所属するクルマに関する考察グループが、社会においてクルマがどのように利用されていくのかを研究するにあたり、その研究資料として行ったものである。

　この考察グループは、1999年から2001年の間に、現状についてのさまざまな知識と経験をつき合わせ、つぎのようなテーマで研究した。社会におけるモビリティ、あるいはクルマがどのように利用されているのか。人々のライフスタイルや人口の高齢化との関連。女性とクルマ。どのような場所にどのような人々が住んでいるのか。環境と安全ならびに新しいテクノロジーというものを人々がどのように受け入れるのか。クルマのコストが高くなることをどのように見ているのか。そしてどのような新しいプレーヤーがいるのか、などである。また、例えば量販店やレンタカーなどさまざまな事業体が一体どのような役割を果たしていくのかということも研究の対象になっている。そして、政策当局として都市における移動をどのように規制していくのか、研究に対してどのような援助をしているのか、そしてどのような交通機関との連携をとっていくのかという研究も行っている。

　その目的は、フランスの2020年を展望した場合にさまざまなプレーヤーが社会に対しどのようなビジョンを持っているのかを知ると同時に、コンセンサスをしっかりとつくりあげ、それをひとつの大きな潮流としていこうというものである。さらに、クルマ社会において急激な変化というものがあり得るのかを観察することも目的のひとつである。

　調査対象は5つの違った立場の専門家（政府機関、地方行政、研究者、自動車・部品メーカー）と、市民社会の代表で、総計600人に質問して183人から回答を得た。調査は以下の5大項目からなっている。
1. 将来のクルマ社会における最重要課題
2. 予想される動向

3. 急激な変化の可能性
4. 政策として実施可能な措置
5. 2020年に向けての5つのシナリオ

調査方法は、これら5大項目からなる150問について、「こうなりますか」と質問し、「賛成」「全くその通り」「その通り」「どちらともいえない」「不賛成」「わからない」「答えたくない」という7つの選択肢によるマークシート形式で行った。以下は、この意見調査150問のうち、「賛成」という答えが多かった主な結果である。

1. 将来のクルマ社会における最重要課題

4つの課題
・輸送の持続ある発展の挑戦に答える（89％）
・交通安全を飛躍的、持続的に高める（88％）
・地球温暖化問題に効果的な答えをみつける（84％）
・欧州自動車産業の競争力を維持する（83％）

付加的課題
・街にクルマが合わせていくのであって、クルマに街が合わせるのではない（75％）
・開発途上国の特有のニーズに合わせ新たな市場を切り開く（68％）

2. 予想される動向
・今後も引き続き移動のニーズは大いに高まっていく。特に都市間ならびに郊外間の移動ニーズが顕著であろう（83％）
・2010年になると都市の中心部はますますクルマで通行できなくなるであろう（75％）
・人口が高齢化しても移動の減少にはつながらないであろう（75％）
・社会で情報通信技術が発達しても移動のニーズは減少しないであろう（71％）
・自動車分野での最重要課題は、地球温暖化などの環境問題となるのが今後の10年間であろう（70％）

そのほか
・全般的に今後10年間のクルマに対する人々の考え方（クルマの意味するもの、価値観、使い方）はあまり変化しないであろう（68％）
・2010年には道路利用をどのように分け合うかが地方政治の重要な争点となろう（68％）
・サーマルハイブリッドカーが2020年には代替技術の中でもトップの地位をしめるであろう（68％）
・従来方式のモータリゼーションのイノベーションとしてもっとも実現性が高いのは2020年の"シティー専用カー"であろう（53％）

3. 急激な変化の可能性
・新たな汚染物質に一般の人々が神経をとがらせる（52％）
・法定闘争が今より増え、また制裁措置が重くなる（安全、環境および健康被害について）（52％）
・石油価格上昇が傾向し、世情が相当に不安定になる（2015年から1バーレル当たり35ユーロを超す）（49％）
・気候変化が明白になる（47％）

4. 政策として実施可能な措置【図1】
5. 2020年に向けての5つのシナリオ

以上が意見調査に関する主な結果だが、5つの可能なシナリオを専門家に提示し、2020年に向けて一番ありえるものから一番ありえないものまでを選んでもらった。ありえるものを上から順に示すとつぎのようになる。

1. 自動車が発展し、公共輸送をバックアップする
2. 自動車技術の変化に弾みがつきさまざまな問題を解決する
3. 輸送並びに都市の持続ある発展に資するかたちでの自動車のあり方の新展開
4. 全ての人の移動が全て自動車になり、公共

輸送が衰退する
5. クルマ社会の急激なクライシス

デザイナーが果たす役割は何か

　この意見調査を通して、政府としてクルマがどう進化していくのか、どのような影響を与えるのかについて考察を進めている。クルマ、クリーンカー、交通安全、温暖化対策、排出ガスなどへの対策に対して、どれが一番効果的であるのかを確信する意味でも、この意見調査は資するものであった。今後なにが必要かを考えるうえで言えることは、やはり物事の考え方というものも変わってくるということである。現在、このようなシナリオをもとに計画を策定中だが、技術だけでは全ては解決できないことは明らかで、人々のビヘービアとか、クルマと街との連携などを考えていかなくてはいけないであろう。また、クルマの将来はただ単にユーザーとメーカーだけでなく、政策当局が加わって公共財産としてのあり方も考慮していくことが必要である。となると、デザイナーというのは将来的にそこでどのような役割を果たしていけるのだろうか。

議論のための5つのシナリオ

セルジュ・ヴァシテール
Serge WACHTER

　近年、都市にはさまざまな弊害が発生してきている。その弊害に対処するため、フランス政府は都市計画と交通に関する法律を制定した。この法律制定に先立ち、人口10万人以上都市でのシンポジウムなどを通して、市民が日常生活上どのような問題に直面しているかを調べた。調査の結果は、第一が住居問題、第二が移動の問題であった。どこに住み、どのように移動するかが、都市の日常生活上での大きな問題ということである。こうした課題認識にたって、フランス設備・運輸・住宅省研究科学技術局未来研究センターでは、2010年から2020年にかけて市民がどのような移動行動をとるかという未来予測調査を行った。時期設定の理由は、この時期にクリーンカーの開発などの技術革新やSOHOなどの労働形態の変化が市民の行動様式に大きな変化をもたらすであろうという予測に基づいている。そしてこの未来予測調査の考察として、都市モビリティの未来を考えるシナリオを作成した。

　人の移動や物の移動のモビリティに関する研究や将来

	一番効果が高い	効果はそれほどでない
一番ありえる	新しい公害規制がより厳しくなる	車両についての情報義務化（汚染、騒音、燃費レベル）
	メーカー業界の自主規制CO_2低減	一般大衆に向けての啓蒙キャンペーン（環境と安全）
	自動車の検査の強化	ディーゼル用軽油とガソリン燃料税率を近づける
	交通量ならびに都市部走行スピードの規制（Zone 30）	
それほどありえない	（安全の）ブラックボックスを全車装備	モビリティの個人割合と汚染の取引
	都市中心部の自動車の使用禁止	レンタカーの奨励、車両取得抑制税制
	都市部駐車政策の急激な変化	1人乗り罰金、相乗り奨励
	CO_2排出量による自動車取得税	汚染・排出ガスのレベルがゼロ、または低い新車両の割合を義務化
	都市部通行の全有料化（都心）	自動車広告の規制

図1　政策として実施可能な措置（講演「クルマの未来——社会・環境の視点から」より）

シナリオは数多く出されている。しかし政府や地方自治体が行う長期展望や政策決定に明確な基盤を与えるようなものは少ない。そこで我々は、こうした政策決定に影響を与えるような、政策指向的なアプローチでシナリオを考察した。

この考察をはじめるに当たってまず現状の確認を行った。人口30万人以下都市、30万人超都市、そしてパリを中心とする首都圏の3タイプの都市別に、1982年から1994年の間の自家用車と公共交通機関による移動の割合を見ると、自家用車が大きく増えていた。平均では80％が自家用車、15％が公共交通機関による移動であった。このまま推移すれば、2020年には、都市の規模にかかわらず、自家用車による移動が90％になるという未来予測が出た。都市に責任を持つ国や地方自治体はこの傾向が続くことを容認することはできない。自家用車移動にはもっと道路が必要だが、道路新設の財源がない。都市住民の方も、自動車利用はするものの、自宅のそばに道路が増えることは歓迎しないという矛盾を抱えている。また環境問題もある。こうした矛盾を乗り越える施策が求められている。そしてその施策の基盤となるシナリオが必要とされている。

シナリオ作成の一般的枠組み

シナリオは、第一に作業仮説すなわち経済成長や技術変化、文化価値をとらえ、第二にモビリティの目的および目的に対する手段をどうするかの検討、第三に制度の変更や市民がどのような選択をするかという推移と道筋の考察、そして最後にその結果、社会・空間・環境に与えるインパクトを考えたモビリティの進展という論理で構成される【図2】。

作業仮説として、経済成長率は未来予測調査時の2％とした。また今後20年間で環境問題が重要性を帯び、制約が厳しくなり、それに向けた技術開発が進展する。そして市民の価値観レベルでは、例えば都市住民が地球温暖化を懸念して自動車交通を敬遠するようになる。

第二の目的と手段という対立軸は、シナリオ自体を設定するときにも用いた。将来のモビリティの目的には、ひとつに今後もモビリティを強化・増大させるということを挙げることができる。もうひとつはモビリティを抑制させるという目的である。この目的を我々は「集団的選択（politics）」ととらえた。手段としては、規制を優先させるやり方と市場原理などの個人のインセンティブを優先させる方法が考えられる。この手段を我々は「公共政策（policy）」というとらえ方をした。

集団的選択と公共政策というふたつの軸を構成する2項目をそれぞれ交差させるとマトリクスを描くことができ、そこに鍵となる4つのシナリオを提示することができる【図3】。

シナリオ1「ホモ・テクニクス」
技術の進展と積極的活用
──シナリオ1は、問題解決の
主な手段として技術の発展を優先する

このシナリオは、経済成長を確保するためにはモビリティを今後もプラスの価値として増大させるが、問題発生は目に見えているので、その解決を自動車および公共交通の分野における技術革新に期待するという文脈に立つ。クリーンカーや効率的な公共交通機関の開発が進展するという作業仮説に従って、そうしたものの利用を促すインセンティブをもった税制や助成などの施策を手段に、それらを全般的に拡大させる推移と道筋をとってモビリティを進展させていく。

今や「モビリティの価値」は、「エコロジー的

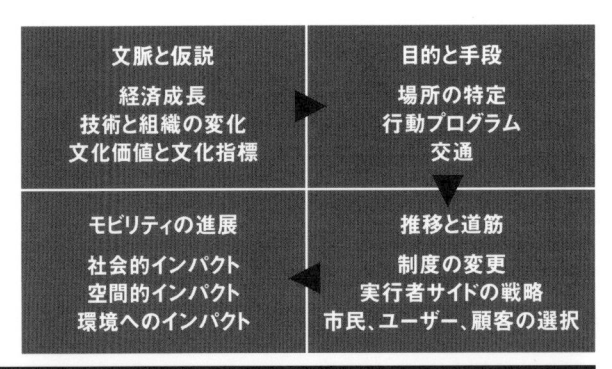

図2　4つのシナリオの道筋（講演「議論のための5つのシナリオ」より）

	公共政策 （ポリシー）	組織体への働きかけと 集団的規制プロセス	市場と個人の 動機づけを優先
集団的選択 （ポリティクス）			
人およびモノの 移動について 現状維持または増大		シナリオ1 技術を積極的に活用する （ホモ・テクニクス）	シナリオ3 コストについて知り、 料金の実情を理解する （ホモ・エコノミクス）
人およびモノの 移動について 削減を要求		シナリオ2 都市レベルの取引的手法 でモビリティを制御する （ホモ・ポリティクス）	シナリオ4 個人レベルでの取引的手法で モビリティを制御する （ホモ・コントラクトール）

図3　オリジナル・マトリクス（講演「議論のための5つのシナリオ」より）

に正しい」ことと合致するという時代に入っている。クリーンなクルマの製造技術は、現代性を示す印のひとつである。交通の利用様式の合理化は、適切かどうかという判断に従って、エリアごとになされる（例えば、都市中心部では、マイカーの利用が禁止はされないものの、制限される）。公共交通はまず、長距離高速幹線において発展する。人が大量に移動する都市エリアでは、公共交通の役割が増大する。自動車との関係は、運転補助システムとともに変化する。このシステムにより、セキュリティと道路管理能力の改善を保証する「インテリジェント道路」が少しずつ実現する。交通事業者間の競争により、運賃が下がる。公共交通は、重要幹線上（TGV、高速TER、スイスメトロ）で利用が高まる。自動車がクリーンである限り、その利用は合法的と見なされる。だが、大量の新しいインフラが必要となる。それを避けるために、カーシェアリングが推奨される。このシナリオは、モビリティへの助成を普及させつつも、これまでの習慣をあまり変えないことから、人々に受け入れられやすいと思われる。

シナリオ2「ホモ・ポリティクス」
不動産税と速度による規制
——シナリオ2は、地方自治体によるモビリティの規制という集団的方法を採用する

　過去30年間、フランスの交通政策と都市計画はほとんど切り離されるかたちで推進されてきた。特に公共交通機関によるアクセスを考えないで住宅開発をしてきた。モビリティは政策当局や自動車メーカー、利用者の間の一種の妥協によって進んできた。しかしモビリティの経済的次元も重要だが、政策的な意志決定が最終的な影響を発揮する。モビリティを制限する強制的な政策をとることができるように地方自治体の力を強化するという文脈に立てば、地方自治体レベルで都市計画と交通政策を関係づけて推進することができる。

　具体的なツールとしては不動産規制、住宅や業務施設を公共交通機関に近いところに開発させる政策をとる。自家用車のスピードも制限する。そして都市の中心部と郊外ばかりでなく、郊外部と郊外部を結ぶ公共交通機関をつくることや、都市の構造自体も多極的にするといった推移と道筋をたどることで自家用車によ

る移動の原則というモビリティを実現することができる。

モビリティを削減することが必要であるという考えに対する市民の理解を得るために、地域レベルでの政策を考える。重要なのは、都市を再編し、それぞれの都市を新しい視点で捉え、日常のモビリティの空間を実現しなければならないという考えを強調することで、個人の選択は少しずつ集団的選択との一致に向かう。道路が正確に分類され、そのタイプによってサービス（速度）の質が決定される。こうした都市の新しい状況を真先に肌で感じるのは、都市エリアの自家用車利用者である。最高速度が低減され、いくつかの地域では平均速度が低減される。これは日常のモビリティにおける最大移動距離にも影響を与える。都市中心部への移動を制限するために、大都市は多極化に向かって再編される。商業中心地や文化環境地区の配置は特に注視すべき対象となる。

シナリオ3「ホモ・エコノミクス」
コストによる抑制とモビリティにおける市場尊重の経済政策
──シナリオ3は、ユーザーの優れた行動を喚起するために、コストの算定・認識と市場尊重の経済政策の重要性を強調する

このシナリオは、環境や空間について強い制約がある一方で技術の進展にも限界があるという前提の上で、現代社会において最もよく用いられる、市場メカニズムのインセンティブに訴えるという文脈に立つ。環境や空間問題は共同体にとってのコストという観点から検討される。そしてこのコストは抑制されなければならない。

こうした観点に立つと、現在、自家用車の利用者はその利用コストに見合った支出をせずに社会に負担させている。この社会が負担している部分をドライバー自身が負担することによってモビリティを抑制させることが目標になる。

その目標に向けた具体的なツールとして、ロンドンなどで実施されているロードプライシングが挙げられる。これによって、過密都市エリアの自動車による移動を減らすことができる。また交通料金を振り分けることで、公共交通を発達させることができる。この方法はフランスではすでに、道路網の損害や地球温暖化に影響を与えながら、そのコストを支払っていなかった大型トラックを使う輸送業者に、そのコストを計算した上で支払ってもらうという施策がとられている。

また移動コストの総体的な上昇は、住居と職場間の長距離移動を制限することにもなる。このシナリオによる新しいコストの影響をまず蒙るのは利用者であり、シナリオの実現を妨げるのは、利用者や市民の側の拒否反応である。そのため公共交通への全般的助成を隅々まで検討すること、企業による従業員のモビリティにかかるコストの負担などが要る。こうした移動に関する価格の引き上げは段階的になされる。その間に利用者が生活様式を変えることを期待する。

シナリオ4「ホモ・コントラクトール」
環境保護のための情報技術と個人レベルでの契約によるモビリティの制御
──シナリオ4は、情報技術による市場機能に注目し、交通権市場に向かう

シナリオ4は、技術の進歩によって環境問題を解決することが不可能、すなわち化石燃料の不足に対し適切な代替手段が不足するという状況の中で、苦渋の選択が迫られると仮定

する。地球温暖化と戦うために、排出権というものが現在導入されようとしているが、モビリティにおいても、費用負担ではなく、民主的配分である。「ひとりにつき一票」という原則が存在するのと同様に、市民の1人ひとりに同じ量の移動する権利を提供する「ひとりにつきひとつのモビリティ配分」という規定が定められる。

モビリティの配分（例えば、手始めに、ナンバープレートの偶数日、奇数日の設定）によって、通行権が配分される。そして情報技術による市場の電子化のもと、移動する権利を市民の間で取引する通行権市場が形成される。情報技術の普及がこのシナリオの不可避の通過点となる。

このようなシステムを導入したとすると、自家用車の利用率は都市の規模によらず減少し、公共交通機関の占める割合が非常に増えると予想される。

シナリオ5「ホモ・キヴィス」
持続可能なモビリティのための革新と地域戦略
——より調整が施され、より現実的なシナリオ5は、他の4つのシナリオで得られた知見を活用し、市民的モビリティを提案する

移動というものは社会的な行動である。誰かが移動すれば社会全体としてそこにデメリットが生じる。したがって各人が市民としての意識を持って移動するようにしてもらう。市民としての行動を期待するという文脈に立つ。持続可能なモビリティを実現するためには、ひとつの手段だけでは不充分である。ドライバーに税金を高くすることや土地政策だけを推進しても不充分である。いろいろな側面の政策を動員することによって初めて持続可能なモビリティを実現できる新しいモビリティのサービス、すなわちカーシェアリングやミニバス、オンデマンド交通などの総合的な移動のためのサービスを提供することが必要になる。それによって自家用車の使用を制限し、公共交通機関を含めた新しいかたちの移動を招来することになる。

フランスでは公共交通機関は、現在すべて公的部門に属するものになっている。フランスの都市で地下鉄に乗ると、どこでもユーザーは移動コストの半分しか実際には払っていない。地方自治体がコストの半分以上を負担している。これに対してイギリスでは7〜8年前から地下鉄のコストは完全に利用者が払うかたちになっている。

シナリオ5の考え方では、例えば企業の従業員や顧客が移動するということは企業にとってメリットがあるという観点から、企業も市民の移動に責任を果たすべきであるとする。企業の従業員の毎日通勤、あるいは郊外立地の量販店の顧客吸引は、交通サービスがあって初めて成り立つということで、企業や量販店もそれなりの負担をするべきである。したがって、地方自治体のみが市民の移動のコストを負担すべきではない。企業とか流通業者なども市民の移動のコストをそれなりに負担すべきであるという考え方である。

シナリオ5は他のシナリオよりもリアリズムに基づいた現実的なシナリオで、他のシナリオのいいところをとりながら、充分にコーディネーションの図られた政策を実施する。自家用車をしかるべき時にしかるべく使ってもらうような多様な施策を総合的に使うことによって公共交通の割合を高めることができると予想される。

本項は2003年10月31日に日仏会館で行われた日本デザイン機構主催のシンポジウム「クルマ社会のデザイン——市民のためのモビリティ」における、両氏の講演を収録したものである。

解説

伊坂正人

　フランス設備・運輸・住宅省研究科学技術局未来研究センターが作成したシナリオは、きわめて政策オリエンテッドなものとなっている。2010年から2020年を展望した自動車、環境と社会についての政府機関、地方行政、研究者、自動車・部品メーカーそして市民への未来予測意見調査をもとに、多面的な前提条件や技術予測などを下敷きにして検討されている。

　自動車交通によるCO_2排出(地球温暖化)、都市空間の占有(道路整備の限界)などの弊害に立ち向かう各シナリオは、経済や技術予測に基づく作業仮説すなわち前提条件を設定し、次にモビリティの目的と手段やそれに対しての制度などの変革と市民の選択の考察、そしてその結果としての社会・空間・環境への影響という展開で描かれている。

　「シナリオ1」は、移動に対するニーズを規制することなく自動車のクリーン化や道路のインテリジェント化、さらにカーシェアリングシステムなどの技術的解決を図るというものである。しかしこうした技術的解決にもかかわらず、モビリティニーズを規制しなければ都市中心部への自動車を含めたモビリティの集中はさけられない。そして、モビリティの都市集中の要因となっている居住やビジネス、商業などの都市利用に制限を加え、利用の多極化を図ろうとするのが「シナリオ2」である。またここでは、地域における都市利用や交通施策の権限の拡大を主張している。「シナリオ3」は、さらにロードプライシングなどの課金という市場原理を導入し、経済性というインセンティブによるTDMを提起している。市場原理に基づく施策という面でモビリティニーズには規制はかからない。必要ならば、課金を払ってでもモビリティを増大させることができる。これに対して、CO_2排出権のような上限を設けた交通権という概念を導入したのが「シナリオ4」である。日本で交通権とは移動弱者の権利として主張されているが、ここではCO_2排出権と同様に、ひとり一交通権として上限が定められた規制の策としてとらえられている。またe-コマースなどを通して売買できるものとし、必要なところに必要なモビリティを配分させ、バランスを図るとともに、新たなビジネスを生む施策としてとらえられている。

　これら4つのシナリオのいいところをとって実現を図ったのが「シナリオ5」として考察されているものである。公共交通も利用者の費用負担を原則とし、市民の移動に責任をもつ企業(商業施設を含む)などが交通税を支払い、それによって公共交通などをさらに整備し、自動車は必要なときに使うといったマルチモーダルなモビリティ像を描いている。

　これらの各シナリオの一部はすでに現実のものとなっている。しかし日本でよく先駆的事例として紹介されているストラスブールのLRT導入なども、ヴァシテール氏によれば、LRT利用者の増加が必ずしも自動車利用者の低減につながっていないと言う。市場原理の導入やここでいう交通権、さらには市民・企業・行政の間を調整するモビリティエージェンシーの設立などへの展開が次のシナリオとなろう。

4-3 制度のデザイン

望月真一
アトリエUDI都市設計研究所代表取締役、
ヨーロッパカーフリーデーナショナルコーディネーター日本担当

20世紀の社会とクルマ

　20世紀はオートモビルの時代であった。19世紀の産業革命は鉄道と都市の発展に結びつき、20世紀に入ると自動車の大量生産時代を迎え、さらに大きく社会が変化していった。自動車産業の成長や交通運輸の格段の飛躍は、社会全体に急速な経済発展をもたらした。また、肉体的スケールを超えた自由な移動手段を個人が所有できるようになったことで、活動の領域が急速に拡大し、人々の幸福にも大いに貢献してきた。そして社会も、その利用環境を積極的に支援し整えてきた。自動車は人類にとってもっとも強力で便利な特異な移動の道具となったのだった。

　しかしながら、先進国では1世帯平均1台以上の自動車を所有するような状況になり、エネルギー、地球環境破壊などの人類が直面するさまざまな問題の元凶とみなされるようになったばかりでなく、騒音、交通事故・渋滞、廃棄物や資源問題、大気汚染等公害問題も深刻になってきた。自動車との関わり方、適切な利用方法が次の時代の重要課題となってきている。

　自動車の特徴は、以下のように集約できる。
1.とびぬけた利便性（利用の自由度、ドア・ツー・ドアの利便、個人所有の安心感）
2.優れた性能（速度、移動距離、安全性、運送能力）
3.個人所有の道具（ステータスシンボル、消費意欲の対象、個人空間）
4.利便性・自由度に対する経済性（比較的安価なランニングコスト、道路のみの整備で十分等）である。

　このように自動車はきわめて高性能で自由度のある移動の道具であり、しかも個人が所有できる。利用者の便のためではあったが、今では社会として過度な優遇といえるほど自動車に合わせた整備を続けている。さらには、莫大な空間とコストがかかる道路をいくら整備しても充足ということにはならず、他の交通機関を駆逐・排除してしまうなど、自動車特有の課題もあるものの、利便性や、経済活動の原動力としての自動車産業への期待という社会的理由もあって、整備を後押ししているような背景もある。

　また、自動車には、交通手段としての性能や利便性よりもむしろ、居住空間の延長としての自己表現の道具、自分の肉体の延長のような運転感覚など、個人に深く結びついた現象もある。さらに国により人と自動車の関わり方も異な

るといった、文化的な側面をもつ特殊な存在でもある。それだけに、制度や経済・法律などの領域で自動車を扱うとき、社会の視点ばかりでなく個人的な視点にも同時に配慮しなければならない特殊な状況がある。

こうした自動車に関わるさまざまな問題があるなかで、個人にとっての自動車の特殊性／価値を十分ふまえ、社会や都市という視点に広げ、制度のデザインに注目して考えていきたい。

自動車と都市・都市生活

【図1】は、都市環境と自動車を考えるときよく

図1　1人当たりの燃料消費と人口密度（Kenworthy and Newman 1989のデータに「環境負荷の小さな都市と交通」プロジェクトチーム（日本交通政策研究会）が追加したものに望月が加筆

エネルギー消費（GJ/人）
Fuel Consumption（GJ/Person）

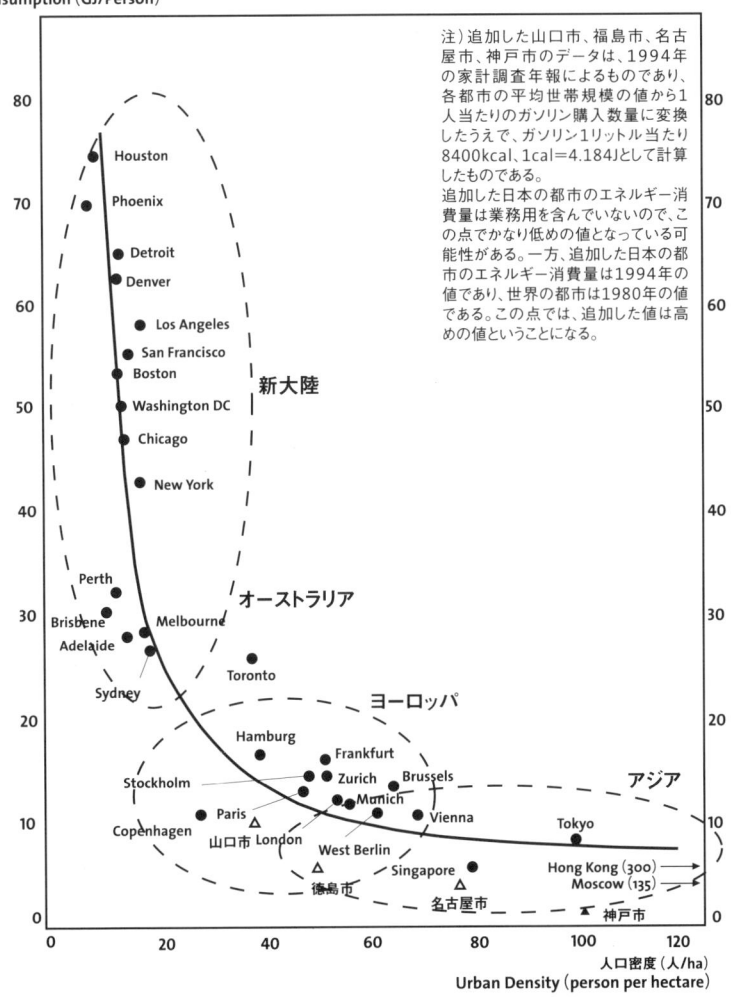

注）追加した山口市、福島市、名古屋市、神戸市のデータは、1994年の家計調査年報によるものであり、各都市の平均世帯規模の値から1人当たりのガソリン購入数量に変換したうえで、ガソリン1リットル当たり8400kcal、1cal＝4.184Jとして計算したものである。
追加した日本の都市のエネルギー消費量は業務用を含んでいないので、この点でかなり低めの値となっている可能性がある。一方、追加した日本の都市のエネルギー消費量は1994年の値であり、世界の都市は1980年の値である。この点では、追加した値は高めの値ということになる。

人口密度（人/ha）
Urban Density（person per hectare）

Source：Kenworthy & Newman, 1989.

引用される、ケンワーシとニューマンの『環境負荷の小さな都市』の図に日本の諸都市を書き加えたものである。地球環境問題における主要な課題のひとつである二酸化炭素排出量とエネルギー消費は相関関係にあり、自動車は運輸交通関連からの排出量の半分以上を占めるので、この図が引き合いに出される。

これによれば、新大陸の都市は、拡散した都市域に自動車に頼ったエネルギー消費が高く、人口密度の低い都市構造を有している。一方、アジア諸国は自動車の普及が遅れていることもあるが、エネルギー消費が少なく、きわめて高密度な都市生活を営んでいる。ヨーロッパはその中間に位置しており、われわれと状況が近い。都市整備面でヨーロッパの経験を参考にすることは適当ということができ、実際ヨーロッパ諸国に学ぶことは多い。

社会の対応では、ヨーロッパ諸国は、1970年代の深刻なオイルショック時代に自動車の功罪を認識し、都市整備の分野でそれまでの自動車優先からの修正を進め、現在までさまざまな努力が行われている。EU統合という大きな政治的環境の変化もあるものの、都市生活の質的向上のあり方の多くを自動車との関わりに注目して街づくりを進めているのである。今日本の地方都市が中心市街地の空洞化にあえいでいるのと対照的に、効率的でサスティナブルな交通手段を適宜選択、混在、総合化することによって、都心部は賑わい、街らしさを取り戻し、人々は豊かな都市生活を享受している。

ヨーロッパでは約半数の人が3km以内の距離で自動車を利用しており、1/8の人は500m以内でも利用するという状況がある。日本も実態は大きな差がない。しかしそのなかでも自転車の利用環境が整っているオランダになると、2.5km以内の移動では自動車よりも自転車利用が多く、5kmまではほぼ自転車が自動車と同じぐらい使われている。

トラム（路面電車）導入で最も成功していると言われるストラスブール（フランス）では、自動車から公共交通に転換してもらうには、自動車よりも「速く、安く、快適で、安全」な状況を生み出すことが条件として、過度に自動車に頼らずこれまでの都市交通の常識をさまざまなデータから見直し、新しい自動車の使い方を普及させる施策や、自動車からの転換に成功している。

自動車の占めるスペース

自動車と都市を考えるとき、最も留意しなければならない点は、地球環境問題以上に自動車が必要とする空間量、広さである。

移動に必要な空間は、スピードにより異なるが、中心市街地では概ね50〜100m^2、駐車時では15〜30m^2と言われ、人や自転車と比べて数倍〜10倍以上の空間を必要とする。しかしそれよりも大きな問題がある。自動車は個人が独占的、排他的に利用するという特徴のため、ほとんどの時間は自動車を使っていない。相当利用する人でも、その機械寿命の5％程度しか動かしていないのである。つまり、残りの95％の時間は都市内に15〜30m^2の面積を使って鉄の塊を放置しているに等しい。

したがって、都市の中心部で最も効率的な土地利用を図るべき場所で、皆が自動車を使うと大問題になる。通常、新市街地でも30〜40％は自動車の空間だが、ロサンゼルスでは都市の70％の土地が自動車のために利用されているという究極の数字もある。駐車場を設け、その分土地がなくなり、歩行距離も長くなる結果、都市の魅力が失われ、寂れていくという問題は、まさに今の日本の中心市街地が直面していることである。

自動車をひとりで独占的、排他的に使わず、

1台の車を共同で利用するという、共有に根ざしたカーシェアリングの短期の実験を東京の大きなマンションで行ってみたデータでは、ヨーロッパと同様10～20世帯に1台の自動車でほとんど支障なく使えることがわかった。これによれば、多少誇張があるかもしれないが、「都心にカーシェアリングの自動車が1台あれば、その周辺でマンション10戸が建設可能」というような、驚くべきことが言えるのだ。

公共交通を利用する人の街での滞在時間は自動車で来る人のほぼ2倍、店舗への立ち寄り回数の点でも駐車場利用の場合は、目的地にほぼ限定されるなどの報告はたくさんあるが、肝心の商業者はまったく理解していない。カーシェアリングを含め、都市と自動車のあり方を考え直す時期が来ているだろう。

政府のイニシアティブと自動車優先社会の転換

個人の価値観の集積結果として、自動車を社会と対応させる考え方はヨーロッパでもあった。ドイツ、北欧等の国々では、いち早く自動車の価値や問題を冷静に判断し、都心部での自動車利用抑制を強力に推し進め、歩行者と公共交通中心へ転換をはかった。オイルショックと前後する1970年ごろから、都心部の歩行者専用ゾーン化がゾーンシステムとともに各地に普及していった。

一方、フランスでは基本的諸問題を認識しながら、現在の日本と同様、個人の利便性の前に政策的な手立てを取らず、自動車優先の追認を続けていた。1960年代から路面電車のレールをはがし続け、日本でも19都市に残したのに比較しても、たった3都市に残しただけというように、徹底した自動車優先の都市づくりを進めていた。

しかしオイルショック後、その影響を引きずっていた1982年にLOTIという「国内交通の方向付けの法律」が出され、自動車優先社会からの方向転換を行った。問題認識はあっても現場の意思では転換しにくい部分を、国のイニシアティブで強力に進めたのである。

このLOTIでは、自動車優先から、状況に応じて人や自転車、公共交通へ適宜最適交通手段を選択できることが重要であるとし、とくに公共交通の支援強化をうたっている。また、人々はいかに経済的、肉体的に不利な条件があろうとも都市の中を移動する権利がある、と世界に先駆けて「人の交通権」を示し、総合的な都市交通計画を策定することを義務づけ、フランス社会の自動車優先の修正を宣言したものであった。

日本とフランスは、農業集落をベースにした社会を築き、強力な官僚社会と一極集中的な体制、地方色あふれる文化と伝統を有するなど類似点が多い。この時期の国の指導力はわれわれには示唆的である。ストラスブール等のトラム導入に見られるように、10～15kmの沿道を含めた都市整備を、決定から4～5年で完成させてしまう効率的な社会を築いているフランスでも、成果が現れるにはLOTI後10年以上の時間は必要であった。

最近では、将来の都市における移動のあり方をめぐって設備運輸・住宅省が進めている「モビリティの未来──フランスのシナリオ」という国家的議論も非常に興味深い。一線で活躍するさまざまな立場の専門家たちからなる研究グループを設け、シナリオを設定しオープンな議論を通して将来の都市交通のビジョンを定め、将来の都市交通施策を絞り込もうというプロセスである。

日本の弱点

　一方、日本では依然自動車優先社会から脱していない。社会としては漠然と問題を理解しながらも、現状の延長線上の改善という意識しか持っておらず、価値観の抜本的な転換の覚悟以前の状態だ。ヨーロッパから次々と入ってくる地球環境問題への対応、生活の質的レベルアップのための都市交通サービス向上へのさまざまな努力と比較すると、京都議定書のホスト国でありながらまったく手立てを打っておらず、のんきなものである。方々で多少の意欲は見うけられるものの、結果としては社会としての対処、すなわち具体的施策・制度の枠組みの見直しなどの成果はない。

　歩車共存道路の導入に関わる事象から考えていきたい。

　自動車との折り合いをつけた道路空間利用、歩車混合・共存がクルマ社会における制度のデザインの最初の接点である。

　歩車共存のみち空間の利用は、近年の自動車の時代では、オランダで考えられたボンエルフ、生活の庭が最初である。これは、自動車中心につくられた道路であっても、その通行が少ない住宅地の都市空間の有効利用を目指して、遊びや憩い、あるいは景観的に庭のような利用もする。自動車のスピードを十分落とすことにより、歩行者優先の車との混在を実現した。

　1970年にオランダに出現してからヨーロッパ各地に普及していったものの、しかし、日本では発想の転換ができず、同一空間の歩車混在は危険と信じ、歩車分離の原則を維持してしまったため、それまでの方策の変更なしに景観的効果の部分に注目し、特殊道路として導入したのだ。

　ボンエルフは自動車も通る公共空間の新しい使い方と解釈したほうがよかったのだが、道路の一形態として道路の世界で導入したところに、歪曲の原因があった。ボンエルフ（生活の庭）から、歩車共存、コミュニティ道路と見事にポイントをずらし、歩車混合という主題を骨抜きにしてしまった。コミュニティ道路は、既成市街地では歩車分離の補助幹線道路として機能しているぐらいだ。

　最近急速に普及した"トランジットモール"の語も象徴的な現象である。例としてよく紹介されるフライブルグやストラスブールには"トランジットモール"は存在しない。正確にはドイツ語にもフランス語にも相当する語はない。歩行者専用地区に公共交通が通る、混合交通の部分があるのであって、結果としては存在するもののトランジットモールが取り立てて単独にあるのではない。

　それが今、トラムを検討する現場では、都心部のトラムは"トランジットモール"となる。周辺の歩行者優先の交通形態への考慮なしにその部分だけ自然とセットで捉えているという不思議な現象がある。

　概念規定、あいまいな用語使用に慣れたわれわれは、こうしたことを意図的にやっているのか、勝手に曲解した結果なのかはわからないが、本来の姿とあまりにも大きなずれがあると、意図的に曲げているとさえ勘ぐれるようなことがたくさんある。

　大邸宅の"マンション"もワンルームとなり、"ニュータウン"が宅地開発、ひと時の"リゾート"など、最近では都市再生もイメージを巧みにすり替え、あるいは矮小化してしまうわけである。

新しいことに敏感、臆病になるな

　その一方、われわれは法律には従順である。
　今の路面電車のハイテク車両が大正時代

のカタカナで書かれていた軌道法の文言で制約されること自体がわからないが、トラムが議論されてそろそろ10年になって修正もないことは、制度を管理する側の体制が崩壊しているといえるのではないか。しかし一方、市民側も理のない法であっても遵守する従順さというか、律儀さはまた、何も生まない今の土壌を生んでいる。

最近のカーシェアリングに期待を寄せる人々の動向にも奇妙な現象がある。日本では、この新しいクルマの使い方を始めようとするとき、行政の担当官なら理解できるが、レンタカーの制度に合わせようと一生懸命となってしまっているのだ。カーシェアリングを想定していない既存のしかも業界保護的な側面もある制度にすり寄ろうとし、困っている。

環境や社会全体の利益にもなり、新しいが正しく良いことに身を投じうつ、という信念を実行する風土が日本にはなくなっている。トラムについても、カーシェアリングについてもことを起こす前に敏感、臆病となっていては、新しいことは生まれない。

フランスのLOTIは現実の社会動向に合わせ、制定以来10回以上の修正を行っている。目的の違う、あるいはすでにはずれた法の「書かれた文章」が絶対なのか、制度は現実の社会に応じて常に対処しているべきか、日本とフランスの大きな差が認められる。正義感とか責任感とまでは言えるかわからないが。

次の時代に向けて

「環境」とか「サスティナブル」が価値観の中心になりつつある現在、都市交通の面でも自動車中心の20世紀の価値観を大きく変える必要がある。ヨーロッパでは、1970～80年代に方向転換を図ってきたことは述べたが、日本でも自動車優先を社会として修正しなければならない。実態として、歩車共存は依然として認知されていないし、公共交通優先の意識はあるものの、渋滞を引き起こすようでは認めない、危険であっても車道側でなく自転車は歩道に入れる、など現状から逸脱できないでいる。

ほとんど自分の自動車でこと足りていた都市内の移動から、カーシェアリング、シティカー等のクルマの「新しい使い方」と、「自動車からの転換」を促進するためミニバス、乗り合いタクシー、自転車など、さまざまな中間モードを適宜選択できるような環境と条件を整えていくことが重要である。

残念ながら、いまだ世界の範となるような日本の成果はほとんど見あたらないが、世界ではさまざまな努力がなされている。最後にここでは、世界の各都市でいかに新しいチャレンジが行われているか知っていただきたい【図2】。

共存化あるいは都市空間利用の再配分

フランス・ディジョンでは、都心部の歩行者専用、優先空間を徐々に拡大整備し、公共交通や自動車と共存、混在させることで現実的な都市空間の利用を図っている。また、フランス・ナントの都心部を貫く広幅員道路を含む52haの都心部全体は、歩行者専用ゾーンとせずに「ゾーン30（車の速度を30km/hに制限し歩行者優先の歩車混在の道路利用を行う）」の規制をかけたことで、東西地区の連携を取り戻し、街も賑わいを取り戻し活性化した。

公共交通優先の都市

パリでは2001年からそれまでバス専用レーンだったものを、幅員4.5mと分離帯0.7mとする区間を20kmほど設け、バス、自転車、タクシーを一般車に優先する施策を開始した。一

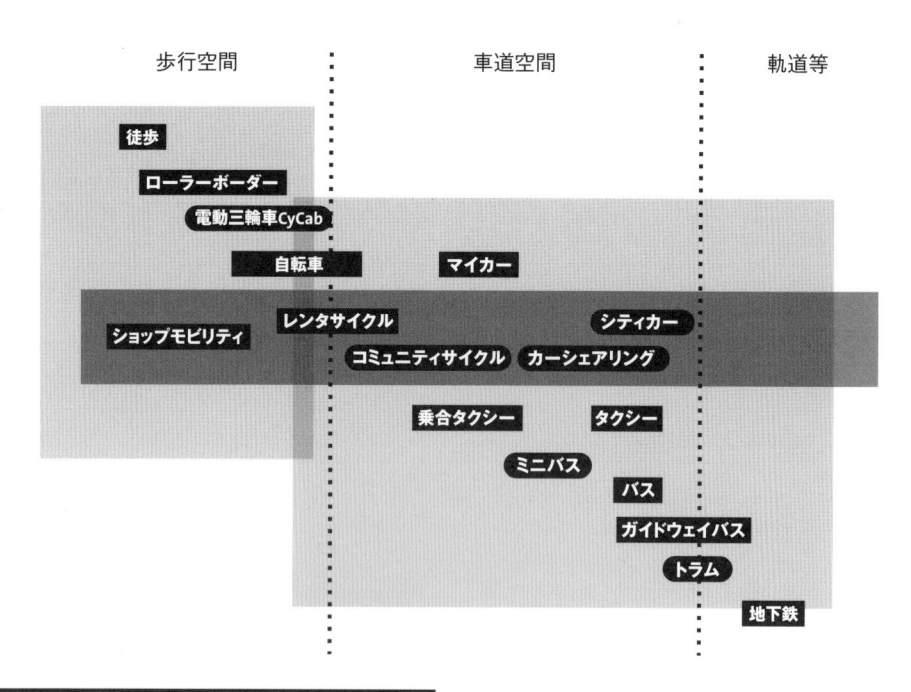

図2 中間モードを含む都市交通手段

（歩行空間／車道空間／軌道等）

徒歩、ローラーボーダー、電動三輪車CyCab、自転車、マイカー、ショップモビリティ、レンタサイクル、コミュニティサイクル、カーシェアリング、シティカー、乗合タクシー、タクシー、ミニバス、バス、ガイドウェイバス、トラム、地下鉄

般車線は渋滞を引き起こしているが、動じていない。都市における優先すべき交通手段を明確に表明したことが注目される【図3】。

自転車中心のニュータウン建設

オランダ・ハウテンの移動の中心は自転車で、中心部を貫く幹線自転車ルートは運河に沿った公園のような緑道となっている。自動車は外周道路から各戸にアクセスできるが街を横断することはできない。

カーシェアリングの住宅地

ドイツ・フライブルグのボバン地区では、個人の自動車を持たず、共同利用する人々のためのブロック（街区）をつくっている。玄関前の道路に公園のような演出が可能となり、コミュニティの形成の面でも注目される。

街中フリーレンタサイクル

フランス・レンヌでは街中に設置したポート間で自由に自転車を使えるサービスを進めている。広告料金で運営費をまかない、ICカードで管理することにより、使いやすく故障や盗難のトラブルのないシステムで運営している。システムは異なるが、コペンハーゲン、ウィーンなどでも同様のフリーレンタサイクルを行っている【図4】。

EUのカーフリーデー

電気自動車や環境都市として知られているフランスのラ・ロッシェルで1997年にカーフリーデーが始まった。毎年1000都市以上が参加する、都市と都市環境、都市交通を考える社会啓蒙と交通実験の世界的な催しとなっている。街中では自動車を使わなくても日常生活に

支障ないことと、自動車のない都市環境を実感することを目的としている【図5】。

ロードプライシング

以前からオスロ等で実施されているが、ロンドンでは2003年2月に都心部への自動車の流入を抑制するため、流入者に対し通行料を課金するロードプライシングをスタートした。結果、すぐに16％の交通量が減少し、渋滞軽減効果が顕著になった。

トラムで街をつくる

フランス・ストラスブールで示されたトラム導入を、都市交通や公共交通のレベルアップの機会とするばかりでなく、都市全体への整備、イメージ形成の効果も狙い、トラムで街をつくるというのがフランスの考え方である。今では、公共交通網全体の再整備と沿道の都市環境の改善を4〜5年間で完了してしまうことが普通になっている。

こうしたさまざまな施策展開は、単独の交通に関わる部分に限って手当てするのではなく、関連する交通手段、土地利用施設整備などと総合的に進めることに留意する必要がある。日本でも、総合的に交通需要の適切な管理調整をめざすTDMが注目されているが、さらに領域を広げて街づくり全体で対応する必要がある。

生活環境の質的向上を達成するためクルマとの関わり、適切な利用を念頭に置いた交通まちづくりの役割はますます重要となっている。このためには単に呼びかけ、協力を願うだけでは、もうまとまらない社会となってきているのだ。公共の利益、市民のために実効性のある手だてを強引にでも講じなければ何も改善の兆しすら見えてこないだろう。

クルマ社会の制度デザインはまた、日本の社会全体のデザインということに跳ね返ってくる実に大きな課題である。

図3　パリ　バスの廊下
図4　レンヌ　街中フリーレンタサイクル
図5　ラ・ロッシェル　車のない日（2000年）

4-4
目標への接近
新たな経済価値

西山賢一
埼玉大学教授

デザインを目指す経済学

　経済学にいま新しいことばが導入されて、期待が集まっている。それは「メカニズム・デザイン」である。メカニズムというのは社会の制度を意味しているので、「制度のデザイン」あるいは「制度の設計」ということになる。経済学の分野にもようやく「デザイン」の視点が取り入れられ出したのである。

　この分野でデザインが注目され出した背景として、経済学が発展してきて、社会を解釈し批判するだけでなく、社会を設計するための手がかりが理論的に得られてきたことがあげられる。それとともに、21世紀の社会がこれまでにないような複雑で困難な問題をかかえていて、大胆なデザインの発想がなくては問題を解決できないことが明らかになってきたためだろう。

　この節では「メカニズム・デザイン」の視点に立って、都市のモビリティのあり方を見直すための新たなアプローチについて議論を進めてみたい。そのために、経済価値といわれるものを基礎から見直すことから手がかりを得ることにしよう。

　私たちが通常「デザイン」ということばで思い浮かべる内容と、経済学でいう「デザイン」とは同じなのだろうか。このあたりの検討からはじめよう。

生産者対消費者という既往の枠組み

　都市のモビリティをめぐってデザインを考えるとき、交通手段であるクルマのデザインや、クルマを受け入れる都市のデザインがまず浮かんでくる。通常のデザインの視点に立つと、ここでかぎになるのが「ユーザー第一主義のデザイン」であり、最近では「ユニバーサルデザイン」もこれに加えられる。ユーザーである消費者が使いやすいようにクルマをデザインし、ユーザーである生活者が住みやすいように都市をデザインしよう。デザイナーたちはそう考えて、クルマを利用するユーザーたちを克明に観察したり、さまざまな方法でマーケット・リサーチを行う。

　ここに貫かれているのは、生産者と消費者を分離してとらえる伝統的な経済学の視点である。消費者のニーズを見つけだし、消費者が満足するような製品（クルマや都市など）を生みだしていこう、とデザイナーは考える。しかしここで登場する消費者は、具体的で統合的な人間でなくて、「お客さまは神さまです」といった抽

象的な人間に留まっている。そのためにクルマをテーマにするときには、クルマの構造と機能への飽くなきニーズを主張する存在としてユーザーが登場し、都市をテーマにするときには、クルマを抑制し緑に溢れた自然に回帰した都市を求める存在に消費者像が変身する。

生産者と消費者に分離したうえでデザインを進めていこうとすると、どうしてもニーズはパッチワークとしてしか浮かび上がってこなくて、しかもそのパッチワークは全体として矛盾だらけのものになりかねない。その状態のまま進んでいくと、クルマ社会は秩序を失った混沌とした状態に陥ってしまいかねない。

これはデザインだけの問題でなく、サービス化や専門化が急速に進む社会で大きな問題になってきている。従来は生産者が消費者のニーズを把握したり、予測したりして、財やサービスをつくってきた。しかしそうしたアプローチは、生産者が経済の主人公で消費者はお客さまであるという関係を固定し、さらには「私はあなたのことを考えているから、私のいうことを黙って聞きなさい」という、生産者による「パターナリズム(家父長制)」を伸長させてしまった。

生産者と消費者という枠組みでは新しい時代をとらえられない、というのが最近の経済学の問題意識になってきている。それに代わって「プリンシパルとエージェント」というとらえ方が広がってきているのである。消費者はあくまでも経済生活の主人公(プリンシパル)である。彼あるいは彼女が自分で財やサービスを生み出せないとき、代理人(エージェント)に頼むことになる。そのとき主人公は同時に依頼人(これもまたプリンシパル)になる。プリンシパルとエージェントの関係として経済の世界をとらえ直そうというのが、最近の経済学のアプローチになってきているのである。

依頼人と代理人の関係

デザインは生産者が消費者のニーズを模索しながら進めるものでなくて、依頼人と代理人の関係として進められていく。このとき依頼人も代理人もともに、自分の利益や価値観を大事にしている生身の人間である。

ようやくここにきてメカニズム・デザインの基本的な考え方を明らかにできる段階になった。経済学でデザインというとき、対象物としての製品(クルマ)や空間(都市)をめぐるやりとりが中心なのでなく、依頼人と代理人の関係性に注目するのである。「依頼人も代理人も自己の利益に導かれて行動し、互いの利益になる場合にのみ合意が結ばれる」というのが、メカニズム・デザインの基本にある視点である。

経済学はあくまでも現実的な視点を大切にする。たとえば都市の再開発のプランがいかに理想的であっても、実際にそこで生活する人たちに不利益を与えつづけるようであると、プラン通りには進まない。力づくで理想を貫かせる方式もあり得るが、そうした政治的あるいは倫理道徳的なやり方だけでは長続きしないことは、都市の歴史をみても明らかだろう。都市という生き物を理想のプランという人工物で置き換えようとしても、生き物は変身しながら理想のプランを越えていく。

それぞれに生き延びようとする生命体の進化ゲームの場として経済をとらえようという見方がメカニズム・デザインの根本にある。ここでは簡単に触れるだけにとどめるが、メカニズム・デザインはゲーム理論の応用分野として発展してきているのである。デザインを人と対象物の関係としてではなく、人と人の関係として位置づけるところに、経済学に登場するデザインの核心がある。

色気と美学が経済の原動力

　依頼人も代理人もともに自分の利益を大事にするようであると、理想的なデザインなどとても実現できそうにない、と思われるかもしれない。経済の現実感覚は理想のあり方と相容れないように見えそうである。実はそうでなくて、より深く現実に根ざすことが理想に近づいていけるのだ、ということをこれから確かめよう。

　経済は長いあいだニーズ（欲求）に注目してきた。いかにしてニーズを満足させるかが、生産者にも消費者にも大きな課題になっていた。そしてしばらく前から、欲しいものはみんな手に入ってしまい、新たな画期的なニーズはなかなか見つからないといった状態になってきている。「消費者のニーズが見えない」というのが往々にしてマーケット調査の結論になる。

　だからといって日常生活を生きている生活者たちが、日々の暮らしを満足感とともに送っているというわけではない。むしろモノで溢れてきてはじめて、モノだけでは充実感が得られないという事態に直面させられているのである。いったい私たちはどうしたら生きている充実感が得られるのだろうか。

関係と成長の欲求

　これに対する大まかな答えはすでに経営学の分野で得られている。社会心理学者のマズローは人の欲求には段階があって、生理的に満足できる段階から、自己実現によって初めて満足できる段階まで5段階に分かれていると主張した。経営学ではそれを大きく3つの段階に分けている。それらは生存への欲求、関係への欲求、成長への欲求の3つの段階である。私たちは生存への欲求が満たされたらもうそれで満足だというのでなく、人びとと交流する関係への欲求を満たしたいと望み、自らの可能性を引き出してさらに伸ばしたいという成長への欲求を満たしたいと望む。

　経営学の欲求の段階説から見直すと、ニーズを満たしモノで満足する段階というのは、たかだか生存への欲求が満たされただけであり、これは原始的な欲求が満足された段階でしかない。この先に関係への欲求、成長への欲求がひかえている。そしてこれらの欲求が満たされないまま、生存への欲求の段階で留まってしまうと、根本的な欠如感にとらわれてしまうことになる。

　経済学の分類でいくと、生存への欲求と関係・成長への欲求のあいだには、根本的な違いが存在している。ニーズという言葉からもわかるように、生存への欲求は欠乏に基礎をおいている。欠乏しているものを補充して充足する。欠乏と充足の循環関係が生存への欲求を特徴づけている。これは生理的な欲求の特徴であって、欲求不満になったとき何とかして欲求を満たして充足させる。充足すれば満足できて、それ以上のニーズはなくなる。しばらくすると穴の空いたバケツから水が漏れるように、また欲求不満に陥る。欠乏と充足のこうした仕組みは、「収穫逓減の法則」としてとらえることができる。ニーズが満たされていくと、新たなニーズを追加してもそこから得られる効用や満足感は減っていくのである。これではどこかでニーズも飽和してしまう。

　ところが関係と成長の欲求は生存への欲求とまったく対照的である。関係が広がっていくと、さらに雪だるま式に関係が広がっていき、欲求はいっそう高い段階に進んでいく。成長へのきっかけがつかめると、成長が成長を呼んで、生きている限り成長し続けることも可能になる。欲求がさらに欲求を生み出していくという関係は、先ほどと対照的に「収穫逓増の法則」にし

たがっていることになる。

関係への欲求は「交流のなかであらわれる人間的な魅力」に触れようとする欲求でもあり、これを積極的に表現すると「色気」ということになるだろう。また成長への欲求は「自分が本当の自分にめぐりあうこと」を求める欲求でもあり、これを積極的に表現すると「美学」ということになるだろう。美学者の中井正一も「美というのは、いろいろの世界で、ほんとうの自分、あるべき自分、深い深い世界にかくれている自分に、めぐりあうことだ」といっている。私たちはいま、色気と美学が経済を動かすような時代に入り始めているのである。

ポリフォニーの場としてのデザイン

ここまでくれば、私たちが課題としている「クルマ社会のデザイン」へのアプローチの仕方は明らかだろう。クルマ社会のなかで生活している人々とクルマ社会をデザインしている人々とを、プリンシパルとエージェントとして位置づけることが第1段階である。プリンシパル(主人公＝依頼人)もエージェント(代理人)もともに自らの利益と欲求を大事にしている存在であり、21世紀にあってその欲求は色気と美学を追求する営みとして表現されることになる。

第2段階で、依頼人も代理人も自分の利益を大事にしながら、互いの利益になる方向を模索する。これがデザインの現場となる。そのためには交流する場をつくって、共同作業を開始することが不可欠である。そこでは立場の違いに応じて、深刻な矛盾や対立が起きるかもしれない。依頼人は無理難題を言いつづけ、代理人は技術優先を主張しつづけるかもしれない。そうした本音を語り始め、おたがいに相手にぶつけあうことからしか、確かなデザインは生まれてこないだろう。バフチンの表現を借りれば、これは「異種混交のポリフォニー」であり、新しい時代の可能性はその先にしか生まれないのである。それは矛盾が生まれて解決され、さらにその先に新たな矛盾がうまれるという、永続的なダイナミックな過程となるだろう。

クルマ社会は複雑系であり、そこには高度な技術、道路網、燃料供給施設、生活のスタイル、経済成長の担い手、景観破壊、環境問題など、さまざまな課題や問題が結びつきながら構成されている。ひとつの画期的な技術や、ひとつの画期的な制度だけで一気に解決できるような単純系ではない。クルマ社会に関わっている人びとの声は衝突したり、補完しあったりしている。そうした声のすべてを含んで、役立てるような方向を模索することが求められているのである。

こうした方向はリズ・サンダースが進めている「参加型のデザイン」あるいは「ポストデザイン」とも重なっている。関わりのあるすべての人が参加して、そこで交わされるすべての声を含んだ集合的なデザインを、彼女もまた模索している。

参加型のデザインの場はさまざまな言葉が飛び交うポリフォニー(多声性)の場であり、それはまた「言葉の戦場」といった特徴をもっていくだろう。いま研究が大きく進み出している「ことばの科学」が、そうしたポリフォニーの場でのメカニズム・デザインを基礎から支えてくれるはずである。

参考文献
長田弘編『中井正一評論集』(岩波文庫、1995年)
リズ・サンダース『ゑれきてる』75号、76号(東芝広報室、2000年)
ミハイル・バフチン、伊東一郎訳『小説の言葉』(平凡社ライブラリー、1996年)

4-5 クルマ社会のデザインプログラム

伊坂正人
日本デザイン機構専務理事、静岡文化芸術大学教授

はじめに──ソーシャルデザインのアプローチ

　今日のデザインにおいて、デザインする対象（事物）のコンテクスト（文脈）を読みとること、そしてコンテクストそのもののデザインということが、大きなテーマとなっている。コンテクストとはデザイン対象を取り巻くほかの物事との間の関係性ということである。この関係の広がりはデザイン対象と社会との間の関係性にいたる。こうした社会的なコンテクストに踏み込んだデザインをソーシャルデザインと呼ぶ。地球環境問題や高度福祉問題などは、ソーシャルデザインのテーマの代表例であり、クルマ社会の問題も主要なテーマのひとつである。

　ソーシャルデザインの第一歩は、デザインの目的を改めてとらえ直すことと、そのデザイン対象を取り巻く社会課題の「認識」から始まる。人は社会活動や経済活動、文化活動などを行う手段として様々な物事をつくりだしてきた。そうした諸活動の手段となる物事がデザインの対象となる。すなわちデザインの目的は、デザインする対象を通して行われる人々の諸活動ということになる。そしてデザインの目的となる人々の諸活動とその手段としての物事との関係性や、様々な社会課題との間の関係性が多岐にわたっているのが現代である。この複雑な関係性の認識が、ソーシャルデザインの第一ステップとなる。

　デザインの対象となる物事を具体化、実体化するには当然ながら技術が不可欠である。技術は社会的な価値を目標に開発される。20世紀は、量と効率という価値を目標に多くの技術が開発されてきた。しかし現代は、量と効率以外の多様な価値をもつ時代であり、価値と価値、価値と技術、技術と技術が複雑に絡みあう社会ともいえる。価値や技術が社会に定着すると、それがアプリオリにいいものだと評価されてしまう場合がある。この価値と技術をあくまでも「仮説」としてとらえ、デザインの目的や社会課題との関係性をふまえた「評価」が要るのである。

　この評価に基づき、いくつかのビジョンとなるシナリオを描くことがソーシャルデザインの役割のひとつである。ソーシャルデザインは社会課題に立ち向かうデザインである。その具体化は社会の意志によって施策を「選択」し「合意」することによって進められる。

　選択された施策をプログラム化し、ソーシャルデザインの「行動計画」が進む。しかしソーシャ

ルデザインのテーマは一朝一夕で解決しない。計画を進めるなかで、当初のコンテクストなどが変化する。計画自身を再評価し、「修正」しながら進め続けることが求められる。

以下、認識、仮説、合意と選択、行動計画と修正というアプローチに沿ってクルマ社会のデザインを展望してみる【図1】。

1. 認識

モビリティ目的の多様性

モビリティという言葉は、移動のしやすさ、その能力という意味を持っている。移動には、マズローの欲求の各段階に対応させてみると、生存のための移動から、自己実現のあり方を求める旅まで、多様な目的がある。

日本の各自治体などでは、個人の一日の移動を対象にした「パーソントリップ調査」を実施している。ここでは、移動の目的を大きく「出勤」「登校」「自由」「業務」「帰宅」に分けている。このうち、「自由」は買い物、食事、レクリエーションなどの生活関連のトリップで、「業務」は販売、配達、会議、作業、農作業など、仕事上のトリップとしている。これらの調査を概観すると、移動総量の増加、移動目的の多様化（地域によって異なるが、買い物などの自由目的の移動が増加傾向にある）、そして移動手段としての自動車へのシフトを見て取ることができる。移動目的に合わせた手段の多様性が求められる。

公共交通の魅力の創造

国土交通省をはじめ、様々な団体や研究機関などが、自動車への過度な依存の回避を目標に交通需要マネジメント（TDM）の施策提案をしている。各施策に共通しているのは、自動車をどう抑制するかということである。そして自動車の代案としてLRTなどの公共交通を含めてのマルチモーダル、すなわち多様な交通体系を提起している。しかし多様な移動手段の選択の自由性を謳いながらも、自動車に規制をかける背景には、自動車がもっとも魅力をもった移動手段であり、規制をかけなければ人は自然に自動車を選択するという実態があろう。そこで問題となるのは自動車以外の交通手段の魅力をいかに高めるかということになる。

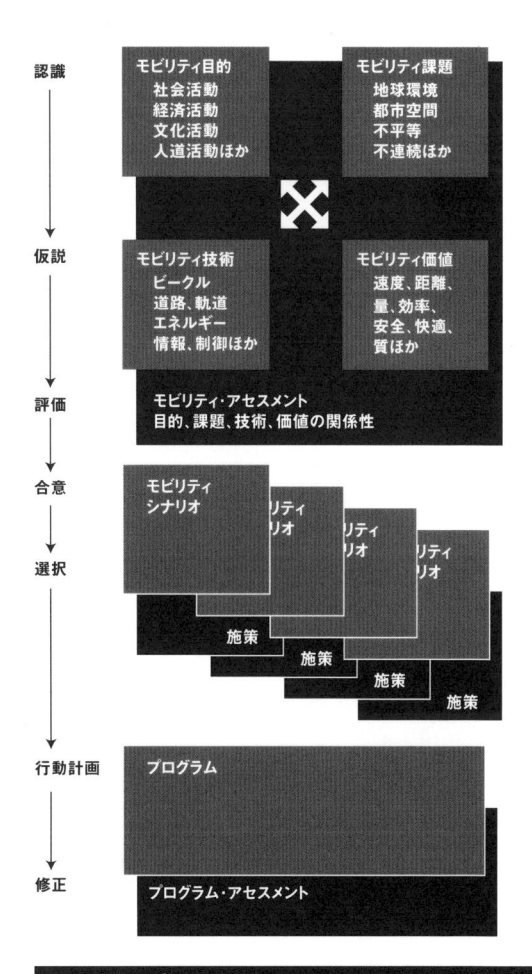

図1　デザインプログラム概念図

デザインパワーの再配分

　自動車に追いやられた歴史をもつ公共交通の側に、自動車にかけたような熱気があっただろうか。使う側の意識においても自動車マニアと鉄道マニアには未来への夢に対して格差がある。100年の熱気の差が今日のクルマ社会をつくりだしたともいえる。その結果が日本の就業人口の約8％、500万人強の自動車関連産業（自動車製造、販売・整備、資材、利用、他）をつくりだしている。

　また、モビリティ関連のデザイナー人口という面でみると、自動車関連、公共輸送関連、道路関連、自転車関連などで、デザイナーの分布は圧倒的に自動車関連に偏在しているといっていい。夢を与える、魅力をつくる、こうしたことがデザインの役割のひとつといわれる。自動車以外のものにデザインの力を再配分することを、教育や就労構造を含めて検討しなければならない。

2. 仮説

多様なモビリティ技術とシステム

　これからのクルマ社会をデザインするためにはいくつかの作業仮説が要る。ひとつは、近代価値の追求の結果生じた負の遺産を乗り越える技術や社会システムが開発されるという仮説である。自動車においては、環境問題や都市空間問題に対してクリーンなエンジンを搭載したものや、それを使ったカーシェアリングシステム、ITSなどの開発が進められている。

多様な価値観が共存する社会

　ふたつ目の仮説は、スピードの追求や量的拡大といった近代価値を見直し、スローライフなどの新たな価値観とハイスピードなどの価値観が、それぞれに認め合うダイバシティ（多様な価値観の共生）社会になるというものである。

3. 評価

多様なモビリティのためのインフラストラクチャーの必要性

　これらの仮説に共通しているのは、これからのクルマ社会のデザインは、単純なアンチクルマ論ではないということである。移動のしやすさとその能力というモビリティの原点に立ち返れば、移動弱者をはじめ、まだ自動車のようなものを必要とする人は多い。

　第一の仮説を裏付ける実証には、電気自動車や燃料電池車など枚挙に暇がない。その活用は交通弱者を含めて幅広いが、新たなインフラづくりなど課題は多い。

　世界の一次エネルギー消費の約6割強が埋蔵資源とりわけ化石燃料に依存している。そうした埋蔵資源枯渇の危惧を背景に、太陽光、風力、バイオマス、燃料電池、コジェネレーションシステムなどの新エネルギーを多面的に活用することが先進諸国の趨勢となってきている。ただし、新エネルギーの占める割合は2010年目標でも数％にすぎないが、実現可能な目標を定めている。このエネルギー消費の1/4を占めている運輸部門において、石油依存度の高い自動車の大量利用から、公共交通や中間モードの移動手段を利用するマルチモーダルにシフトすることに対して異論をはさむ余地はないであろう。

　自動車を支える様々なインフラ整備には100年を要した。ほかの移動手段に対して新たなインフラを100年とは言わないまでも一挙につくりあげることはできない。新エネルギー導入と同様に、実現可能な目標を定め着実に実行する

必要がある。

メルティングポット（坩堝）から
サラダボールへ

第二の仮説の新たな価値観は、スピードなどの近代価値を超える技術開発や社会システム開発を伴わないかぎり普及は難しいであろう。経済学者シューマッハのスモール・イズ・ビューティフルのような価値観が要る。今、スローライフという価値観が成熟社会を中心に生まれつつあるが、まだ歴史の後戻りという観は否めない。新たな産業を生みだす価値観が求められる。

民族アイデンティティの議論のなかで、メルティングポット（坩堝）からサラダボールへという価値観の移行が唱えられている。多様な価値観を坩堝の中に溶かしこんでひとつの塊にするよりも、サラダボールの中の野菜のようにそれぞれの価値観が主張しあっておいしいサラダができるような社会が望ましいという。現在のモビリティ論は、ややもすると公共交通の塊のなかで自動車の味が殺されている。

4.合意と選択

先端的な魅力を繋ぎ合わせた
総合的なシナリオ

かつて産業革命期にイギリスでトーマス・クックは、禁酒団体での活動の一環としてパックツアーというシステムを創造した。当時の劣悪な労働状況から受けるストレスを発散させる飲酒という魅力を越える、団体旅行という趣味の世界をつくりだしたのである。それが今日の観光産業につながっている。クックが行ったことは、過度な飲酒を抑制する策として旅という異質な魅力をつくりだし、当時の先端的な乗り物である汽車を利用して先端的な見せ物であった万博を見物するという旅に、面倒くさい手数をかけることなく誰でもが参加できるパックという総合的なシナリオを作成したのである。このパックシナリオが英国をはじめ欧州大陸のほかの業者からもつくりだされ、社会的な合意、すなわち旅行マーケットが生まれた。そしてそれらを選択するユーザーが生まれ今日の旅行産業に至っている。

過度な自動車利用というクルマ社会への対応策として打ち出されているTDMの自動車利用抑制策を自然に実現させるには、新たな魅力をもったシナリオの創造が求められよう。それも、多様な交通機関の先端的な魅力をつくりだし、それを総合化し、さらに相乗効果あるシナリオをつくりだすことが大きな課題なのである。歩行に近い中間モードの乗り物として自転車が注目されているが、専用道路をつくるところまでは来ているが、自転車自身をもっと魅力ある存在にしているだろうか。たとえば自転車をもっと軽量コンパクトにし、公共交通機関や自動車の中に容易に持ち込めるようにすれば、「自転車+公共交通機関+自動車+α」というシステムをもったシナリオをつくることができる。これからのモビリティへの合意と施策の選択のためには、こうした先端的な魅力をつなぎ合わせた総合的なシナリオが要る。

ブラックボックスの可視化

人の移動の問題に増して、物の輸送が多くの問題の要因となっている。日常の消費に対応した物流の問題である。多品種少量（小口）多頻度配送、ジャストインタイムと、生活者の消費態度にあわせ物流の合理化が進められている。そしてその物流の担い手であるトラックが、頻繁に行き交うような都市の様相をつくりだしている。この実態に対して物流面でのTDMを

進めるためのロードプライシング、ディーゼルガス排出規制などの施策が打ち出されているが、コンビニエンスな消費が望まれるかぎり、トラック輸送の軽減化は進まないであろう。

　トラック輸送から鉄道輸送へのモーダルシフト、物流拠点などのインフラ整備には事業者の経済的な負担を要する。事業者のインセンティブとして補助金などの施策もあるが、生活者の消費態度そのものをどう転換させるかが大きな課題となっている。消費者にとって物流はブラックボックス化している。自分たちが欲しいと思えば商品が小売店の棚に並び、宅配されてくる。まさに魔法のランプなのである。そしてその欲望の結果が自分たちに降りかかっていることを知らない。

　こうした問題はさらに、廃棄物の面にも出現している。生産された商品が消費者に届くように、消費の場から廃棄された物も輸送される。それもトラックに頼っている。これらを含めたブラックボックスの可視化もデザインならではのシナリオ項目となる。

合意の形成とシナリオ選択のためのプラットフォーム

　今日のクルマ社会には、過度な自動車利用の抑制や自動車も含めて移動の総量をどう抑制するかという課題もあるが、それとは逆の移動弱者に自動車（のようなもの）を積極的に利用してもらうにはどうするかという課題もある。移動弱者には、高齢者や障害者、貧困層（地球規模で見れば途上国の多くの地域）、被災地の人々なども含まれる。この両極の間に技術（ビークルの単体技術や移動システム技術など）、制度（自動車所有制度や道路利用制度など）、そしてライフスタイル（居住、仕事、消費など）に関する多様なシナリオが描かれている。しかしどのシナリオに合意し、施策やライフスタイルを選択するかにはまだ議論が続くであろう。

　地球の気候変動、温暖化、CO_2排出量などに関する国際的な議論が、それぞれの国や地域の利害を背景に続いている。合意や施策の選択には至っていないが、議論が続く中で、単なる気候変動にとどまらない国際紛争の危機という認識への広がりや、CO_2排出権売買や炭素税などのアイデアが出てきている。そして認識の共有や一部の施策の実施などが進められている。

　モビリティの問題に対してもこうした継続的な議論の場が求められる。それを「モビリティプラットフォーム」と呼びたい。政府、利用者、事業者、メーカーそして非利用者（傍観者）を含めた様々な人々が、このプラットフォームにおいてモビリティシナリオを検討することで、実行可能な部分的実施ができよう。

5.行動計画

価値観転換の手段としてのモビリティ評価とTDM実施

　過度な自動車利用から脱却するクルマ社会の未来像としてマルチモーダルな交通体系という方向がある。しかしそこに至るには、生活者の価値観や消費態度の転換をふまえたライフスタイルの創造が求められる。こうした社会変革の引き金になるのが規制やインセンティブという手法である。過密な都市部での自動車利用規制を含めたTDMの実施は優先度の高い施策である。しかし、すでに便益のある状態に対する規制には、その理由をコミュニケーションする仕組みが求められる。モビリティプラットフォームはその一助となろう。こうした場を通して、現状の交通体系の環境負荷や移動の質などの評価や実施したTDMの効果を検討することがで

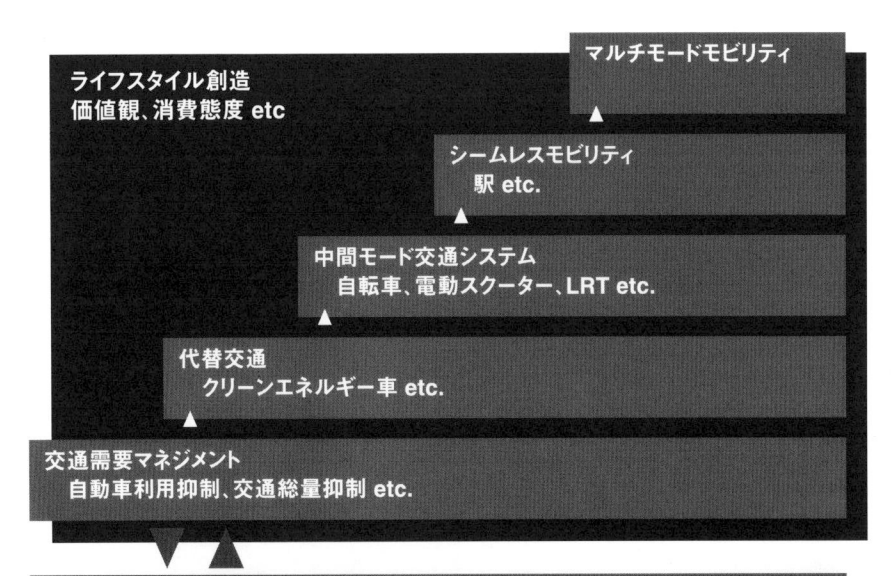

```
ライフスタイル創造                          マルチモードモビリティ
価値観、消費態度 etc
                                      ▲
                              シームレスモビリティ
                                 駅 etc.
                              ▲
                      中間モード交通システム
                         自転車、電動スクーター、LRT etc.
                      ▲
              代替交通
                 クリーンエネルギー車 etc.
              ▲
交通需要マネジメント
   自動車利用抑制、交通総量抑制 etc.
              ▼  ▲
モビリティアセスメント
   環境負荷評価、質評価 etc.
```

図2　行動計画のステップ

きる。規制は過度な状態を抑制することであるが、行き過ぎた規制は、副作用ともいうべき、経済停滞などの別の問題を生みだす。ここで肝要なのは、規制によるリスクマネージメントを同時に行うことである。

代替交通の魅力、インセンティブづくり

　今の自動車に代わるものとして、燃料電池車や電気自動車の開発が進んでいる。日本政府はモビリティのクリーンエネルギー化に対して、低公害車の普及目標として2010年に1000万台以上を掲げている（燃料電池自動車は5万台）。この目標数値は小さいが、ものの普及という面で見ると、その方向へ動きだすことが重要なのである。そしてこの動きを加速するためには、これら代替交通の魅力づくりやインセンティブづくりのデザインが求められる。思い切ったマーケティングも要るであろう。国の施策として集約したデザイン開発なども考えられていい。

中間モード交通システムの構築、シームレスなモビリティから マルチモードへ

　徒歩に近い自転車から新エネルギー小型車、LRTなどの中間モードの交通手段は、自動車や鉄道などとも組み合わせた総合的なシステムとしてつくられて意味を持つ。また個々の手段を繋ぐ結節点が重要な要素となる。これからのモビリティの質をきめるのはトリップとトリップをシームレスにつなぐことである。これによってマルチモードなモビリティへ近づけることができる。この総合的なシステムを一挙につくりあげることは難しい。システムの単位を小さくすると

いう都市のミニマム化のアプローチが要る。

グローカルデザイン

「Think Globally, Act Locally（地球視野をもって地域や現実に根ざして行動する）」という言葉がある。企業経営やマーケティング、一部のデザインにおいてもこの視点からのグローカルデザインという言葉も生まれている【図3】。自動車のように全世界に普及し、世界企業をつくりだし、地球環境問題までを生みだしたまさにグローバルな物でも、ドイツ、フランス、イタリア、アメリカ、そして日本や韓国など自動車メーカーは、それぞれの地域文化を背景にしたスタイリングのアイデンティティを形づくっている。またこれらのメーカーは商品としての自動車を世界の各地に供給するための地域ごとのデザイン戦略をとっている。とりわけ色彩は地域文化の影響を強く受ける。こうした地域性をもった自動車に、

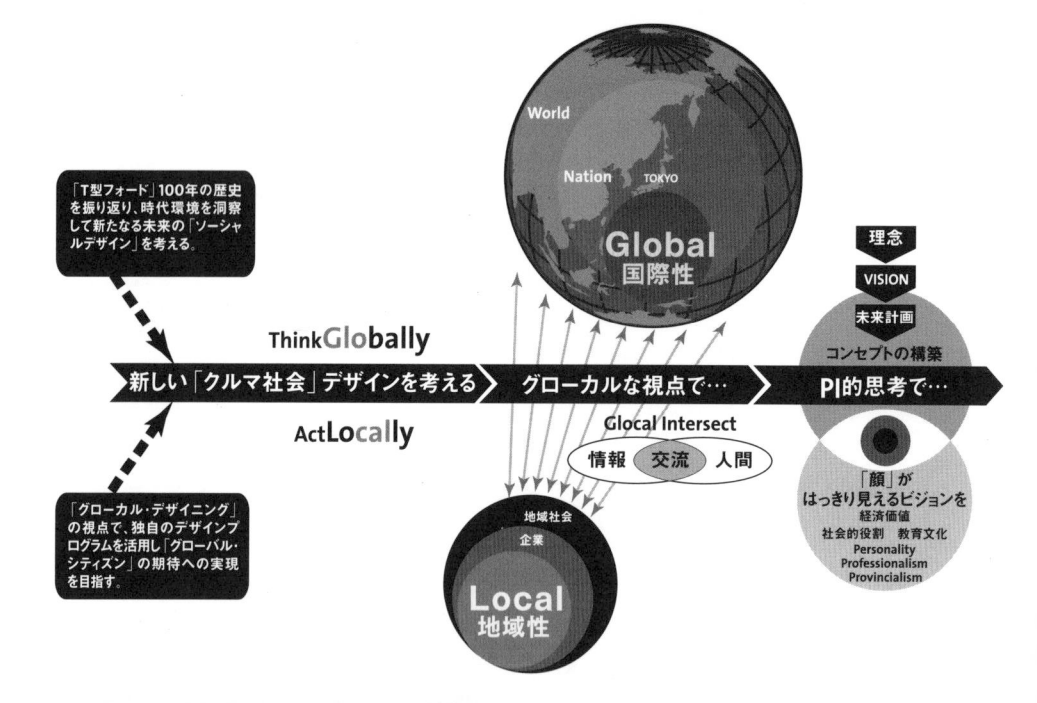

図3　クルマ社会のグローカルデザイニング（作図：田中惣二）

改めて地球環境問題などのグローバルな課題解決のためのAct Globallyという行動が求められているのである。

柔らかなデザインプログラム

これからのモビリティをマルチモーダルな方向に導くために、様々なアプローチをもって行動計画を進行させていくことになろう。その計画には実現可能な数値目標が掲げられる。重要なことはこうした目標を通過点としてとらえ、次々と小さな実現可能な目標を掲げ続けることである。計画実施のプロセスのなかで、きめ細かな評価と、場合によっては目標の修正を行うことのできる柔らかなデザインプログラムを持つことで、クルマ社会の未来を切り開くことができよう。

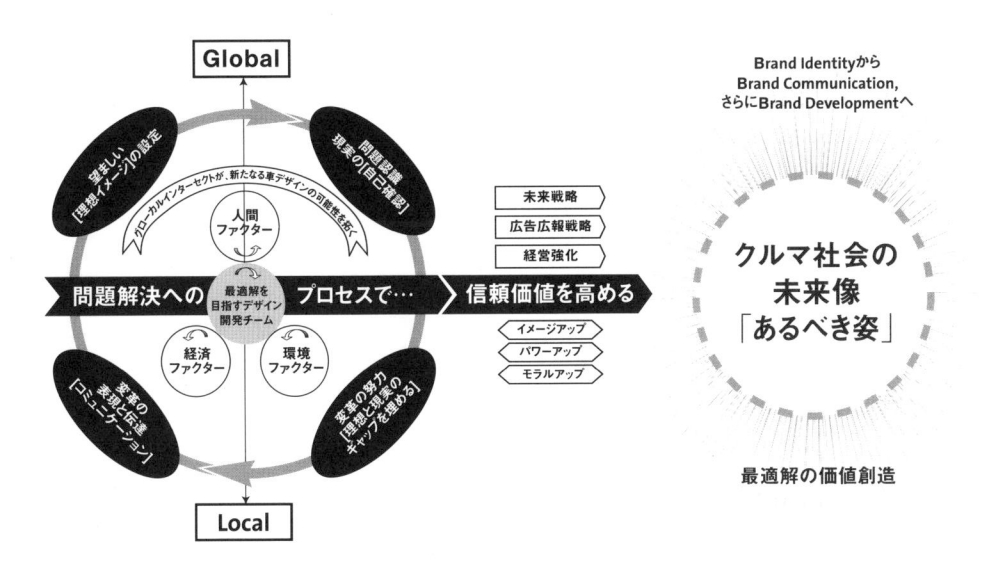

デザインは世界をひとつにする。グローカルデザイニング、それが始まりだ。
Design can bring the world together. Glocal Designing will start the process.

執筆者略歴

栄久庵憲司
えくあん・けんじ

インダストリアル・デザイナー。日本デザイン機構会長、GKデザイン機構代表取締役会長。1929年東京生まれ。東京芸術大学美術学部図案科卒業。1957年GKインダストリアルデザイン研究所設立、所長となる。1973年第8回世界インダストリアルデザイン会議(ICSID'73 KYOTO)実行委員会委員長、1989年世界デザイン博覧会総合プロデューサーなど、日本のデザイン界のパイオニアとして国内外での活動は半世紀にわたる。現在インダストリアルデザイン団体協議会(ICSID)名誉顧問、国際デザイン交流協会理事Design for the World.(世界デザイン機構)会長。1997年フランス政府よりOfficier de L'ordre des Arts et des Lettres(藝術文化勲章)。2000年勲四等旭日小綬章等。主著に『幕の内弁当の美学』(朝日新聞社)、『道具論』(鹿島出版会)など。

佐野寛
さの・ひろし

クリエイティブディレクター。モスデザイン研究所代表。1935年東京生まれ。東京芸術大学卒。目白大学教授。元東京学芸大学教授。NPO法人日本デザイン協会理事。主著に『21世紀的生活』(三五館)『広告化文明』(洋泉社)、『人間縮小の原理』(洋泉社)、『現代広告の読み方』(佐野山寛太著、文春新書)、『透明大怪獣時代の広告』(広松書店)、『映し世の写真家たち』(誠文堂新光社)、『ガジェットブック』(編著、宣伝会議)、『時代をつくった309写真』(編著、誠文堂新光社)など。

谷口正和
たにぐち・まさかず

マーケティング・コンサルタント。ジャパンライフデザインシステムズ代表取締役社長。1942年生まれ。武蔵野美術大学造形学部産業デザイン科卒業。コンセプト・プロデュースから経営コンサルテーション、企業戦略立案、地域活性計画まで幅広く活動。日本デザインコンサルタント協会・幹事、バリアフリー協会・理事、立命館大学経営学部客員教授を務める。主著に『五〇歳からの自己投資』(東洋経済新報社)、『買いたい気分にさせる50の作戦』(かんき出版)など。

犬養智子
いぬかい・ともこ

評論家、作家。東京生まれ。1954年学習院大学政治学科卒業、1955～56年イリノイ大学大学院ジャーナリズム＆マスコミュニケーション学科に学ぶ。1957～1960年シカゴ・デイリーニュース東京支局勤務。1968年から著作活動に入る。女性と高齢者の自立・自由・尊厳が最大のテーマ。「人生は楽しく生きる」がモットー。市民の意志を行政に反映させるよう官・民の審議会にも多数参加し努めてきた。地名保存や景観保存にも関わり全国地名保存連盟副会長。主著に『ひとりで元気暮らし』(海竜社)、『楽しんで生きる──昭和・山の手・女の子』(チクマ秀版社)、『私の見つけたいい品 好きな品』(小学館)など。

水野誠一
みずの・せいいち

インスティテュート・オブ・マーケティング・アーキテクチュア代表取締役。慶應義塾大学経済学部卒業。西武百貨店代表取締役社長、慶應義塾大学総合政策学部特別招聘教授を経て、1995年参議院選挙に比例代表で当選。同年、インスティテュート・オブ・マーケティング・アーキテクチュア(略称:IMA)設立、代表取締役就任。2002年リプロジェクト・パートナーズ設立、代表取締役C.E.O.就任。現在、海外企業の日本進出や、国内企業の再生に取り組んでいる。NPO法人日本ケアフィットサービス協会理事長。主著に『知恵のマーケティング』(同文書院インターナショナル)、『起業家 ジム・クラーク』(監訳、日経BP社)など。

西村弘
にしむら・ひろし

交通論研究者。大阪市立大学大学院経営学研究科教授、商学博士。1953年兵庫県生まれ。1989年大阪市立大学大学院経営学研究科単位取得退学。大阪市立大学商学部講師、助教授、教授を経て、2001年より現職、現在にいたる。道路自動車交通問題を中心に、都市交通交通産業を研究。主著に『クルマ社会アメリカの模索』(白桃書房)。『産業の再生と大都市』(共著、ミネルバ書房)、『環境保全への制作統合』(共著、岩波書店)など。

南條道昌
なんじょう・せいちか

都市計画設計研究所代表取締役。1939年九州生まれ。1962年東京大学建築学科卒業・同大学大学院在学中、筑波研究学園都市の基本計画、日本万国博覧会の会場計画などを担当。1967年都市計画設計研究所を設立。筑波の中心市街地整備、沖縄海洋博覧会、筑波科学万博、汐留地区整備計画、さいたま新都心整備計画など、計画から事業化的過程にかかる諸業務を担当。ソフト先行のハード計画、計画におけるプロセスの重視、都市空間の視点などを信条とする。都市環境デザイン会議、都市イベント企画会議、日本都市計画家協会、都市観光を創る会などの創立にかかわるメンバーのひとり。

森谷正規
もりたに・まさのり

放送大学教授。技術評論家。1935年生まれ。東京大学工学部卒。日立造船、野村総合研究所を経て、現職。技術問題全般について論じる。今は技術と社会、各国の技術比較などの問題を考えている。主著に『捨てよ!先端技術』(祥伝社)、『現場の力』(毎日新聞社)、『中国経済 真の実力』(文春新書)。

鳥越けい子
とりごえ・けいこ

聖心女子大学教授。専門はサウンドスケープ研究、環境美学、音をテーマにした環境デザイン。日本各地の音文化の調査研究を行いながら、まちづくりから環境教育に至る各種のプロジェクトを手掛けている。主著に『サウンドスケープ——その思想と実践』(鹿島出版会SD選書)など。主な参加プロジェクトに〈瀧廉太郎記念館庭園整備〉など。

大野秀敏
おおの・ひでとし

建築家。東京大学教授、同大学大学院新領域研究科環境学専攻社会文化環境学大講座。1949年岐阜県生まれ。東京大学工学部建築学科卒業。1976年槇総合計画事務所、1983年東京大学助手。1984年中野恒明とアプル総合計画事務所設立。建築から都市に至る居住環境の文化の研究と計画理論と併せて設計活動を展開している。主著に『建築のアイディアをどのようにまとめてゆくか』彰国社、『見えがくれする都市』(共著、鹿島出版会)。作品に『NBK 関工園事務棟・ホール棟』(JIA新人賞)、『YKK滑川寮』(建築学会作品選奨)、『鵜飼い大橋など』(土木学会田中賞)など。

望月真一
もちづき・しんいち

建築家、プランナー、アーバンデザイナー。アトリエUDI都市設計研究所代表。1949年東京生まれ。1973年早稲田大学理工学部建築学科卒業。1975〜78年フランス政府給費留学。83年同大学院博士課程終了。1985年アトリエUDI都市設計研究所設立、現在に至る。主著に『路面電車が街をつくる』(鹿島出版会)、『アーバンデザインという仕事』(住まいの図書館出版局)、『フランスのリゾートづくり』(鹿島出版会)など。ベトナムの都市計画への貢献に関心を寄せ、ヨーロッパカーフリーデーの日本担当コーディネーターもつとめる。

田村国昭
たむら・くにあき

博報堂プロデューサー。TOYOTA、味の素、IBMなどの広告制作に携わった後、国際科学技術博、横浜市制100周年、世界都市博、Jリーグ基礎研究、NTT-ICC、長野オリンピック選手団式、サイエンスワールドなどのプロデュースおよび日本デザイン会議事務局を担当。各種データと広い人脈とマーケティングセンスによる未来予測を専門とする。現在、静岡文化芸術大学非常勤講師、オーストラリア・モナシュ大学日本研究所研究員、日本イベント協会、オーストラリア学会。

田中一雄
たなか・かずお

環境デザイナー。GK設計取締役、同道具環境設計部部長。2005年日本国際博覧会協会サイン・ファニチュアーディレクター。1956年生まれ。東京芸術大学美術学部デザイン科卒業、同大学院美術研究科修士課程修了。各種博覧会や都市開発におけるサイン、照明、ストリートファニチュアの設計に携わる。主な業務として、さいたま新都心サイン計画、中国深圳市中心区街路環境計画、ドイツ、ベルリン市インテリジェントバスストップなど。

石森秀三
いしもり・しゅうぞう

国立民族学博物館文化資源研究センター・センター長。1945年生まれ。甲南大学経済学部卒業。ニュージーランド・オークランド大学大学院に留学後、京都大学人文科学研究所研究員などを経て、現職。総合研究大学院大学教授(併任)、放送大学客員教授。専門分野は、観光文明学、文化開発論、博物館学。観光現象をグローバルな視点で総合的に研究するプロジェクトを推進。小泉首相主宰の観光立国懇談会メンバーなどを歴任。主著に『観光の20世紀』、『観光と音楽』(東京書籍民族音楽叢書)、『南太平洋の文化遺産』、『Tourism』、『博物館概論』(放送大学教育振興会)、『博物館経営・情報論』(放送大学教育振興会)など。

白石正明
しらいし・まさあき

超高齢社会研究者。國際プロダクティブ・エージング研究所代表、NPOユニバーサル社会工学研究会理事長。1934年生まれ。小樽商科大学、青山学院大学卒業。高齢化の視点よりデザイン、モビリティ、まちづくりを国際的に調査研究し、成果を国内外に発表。日本でタウンモビリティを普及中。拓殖大学、城西国際大学非常勤講師(ユニバーサルデザイン)。主著に『百歳時代のリアル』(編著、求龍堂)ほか。

迫田幸雄
さこだ・ゆきお

インダストリアル・デザイナー。静岡文化芸術大学教授。1944年神奈川県生まれ。1969年東京芸術大学工芸科卒業(インダストリアルデザイン専攻)。車両製造会社設計部を経て1988年デザイン事務所設立。2000年静岡文化芸術大学教授、現在に至る。電車、電気機関車の造形デザイン、営団地下鉄、埼玉高速鉄道などの案内サインシステムの立案など、公共交通機器、施設のデザイン実践を推進する。

松口龍
まつぐち・りゅう

建築家。SSC代表、KAJIMA DESIGN。1965年東京都生まれ。1993年東京大学大学院修了(建築学専攻)。鹿島建設入社後、鹿島出版会『SD』副編集長を経て、現在、鹿島建設九州支店建築設計部。1999年から「SSC」を組織(滝口聡司と共同)、「ガソリンスタンド再生計画」を継続展開中。主著に『東京リノベーション』(SSC監修、廣済堂出版)、『駅再生』(編著、鹿島出版会)、『リノベーション・スタディーズ』(共著、INAX出版)など。

伊坂正人
いさか・まさと

日本デザイン機構専務理事・事務局長、静岡文化芸術大学教授。1946年千葉県生まれ。1970年千葉大学大学院修了(工業意匠専攻)。1970年よりGKデザイングループで商品計画を担当。1995年日本デザイン機構設立、2000年静岡文化芸術大学開設にともない現在に至る。デザインの今日的テーマをソーシャルデザインの立場から探索・啓蒙を行っている。主要受賞1977年毎日インダストリアルデザインコンペティション特別課題特選など。主著に『商品とデザイン』(鹿島出版会)など。

清水浩
しみず・ひろし

慶應義塾大学環境情報学部教授、工学博士。1947年生まれ。東北大学工学部博士課程終了。1976年国立公害研究所入所。1982年アメリカ・コロラド大学留学。1987年国立公害研究所地域計画研究室長を経て、国立環境研究所(国立公害研究所が改組)地域環境研究グループ総合研究官。1997年より現職。環境問題の抜本的解決はもとより内燃機関自動車を凌ぐ高性能、高機能の電気自動車を目指して開発を行っている。主著に『近未来交通プラン』(三一書房)、『こうして生まれた高性能電気自動車ルシオール』(日刊工業新聞社)など。

恩地惇
おんぢ・あつし

GK京都取締役社長。東京生まれ。武蔵野美術大学卒業。吉村順三設計事務所、GKインダストリアルデザイン研究所を経て、1974年GK京都へ移籍、現在に至る。京都府「緑と文化のふれあいサイン整備計画」、京都市建設局「御池通シンボルロード整備計画」、京都市都市計画局「御池通沿道景観形成地区指定計画」などを手がける。京(みやこ)のアジェンダ21フォーラム交通WG都心総合タスク座長、京都創生百人委員会委員、京都精華大学公開講座通年講師。主著に『センスと暮らしの関係──なぜ京都は美しいのか』(はまの出版)。

森口将之
もりぐち・まさゆき

自動車ジャーナリスト。1962年東京都生まれ。1985年早稲田大学教育学部卒業。出版社編集部勤務を経て1993年に独立、現在に至る。国内外、新旧問わず、自動車全般を活動範囲とするが、とくにフランス車、コンパクトカー、歴史、環境などを得意としており、活動の中心に据えている。自動車専門誌、一般誌など各種雑誌、インターネットのウェブサイトで執筆を行うほか、ウェブサイト「All About Japan」ではフランス車チャンネルのガイドを務めている。

山田晃三
やまだ・こうぞう

デザインディレクター。デザイン総研広島専務取締役。1954年生まれ。愛知県立芸術大学美術学部卒業。1979年GKインダストリアルデザイン研究所入所。1992年、GKマツダなどとの合弁によるデザイン総研広島に移籍。新交通システムLRVなどを手がけ、総合的な観点から新しい都市風景を生み出している。広島市立大学非常勤講師。主著に『デザイン・メイド・イン・ニッポン』(共著、クレオ)

溝端光雄
みぞばた・みつお

高齢者からみた街づくりを模索中。東京都老人総合研究所介護・生活基盤研究グループ総括副参事。1952年生まれ。1977年愛媛大学大学院工学研究科修了、同大工学部助手を経て、1995年東京都老人総合研究所生活環境部門室長(副参事)。高齢者からみた交通計画、交通安全教育にも参画。1990年国際交通安全学会論文賞受賞。土木学会・日本都市計画学会等に所属。東京都立保健科学大学作業療法学科や愛媛大学医学部などで客員教授。主著に『痴呆性老人のためのやさしい住まい』(ワールドプランニング)、『図説高齢者白書2003年版』(三浦文夫編、全国社会福祉協議会)など。総務省、国土交通省等の各種委員会委員。

萩野美有紀
はぎの・みゆき

工業デザイナー、消費生活アドバイザー。アール・アイ・イー取締役。1959年岡山県生まれ。1982年千葉大学工学部工業意匠学科卒業。「より多くの人にとっての使いやすさ」を視点として、交通ターミナルや、大規模複合施設のサイン計画を主軸に、まちづくりやものづくりのコンサルティングを行っている。主な計画・研究に「埼玉高速鉄道線旅客案内掲示設計」、「熊本郵便貯金会館サイン計画」、「駅内情報提供におけるユニバーサルデザイン導入の調査研究」など。拓殖大学工学部非常勤講師。

大宅映子
おおや・えいこ

ジャーナリスト。道路関係4公団民営化推進委員会委員。1941年東京生まれ。1963年国際基督教大学卒業。PR会社勤務を経て、1969年日本インフォメーション・システムズ（NIS）設立、代表取締役社長を務める。企業や団体文化イベントの企画プロデュースのかたわら、1987年から始めたマスコミ活動は、国際問題・国内政治経済から食文化・子育てまで多岐に渡って活躍。主著に『どう輝いて生きるか』、『いい親にならなくていい！』（ともに海竜社）など。

竹田津実
たけたつ・みのる

獣医師、写真家、エッセイスト。1937年生まれ。岐阜大学農学部獣医科卒業。1963年北海道斜里郡小清水町農業共済組合家畜診療所勤務。1970年同診療所所長。映画「キタキツネ物語」企画、動物監督。1971年診療所退職。著書に『のんべえ獣医の動物記』、『野生からの伝言』、『タヌキは先生、キツネは神様』ほか。写真集『キタキツネ物語』、『えぞ王国』など。

小池千枝
こいけ・ちえ

1916年生まれ。文化服装学院卒業。文化学園文化服装学院元名誉学院長。文化服装学院名誉教授。文化学園顧問。日本ユニホームセンター常任理事、アークヒルズアカデミー評議員、小池千枝コレクション世界の民俗人形博物館名誉館長（長野県須坂市）。主著に『立体裁断』、『服装造形論』

楠本正幸
くすもと・まさゆき

建築家。NTT都市開発一級建築士事務所部長。1955年神奈川県生まれ。1979年東京大学工学部建築学科卒業。同年日本電信電話公社建築局入所。1985年パリ・ラ・ヴィレット建築大学大学院終了、フランス政府公認建築家の資格を得る。1996年より現職。複合施設や集合住宅、公共空間などの設計に携わるかたわら、建築と都市の関係や街の賑わいのありようについて研究する。主な作品に〈基町クレド〉（1994年ひろしま街づくりデザイン賞受賞）、〈けやきひろば〉（2000年空間デザインコンペティション金賞ほか）、〈グランウェリス哲学堂公園〉（2003年グッドデザイン賞受賞）など。

西山賢一
にしやま・けんいち

埼玉大学経済学部教授。1943年生まれ。1971年京都大学大学院理学研究科博士課程修了。1971年九州大学理学部助手、1977年東京大学薬学部助手、1980年同講師、1981年帝京大学経済学部教授、1989年国際大学教授、1993年埼玉大学経済学部教授、現在に至る。理科と文科を統合した文化生態学の建設を目指している。主著に『企業の適応戦略』（中公新書）、『複雑系としての経済』（NHKブックス）、『文化生態学の世界』（批評社）など

あとがき

　環境問題をはじめとする近代化がもたらした文明の歪みともいうべき様々な現代の課題に対して、社会が総体として取り組まなければ解決の途が見えないという認識のもと、デザイン自らが専門の垣根を越えて、こうした社会課題へアプローチすることを「ソーシャルデザイン」としてとらえてきました。

　「クルマ」は近代化を推進してきたシンボル的なもののひとつです。クルマの出現と普及によって都市が変わり、産業が構築され、大衆消費社会が形成され、人の心にも多大な影響を及ぼしてきました。一方、環境への負荷や資源エネルギーの浪費、社会的な弱者の取り残し、そして貿易摩擦や先進国と途上国との間の産業経済の乖離等々の状況をもたらしてもいます。そうした課題に対して日本デザイン機構では「クルマ社会のデザイン」というテーマを掲げ、2000年よりフォーラム、シンポジウムなどを通じて議論を重ねてきました。この間、海外も含めて50余名からの提言をいただきました。

　本書は、日本デザイン機構「クルマ社会のデザイン」提言委員会（佐野寛、谷口正和、田村国昭、迫田幸雄、犬養智子、水野誠一）で編集内容を検討し、その内4名が各章のまとめ役を引き受け、フォーラム等で発言された29名の方々に33の提言として改めて執筆いただいたものです。

　この出版に関し、鹿島出版会と編集担当の川嶋勝さん、川尻大介さん、そしてとりわけ多くの執筆者との調整を担当した日本デザイン機構事務局の南條あゆみさんに厚く御礼申しあげます。

　　　　　　　　　　　　　　2004年7月　クルマ社会のデザイン提言委員会

日本デザイン機構

1995年7月11日設立。今日のモノ・環境に関わる地球規模の課題、
日本の課題に対し、デザインの各専門分野および関連諸分野を糾合し、
さらに市民とも連携しながら課題策定、施策提言を行う趣旨のもとに設立された。
フォーラムやシンポジウム、ワークショップなどを通じて
ソーシャルデザインとしての課題認識の普及や施策提言の検討を行っている。

クルマ社会のリ・デザイン
近未来モビリティへの提言

発行　2004年7月30日©

編者=日本デザイン機構
発行者=鹿島光一
印刷=半七写真印刷工業
製本=牧製本
発行所=鹿島出版会
　　　〒107-8345 東京都港区赤坂6丁目5番13号
　　　電話03-5561-2552
　　　振替00160-2-180883

無断転載を禁じます。落丁・乱丁本はお取替えいたします。
ISBN4-306-04439-4 C3052　Printed in Japan

本書の内容に関するご意見・ご感想は下記までお寄せください。
URL:http://kajima-publishing.co.jp
E-mail:info@kajima-publishing.co.jp

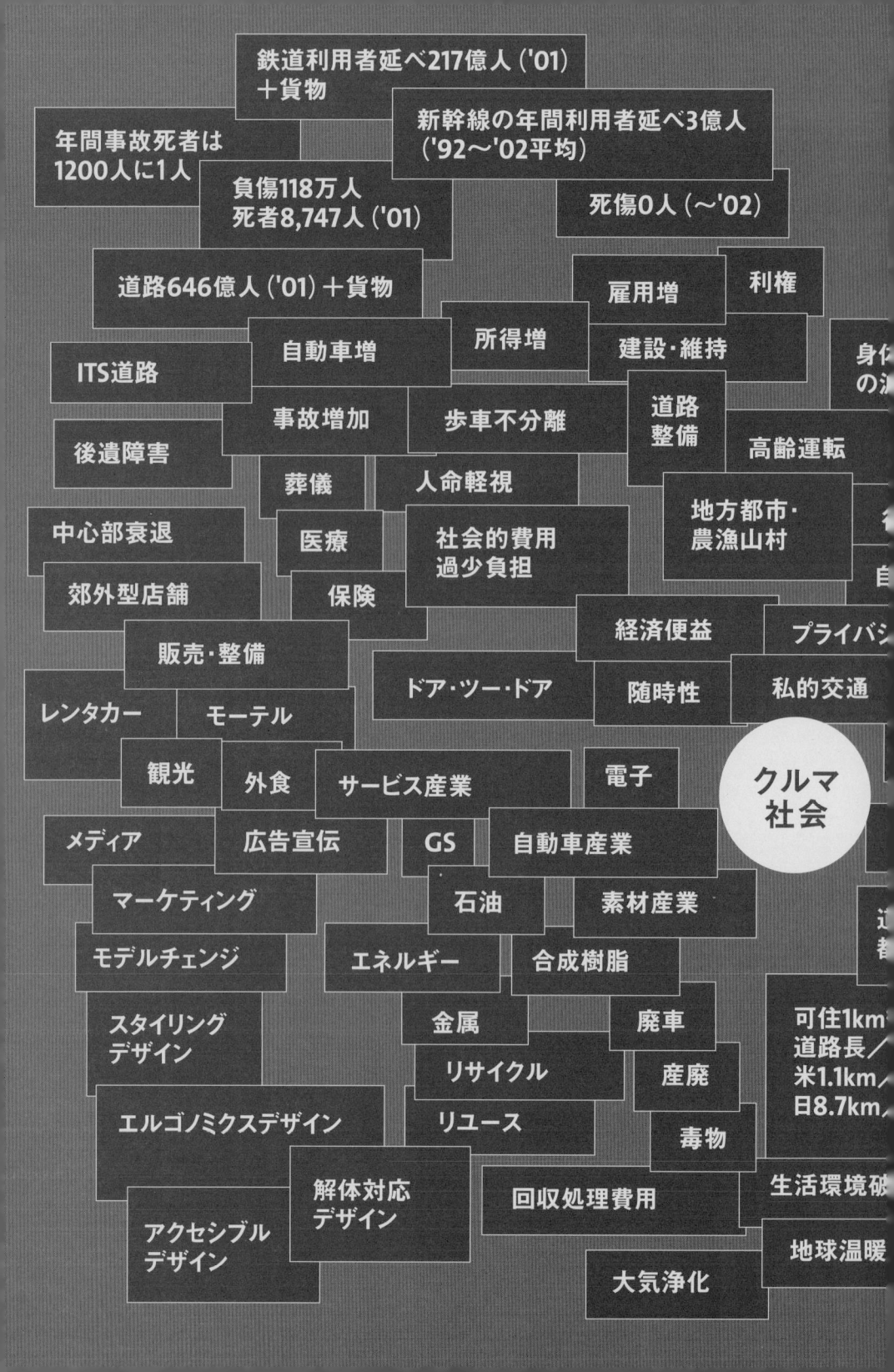

クルマ社会に関わる要素マップ

- 鉄道利用者延べ217億人('01)＋貨物
- 新幹線の年間利用者延べ3億人('92〜'02平均)
- 年間事故死者は1200人に1人
- 負傷118万人 死者8,747人('01)
- 死傷0人(〜'02)
- 道路646億人('01)＋貨物
- 雇用増
- 利権
- 所得増
- 建設・維持
- ITS道路
- 自動車増
- 身体の...
- 事故増加
- 歩車不分離
- 道路整備
- 後遺障害
- 高齢運転
- 中心部衰退
- 葬儀
- 人命軽視
- 医療
- 社会的費用過少負担
- 地方都市・農漁山村
- 郊外型店舗
- 保険
- 経済便益
- プライバシ
- 販売・整備
- ドア・ツー・ドア
- 随時性
- 私的交通
- レンタカー
- モーテル
- 観光
- 外食
- サービス産業
- 電子
- クルマ社会
- メディア
- 広告宣伝
- GS
- 自動車産業
- マーケティング
- 石油
- 素材産業
- モデルチェンジ
- エネルギー
- 合成樹脂
- スタイリングデザイン
- 金属
- 廃車
- 可住1km 道路長／米1.1km／日8.7km
- リサイクル
- 産廃
- エルゴノミクスデザイン
- リユース
- 毒物
- 解体対応デザイン
- 回収処理費用
- 生活環境破
- アクセシブルデザイン
- 地球温暖
- 大気浄化